:: 中華文化促進會主持編纂

:: 國家"十一五"重點圖書出版規劃項目

:: 中國社會科學院哲學社會科學創新工程學術出版資助項目

出品人 王石 段先念

今注本二十四史

三國志

一二　吳書〔三〕

晉　陳壽　撰　　宋　裴松之　注

楊耀坤　揭克倫　校注

中國社會科學出版社

三國志 卷五八

吳書十三

陸遜傳第十三

　　陸遜字伯言，吳郡吳人也。[1]本名議，世江東大族。[一]遜少孤，隨從祖廬江太守康在官。[2]袁術與康有隙，將攻康，康遣遜及親戚還吳。遜年長於康子績數歲，爲之綱紀門户。[3]

　　〔一〕《陸氏世頌》曰：遜祖紆，字叔盤，敏淑有思學，守城門校尉。[4]父駿，字季才，淳懿信厚，爲邦族所懷，官至九江都尉。[5]

　　[1] 吳郡：治所吳縣，在今江蘇蘇州市。
　　[2] 廬江：郡名。治所本在舒縣，在今安徽廬江縣西南。建安四年（199）劉勳移於皖縣，在今安徽潛山縣。
　　[3] 綱紀：管理。
　　[4] 城門校尉：官名。東漢京都洛陽有十二城門，惟北宮門屬衛尉，其餘十一門各設門候，隸城門校尉。城門校尉秩比二千石，位

在北軍五校尉上。

　　[5] 九江：郡名。東漢治所在陰陵縣，在今安徽定遠縣西北；漢末治所在壽春，在今安徽壽縣。　都尉：官名。西漢時郡置都尉，輔佐郡守並掌本郡軍事。東漢廢除，但如有緊急軍事，亦臨時設置。東漢又在邊郡或關塞之地置都尉及屬國都尉，並漸漸分縣治民，職如太守。

　　孫權爲將軍，遜年二十一，始仕幕府，歷東西曹令史，[1]出爲海昌屯田都尉，[2]並領縣事。〔一〕縣連年亢旱，遜開倉穀以振貧民，勸督農桑，百姓蒙賴。時吳、會稽、丹楊多有伏匿，[3]遜陳便宜，乞與募焉。[4]會稽山賊大帥潘臨，舊爲所在毒害，歷年不禽。遜以手下召兵，討治深險，所向皆服，部曲已有二千餘人。[5]鄱陽賊帥尤突作亂，[6]復往討之，拜定威校尉，[7]軍屯利浦。[8]

　　〔一〕《陸氏祠堂像贊》曰：[9]海昌，今鹽官縣也。[10]

　　[1]東西曹令史：即東曹令史與西曹令史。此係孫權爲討虜將軍時，其幕府所置之屬吏。東漢三公府皆置東、西曹，東曹主二千石長吏遷除及軍吏，西曹掌署用府吏事。曹之長官爲掾，副官爲屬。令史爲掾、屬下具體辦事之官吏。孫權爲討虜將軍，亦置東西曹。

　　[2] 海昌屯田都尉：官名。管理海昌地區的屯田。海昌城在今浙江海寧市南鹽官鎮。

　　[3] 會稽：郡名。治所山陰縣，在今浙江紹興市。　丹楊：郡名。治所宛陵縣，在今安徽宣州市。

〔4〕乞與募焉：盧弼《集解》云：“與募焉三字疑有誤。”趙
幼文《校箋》云：“‘與募’不可解，疑當作‘占募’。”按，“與
募”不誤，與募即許募。“乞與募焉”即乞請孫權允許召募伏匿者
爲兵。《漢書》卷八三《翟方進傳》：“《傳》不云乎，朝過夕改，
君子與之。”顏師古注：“與，許也。”

〔5〕部曲：本爲漢代軍隊的編制。《續漢書·百官志》云：
“大將軍營五部，部校尉一人，部下有曲。”因稱軍隊爲部曲。魏、
晉以後，又稱私人武裝爲部曲。

〔6〕鄱陽：郡名。治所鄱陽縣，在今江西鄱陽縣東北。

〔7〕定威校尉：官名。漢獻帝建安中孫權置，領兵。

〔8〕利浦：趙一清《注補》云：“利浦，即當利浦。”當利浦
在今安徽和縣東，當利水入長江處。

〔9〕陸氏祠堂像贊：沈家本《三國志注所引書目》謂《隋書》
《舊唐書》之《經籍志》、《新唐書·藝文志》皆不著録，未詳何人
之辭。

〔10〕鹽官縣：治所在今浙江海寧市西南鹽官鎮南。

權以兄策女配遜，數訪世務，遜建議曰：“方今英
雄棊跱，豺狼闚望，克敵寧亂，非衆不濟。而山寇舊
惡，[1]依阻深地。夫腹心未平，難以圖遠，可大部伍，
取其精銳。”權納其策，以爲帳下右部督。[2]會丹楊賊
帥費棧受曹公印綬，扇動山越，爲作內應，權遣遜討
棧。棧支黨多而往兵少，[3]遜乃益施牙幢，[4]分布鼓
角，夜潛（山）〔出〕谷間，[5]鼓譟而前，應時破散。
遂部伍東三郡，[6]彊者爲兵，羸者補户，得精卒數萬
人，宿惡盪除，所過肅清，還屯蕪湖。[7]

會稽太守淳于式表遜枉取民人，愁擾所在。遜後

詣都，言次，稱式佳吏，權曰："式白君而君薦之，何也？"遜對曰："式意欲養民，是以白遜。若遜復毀式以亂聖聽，不可長也。"權曰："此誠長者之事，顧人不能爲耳。"

呂蒙稱疾詣建業，[8]遜往見之，謂曰："關羽接境，如何遠下，後不當可憂也？"蒙曰："誠如來言，然我病篤。"遜曰："羽矜其驍氣，陵轢於人。始有大功，意驕志逸，但務北進，[9]未嫌於我，有相聞病，[10]必益無備。今出其不意，自可禽制。下見至尊，[11]宜好爲計。"蒙曰："羽素勇猛，既難爲敵，且已據荊州，[12]恩信大行，兼始有功，膽勢益盛，未易圖也。"蒙至都，權問："誰可代卿者？"蒙對曰："陸遜意思深長，才堪負重，觀其規慮，終可大任。而未有遠名，非羽所忌，無復是過。若用之，當令外自韜隱，內察形便，然後可克。"權乃召遜，拜偏將軍右部督代蒙。[13]

遜至陸口，[14]書與羽曰："前承觀釁而動，[15]以律行師，小舉大克，一何巍巍！敵國敗績，[16]利在同盟，[17]聞慶拊節，想遂席卷，共獎王綱。近以不敏，受任來西，延慕光塵，思稟良規。"又曰："于禁等見獲，遐邇欣歎，以爲將軍之勳足以長世，雖昔晉文城濮之師，[18]淮陰拔趙之略，[19]蔑以尚茲。聞徐晃等少騎駐旌，[20]闚望麾葆。[21]操猾虜也，忿不思難，恐潛增衆，以逞其心。雖云師老，猶有驍悍。且戰捷之後，常苦輕敵，古人杖術，軍勝彌警，願將軍廣爲方計，以全獨克。僕書生疏遲，忝所不堪，喜鄰威德，樂自傾盡，雖未合策，猶可懷也。儻明注仰，有以察之。"
羽覽遜書，有謙下自託之意，意大安，無復所嫌。遜
具啟形狀，陳其可禽之要。權乃潛軍而上，使遜與呂
蒙爲前部，至即克公安、南郡。[22]遜徑進，領宜都太
守，[23]拜撫邊將軍，[24]封華亭侯。[25]備宜都太守樊友委
郡走，諸城長吏及蠻夷君長皆降。[26]遜請金銀銅印，
以假授初附。是歲建安二十四年十一月也。[27]

　　遜遣將軍李異、謝旌等將三千人，攻蜀將詹晏、
陳鳳。異將水軍，旌將步兵，斷絶險要，即破晏等，
生降得鳳。又攻房陵太守鄧輔、南鄉太守郭睦，[28]大
破之。秭歸大姓文布、鄧凱等合夷兵數千人，[29]首尾
西方。遜復部旌討破布、凱。布、凱脫走，蜀以爲將。
遜令人誘之，布帥衆還降。前後斬獲招納，凡數萬計。
權以遜爲右護軍、鎮西將軍，[30]進封婁侯。〔一〕[31]

〔一〕《吳書》曰：權嘉遜功德，欲殊顯之，雖爲上將軍列
侯，猶欲令歷本州舉命，乃使揚州牧呂範就辟別駕從事，[32]舉
茂才。[33]

[1] 山寇：即山越。漢末三國時期，將居於南方山區的土著人
民稱爲山越。因其在秦漢時稱越人，後雖經三百餘年已與漢族相融
合，但時人仍稱之爲越。（本唐長孺《孫吳建國及漢末江南的宗部
與山越》）

[2] 帳下右部督：官名。曹魏開府將軍置帳下督，第七品。孫
吳亦置，且分左、右部，負責警衞。趙幼文《校箋》謂此句下
《太平御覽》卷六八一引有"授棨戟，督會稽、鄱陽、丹陽三郡"
十二字，下文"遜部伍東三郡"，疑此十二字當有。按，鄱陽郡在

孫吳之中部偏西，不得謂爲東三郡之一。

　　［3］往兵少：殿本“往”字作“主”，百衲本、盧弼《集解》本、校點本作“往”，郝經《續後漢書》亦作“往”。今從百衲本等。

　　［4］牙幢：即牙旗。旗竿上飾有象牙的大旗。多爲主帥、主將所建，亦用作儀仗。

　　［5］潛出：各本“出”字皆作“山”。趙幼文《校箋》謂《藝文類聚》卷六〇、《太平御覽》卷三三九引“山”字作“出”，蕭常《續後漢書》同。按，下句云“鼓譟而前”，則作“出”爲是，今從趙説改。

　　［6］東三郡：胡三省云：“東三郡，丹陽、新都、會稽也。”（《通鑑》卷六八漢獻帝建安二十二年注）

　　［7］蕪湖：百衲本作“無湖”，殿本、盧弼《集解》本、校點本作“蕪湖”。今從殿本等。蕪湖縣治所在今安徽蕪湖市東。

　　［8］建業：縣名。治所在今江蘇南京市。

　　［9］但：殿本、盧弼《集解》本作“得”，百衲本、校點本作“但”。郝經《續後漢書》亦作“但”。今從百衲本等。

　　［10］有相：殿本“有”字作“兼”，百衲本、盧弼《集解》本、校點本作“有”，郝經《續後漢書》亦作“有”。今從百衲本等。

　　［11］下：殿本作“若”，盧弼《集解》本作“不”，百衲本、校點本作“下”。郝經《續後漢書》亦作“下”。今從百衲本等。

　　［12］荆州：東漢末刺史治所襄陽縣，在今湖北襄陽市襄州區。

　　［13］偏將軍：官名。雜號將軍中地位較低者。

　　［14］陸口：地名。即今湖北蒲圻市西北之陸溪口，亦即陸水入長江處。

　　［15］承：百衲本作“丞”，殿本、盧弼《集解》本、校點本作“承”，郝經《續後漢書》亦作“承”。今從殿本等。

　　［16］敵國：指北方的曹操。

［17］同盟：謂孫權、劉備同盟。

［18］晋文：春秋時晋文公五年（前632）與楚軍戰於城濮（今河南范縣南），楚軍大敗。詳見《左傳・僖公二十八年》。

［19］淮陰：指淮陰侯韓信。漢王劉邦二年（前205），韓信、張耳率軍下井陘（今河北井陘縣西北）攻趙地。次年初即破趙軍，斬陳餘，俘趙王歇。詳見《史記》卷九二《淮陰侯列傳》。

［20］少：百衲本、殿本、盧弼《集解》本作“步”，校點本作“少”。趙一清《注補》云：“‘步’一本作‘少’，是也。下云‘恐潛增衆’，則‘少’字義長。”盧弼又云：“馮本‘步’作‘少’。”今從校點本。

［21］麾葆：麾旌葆蓋。亦即大旗與羽蓋，爲軍中將帥所用。故借指統帥。此指關羽。

［22］公安：縣名。治所在今湖北公安縣西。　南郡：治所江陵縣，在今湖北荆州市江陵區。

［23］宜都：郡名。治所夷道縣，在今湖北枝城市。

［24］撫邊將軍：官名。孫權置，即以陸遜爲之。

［25］華亭侯：潘眉《考證》云：“華亭至唐始置縣，吴時則亭侯也。《郡縣制》：華亭谷在華亭縣西三十五里，陸遜封於此。”亭侯，爵名。漢制，列侯大者食縣邑，小者食鄉、亭。東漢後期遂以食鄉、亭者稱爲鄉侯、亭侯。

［26］長吏：指縣、令長。

［27］建安：漢獻帝劉協年號（196—220）。

［28］房陵：郡名。治所房陵縣，在今湖北房縣。　南鄉：郡名。治所南鄉縣，在今河南淅川縣西南舊淅川縣城東南原丹江南岸（今已成水庫）。

［29］秭歸：縣名。治所在今湖北秭歸縣。　文布：殿本“文”字作“艾”，百衲本、盧弼《集解》本、校點本作“文”，郝經《續後漢書》亦作“文”。今從百衲本等。

［30］右護軍：官名。建安中曹操置護軍，後改稱中護軍。掌

禁兵，主武官選舉。孫權則置中、左、右護軍各一人。（本洪飴孫《三國職官表》） 鎮西將軍：官名。東漢末置。曹魏沿置，與鎮東、鎮南、鎮北將軍合稱四鎮將軍，位次四征將軍。多爲持節都督，出鎮方面。蜀漢、孫吳亦置。

[31] 婁：縣名。治所在今江蘇昆山市東北。

[32] 揚州：孫吳揚州牧治所在建業。 別駕從事：官名。爲州牧刺史之主要屬吏，州牧刺史巡行各地時，別乘傳車從行，故名別駕。

[33] 茂才：即秀才。東漢時避光武帝劉秀諱改，爲漢代薦舉人材科目之一。東漢之制，州牧刺史歲舉一人。三國沿之，或稱秀才。

時荆州士人新還，仕進或未得所，遜上疏曰："昔漢高受命，招延英異，光武中興，羣俊畢至，苟可以熙隆道教者，[1]未必遠近。今荆州始定，人物未達，臣愚慺慺，[2]乞普加覆載抽拔之恩，令並獲自進，然後四海延頸，思歸大化。"權敬納其言。

黃武元年，[3]劉備率大衆來向西界，權命遜爲大都督、假節，[4]督朱然、潘璋、宋謙、韓當、徐盛、鮮于丹、孫桓等五萬人拒之。備從巫峽、建平連圍至夷陵界，[5]立數十屯，以金錦爵賞誘動諸夷，使將軍馮習爲大督，[6]張南爲前部，輔匡、趙融、廖淳、傅肜等各爲別督，[7]先遣吳班將數千人於平地立營，欲以挑戰。諸將皆欲擊之，遜曰："此必有譎，且觀之。"〔一〕備知其計不（可）〔行〕，[8]乃引伏兵八千，從谷中出。遜曰："所以不聽諸君擊班者，揣之必有巧故也。"遜上疏曰："夷陵要害，國之關限，[9]雖爲易得，亦復易失。

失之非徒損一郡之地，荆州可憂。[10]今日爭之，當令必諧。備干天常，不守窟穴，而敢自送。臣雖不材，憑奉威靈，以順討逆，破壞在近。尋備前後行軍，多敗少成，推此論之，不足爲戚，臣初嫌之，水陸俱進，今反舍船就步，處處結營，察其布置，必無他變。伏願至尊高枕，不以爲念也。”諸將並曰：“攻備當在初，今乃令入五六百里，相銜持經七八月，其諸要害皆以固守，擊之必無利矣。”遜曰：“備是猾虜，更嘗事多，其軍始集，思慮精專，未可干也。今住已久，不得我便，兵疲意沮，計不復生，掎角此寇，[11]正在今日。”乃先攻一營，不利。諸將皆曰：“空殺兵耳。”遜曰：“吾已曉破之之術。”乃敕各持一把茅，以火攻拔之。一爾勢成，通率諸軍同時俱攻，[12]斬張南、馮習及胡王沙摩柯等首，破其四十餘營。備將杜路、劉寧等窮逼請降。備升馬鞍山，[13]陳兵自繞。遜督促諸軍四面蹙之，土崩瓦解，死者萬數。備因夜遁，驛人自擔，燒鐃鎧斷後，[14]僅得入白帝城。[15]其舟船器械，水步軍資，一時略盡，尸骸漂流，塞江而下。備大慚恚，曰：“吾乃爲遜所折辱，豈非天邪！”

〔一〕《吳書》曰：諸將並欲迎擊備，遜以爲不可，曰：“備舉軍東下，銳氣始盛，且乘高守險，難可卒攻，攻之縱下，猶難盡克，若有不利，損我大勢，非小故也。今但且獎厲將士，廣施方略，以觀其變。若此間是平原曠野，當恐有顛沛交馳之憂，今緣山行軍，勢不得展，自當罷於木石之間，[16]徐制其弊耳。”諸將不解，以爲遜畏之，各懷憤恨。

　　[1] 熙隆：興盛。　道教：道德教化。

　　[2] 慺慺：恭謹貌。

　　[3] 黃武：吳大帝孫權年號（222—229）。

　　[4] 大都督：官名。最初，孫吳、曹魏於戰争時臨時設置，作爲加官，爲統軍最高長官。後漸漸成爲常設官職，地位極高。　假節：漢末三國時期，皇帝賜予臣下的一種權力。至晋代，此種權力明確爲因軍事可殺犯軍令者。

　　[5] 巫峽：即今長江三峽之巫峽，在今重慶市巫山縣至湖北巴東縣之間的長江流域。　建平：郡名。吳孫休永安三年（260）分宜都郡置，治所巫縣，在今重慶市巫山縣東北。胡三省云：“《水經注》巫峽首尾一百六十里，巫縣屬建平郡，則巫峽正在建平郡界，至夷陵則爲宜都郡界，然孫休永安三年始分宜都立建平郡，此時未有建平也，史追書耳。”（《通鑑》卷六九魏文帝黃初三年注）又“建平”下百衲本有“連平”二字，殿本、盧弼《集解》本、校點本無，郝經《續後漢書》亦無。今從殿本等。　夷陵：縣名。治所在今湖北宜昌市東南。

　　[6] 大督：臨時設置的軍隊總指揮官。

　　[7] 別督：臨時設置的軍隊分隊指揮官。

　　[8] 不行：各本皆作“不可”。殿本《考證》云：“不可，《太平御覽》作‘不行’。”趙幼文《校箋》謂見《太平御覽》卷三三〇引，《通典·兵八》引同。按，《太平御覽》所引題曰《蜀志》。又《通鑑》卷六九魏文帝黃初三年亦作“不行”。今據改。

　　[9] 國之關限：趙幼文《校箋》謂《太平御覽》卷一六七引作“實國家關限”。按，胡三省云：“自三峽下夷陵，連山叠幛，江行其中，回旋湍激，至西陵峽口，始漫爲平流，夷陵正當峽口，故以爲吳之關限。”（《通鑑》卷六九魏文帝黃初三年注）

　　[10] 荆州可憂：趙幼文《校箋》謂《太平御覽》卷一六七引作“荆州亦可憂也”。

　　[11] 掎角：夾擊。《左傳・襄公十四年》："譬如捕鹿，晋人角之，諸戎掎之，與晋踣之。"孔穎達疏："角之謂執其角也；掎之謂戾其足也。"

　　[12] 通率：趙幼文《校箋》謂《太平御覽》卷三三〇引"通"字作"遂"，《通典・兵八》同。

　　[13] 馬鞍山：山名。在今湖北宜昌市西北。

　　[14] 鐃：古代軍中用以止鼓退軍的樂器。銅製，體短而闊，有中空的短柄，插入木柄後可執，無舌，以槌擊之而鳴。

　　[15] 白帝城：在今重慶市奉節縣東白帝山上。

　　[16] 罷（pí）：通"疲"。趙幼文《校箋》謂《通典・兵八》引"罷"下有"頓"字。

　　初，孫桓別討備前鋒於夷道，爲備所圍，求救於遜。遜曰："未可。"諸將曰："孫安東公族，[1]見圍已困，奈何不救？"遜曰："安東得士衆心，城牢糧足，無可憂也。待吾計展，欲不救安東，安東自解。"及方略大施，[2]備果奔潰。桓後見遜曰："前實怨不見救，定至今日，[3]乃知調度自有方耳。"

　　當禦備時，諸將軍或是孫策時舊將，或公室貴戚，各自矜恃，不相聽從。遜案劍曰："劉備天下知名，曹操所憚，今在境界，此彊對也。[4]諸君並荷國恩，當相輯睦，共翦此虜，上報所受，而不相順，非所謂也。僕雖書生，受命主上。國家所以屈諸君使相承望者，以僕有尺寸可稱，能忍辱負重故也。各任其事，[5]豈復得辭！軍令有常，不可犯矣。"及至破備，計多出遜，諸將乃服。權聞之，曰："君何以初不啓諸將違節度者邪？"遜對曰："受恩深重，任過其才。又此諸將或任腹心，或堪爪牙，或是功臣，皆國家所當與共克定大事者。[6]臣雖駑懦，竊慕相如、寇恂相下之義，[7]以濟國事。”權大笑稱善，加拜遜輔國將軍，[8]領荊州牧，即改封江陵侯。

又備既住白帝，徐盛、潘璋、宋謙等各競表言備必可禽，乞復攻之。權以問遜，遜與朱然、駱統以爲曹丕大合士衆，外託助國討備，內實有姦心，謹決計輒還。無幾，魏軍果出，三方受敵也。〔一〕

〔一〕《吴録》曰：劉備聞魏軍大出，書與遜云：“賊今已在江陵，[9]吾將復東，將軍謂其能然不？”遜答曰：“但恐軍新破，創痍未復，始求通親，[10]且當自補，未暇窮兵耳。若不推算，[11]欲復以傾覆之餘，[12]遠送以來者，無所逃命。”

[1] 孫安東：孫桓爲安東中郎將，故以“安東”稱之。　公族：孫桓之父孫河，“本姓俞氏，亦吴人也。孫策愛之，賜姓爲孫，列之屬籍”。（見本書卷五一《孫韶傳》）

[2] 方略：殿本、盧弼《集解》本作“才略”，百衲本、校點本作“方略”。郝經《續後漢書》亦作“方略”。今從百衲本等。

[3] 定至今日：的確至今日。劉淇《助字辨略》卷四云：“定，的辭也。”《史記》卷八《高祖本紀》：“聞陳王定死，因立楚後懷王孫心爲楚王。”

[4] 彊對：趙幼文《校箋》謂《册府元龜》卷四〇三引“對”字作“敵”，《通志》同。

[5] 任：百衲本、校點本作“在”，殿本、盧弼《集解》本作“任”。郝經《續後漢書》亦作“任”。今從殿本等。

[6] 所當：趙幼文《校箋》謂“當”字《通志》作“嘗”，

是。按，二字可通。《墨子·明鬼下》："昔者鄭穆公，當晝日中處乎廟，有神入門而左。"孫詒讓《閒詁》："當，吳鈔本作'嘗'，古字通用。"

[7] 相如：指藺相如。戰國時趙國大臣。趙惠文王時，秦昭王強索趙之和氏璧，藺相如憑其智勇，使璧完好歸趙；又秦趙澠池之會，相如亦憑其智勇，使趙王未受屈辱，趙王因以相如爲上卿。而趙之名將廉頗，早已爲上卿，位本在相如之上，相如爲上卿後，位卻居廉頗之上，故廉頗大爲不滿。而相如卻容忍謙讓，終使廉頗愧悟，二人結爲知交。（見《史記》卷八一《廉頗藺相如列傳》）寇恂：漢光武帝劉秀之功臣。光武帝建武二年，寇恂爲潁川太守，依法誅殺了賈復之部將。賈復亦光武帝之重臣，因欲報復親殺寇恂。寇恂乃有意避之，並上報光武帝。後經光武帝和解，二人又結爲友。（見《後漢書》卷一六《寇恂傳》）

[8] 輔國將軍：官名。名號將軍，漢獻帝建安元年置。三國沿置。

[9] 江陵：《通鑑》卷六九《魏紀一》黃初三年引作"江漢"。吳金華《〈三國志集解〉箋記》云："作'江漢'，當為近實。"

[10] 通親：通使親善。

[11] 推算：殿本、盧弼《集解》本作"推算"，百衲本、校點本作"惟算"。郝經《續後漢書》亦作"推算"。今從殿本等。

[12] 欲復：盧弼《集解》本無"欲"字，百衲本、殿本、校點本有。郝經《續後漢書》亦有。今從百衲本等。

　　備尋病亡，子禪襲位，諸葛亮秉政，與權連和。時事所宜，權輒令遜語亮，并刻權印，以置遜所。權每與禪、亮書，常過示遜，輕重可否，有所不安，便令改定，以印封行之。

　　七年，權使鄱陽太守周魴譎魏大司馬曹休，[1]休果舉衆入皖，[2]乃召遜假黃鉞，[3]爲大都督，逆休。[一]休既覺知，恥見欺誘，自恃兵馬精多，遂交戰。遜自爲中部，令朱桓、全琮爲左右翼，三道俱進，果衝休伏兵，因驅走之，追亡逐北。徑至夾石，[4]斬獲萬餘，牛馬騾驢車乘萬兩，軍資器械略盡。休還，疽發背死。諸軍振旅過武昌，[5]權令左右以御蓋覆遜，入出殿門，凡所賜遜，皆御物上珍，於時莫與爲比。遣還西陵。[6]

〔一〕陸機爲《遜銘》曰：魏大司馬曹休侵我北鄙，乃假公黃鉞，統御六師及中軍禁衛而攝行王事，主上執鞭，百司屈膝。

《吳錄》曰：假遜黃鉞，吳（王）〔主〕親執鞭以見之。[7]

[1]周魴：殿本作“孫魴”，百衲本、盧弼《集解》本、校點本作“周魴”。蕭常與郝經之《續後漢書》皆作“周魴”。今從百衲本等。　大司馬：官名。魏文帝黃初二年（221）置，爲上公，位在三公上，第一品，掌武事。

[2]皖：縣名。治所在今安徽潛山縣。

[3]假黃鉞：黃鉞，乃飾以黃金之鉞，本爲皇帝儀仗。三國時特賜予出征重臣，以示威重，令其專主征伐。

[4]夾石：地名。在今安徽桐城縣北。

[5]武昌：縣名。治所在今湖北鄂州市。是時爲孫權之都城。

[6]西陵：縣名。吳黃武元年改夷陵置，治所在今湖北宜昌市東南。

[7]吳主：各本皆作“吳王”。郝經《續後漢書》苟宗道注引作“吳主”。趙幼文《校箋》謂《太平御覽》卷三四一、《册府元龜》卷三七七引亦作“吳主”。今從諸書改。

　　黃龍元年，[1]拜上大將軍、右都護。[2]是歲，權東巡建業，留太子、皇子及尚書九官，[3]徵遜輔太子，並掌荊州及豫章三郡事，[4]董督軍國。時建昌侯慮於堂前作鬪鴨欄，[5]頗施小巧，遜正色曰：“君侯宜勤覽經典以自新益，用此何爲？”慮即時毀徹之。射聲校尉松於公子中最親，[6]戲〔下〕兵不整，[7]遜對之髡其職吏。[8]南陽謝景善劉廙先刑後禮之論，[9]遜呵景曰：“禮之長於刑久矣，廙以細辯而詭先聖之教，皆非也。君今侍東宮，宜遵仁義以彰德音，若彼之談，不須講也。”

　　遜雖身在外，乃心於國，上疏陳時事曰：“臣以爲科法嚴峻，下犯者多。頃年以來，將吏罹罪，雖不慎可責，然天下未一，當圖進取，小宜恩貸，以安下情。且世務日興，良能爲先，自（不）〔非〕姦穢入身，[10]難忍之過，乞復顯用，展其力效。此乃聖王忘過記功，以成王業。[11]昔漢高舍陳平之愆，[12]用其奇略，終建勳祚，功垂千載。夫峻法嚴刑，非帝王之隆業；有罰無恕，非懷遠之弘規也。”

　　權欲遣偏師取夷州及朱崖，[13]皆以諮遜，遜上疏曰：“臣愚以爲四海未定，當須民力，以濟時務。今兵興歷年，見衆損減，陛下憂勞聖慮，忘寢與食，將遠規夷州，以定大事，臣反覆思惟，未見其利，萬里襲取，風波難測，民易水土，必致疾疫，今驅見衆，經涉不毛，欲益更損，欲利反害。又珠崖絕險[14]，民猶禽獸，得其民不足濟事，無其兵不足虧衆。今江東見衆,[15]自足圖事，但當畜力而後動耳。昔桓王創基,[16]兵不一旅，而開大業。陛下承運，拓定江表。[17]臣聞治亂討逆，須兵爲威，農桑衣食，民之本業，而干戈未戢，民有飢寒。臣愚以爲宜育養士民，寬其租賦，衆克在和，義以勸勇，則河渭可平,[18]九有一統矣。"[19]權遂征夷州，得不補失。

及公孫淵背盟，權欲往征，遜上疏曰："淵憑險恃固，拘留大使，名馬不獻，實可讎忿。蠻夷猾夏,[20]未染王化，鳥竄荒裔，拒逆王師，至令陛下爰赫斯怒,[21]欲勞萬乘汎輕越海，不慮其危而涉不測。方今天下雲擾，羣雄虎爭，英豪踊躍，張聲大視。陛下以神武之姿，誕膺期運,[22]破操烏林,[23]敗備西陵，禽羽荆州，斯三虜者當世雄傑，皆摧其鋒。聖化所綏，萬里草偃,[24]方蕩平華夏，總一大猷。[25]今不忍小忿，而發雷霆之怒，違垂堂之戒,[26]輕萬乘之重，此臣之所惑也。臣聞志行萬里者，不中道而輟足；圖四海者，匪懷細以害大。彊寇在境，荒服未庭,[27]陛下乘桴遠征，必致闚𨵦,[28]感至而憂，悔之無及。若使大事時捷，則淵不討自服；今乃遠惜遼東衆之與馬，奈何獨欲捐江東萬安之本業而不惜乎？乞息六師，以威大虜，早定中夏，垂曜將來。"[29]權用納焉。

嘉禾（五）〔三〕年,[30]權北征，使遜與諸葛瑾攻襄陽。遜遣親人韓扁齎表奉報，還，遇敵於沔中,[31]鈔邏得扁。瑾聞之甚懼，書與遜云："大駕已旋，賊得韓扁，具知吾闊狹。且水乾，宜當急去。"遜未答，方催人種葑豆，[32]與諸將弈棋射戲如常。[33]瑾曰：「伯言多智略，其當有以。」自來見遜，遜曰：「賊知大駕以旋，無所復慼，得專力於吾。又已守要害之處，兵將意動，[34]且當自定以安之，施設變術，然後出耳。今便示退，賊當謂吾怖，仍來相蹙，必敗之勢也。」乃密與瑾立計，令瑾督舟船。遜悉上兵馬，以向襄陽城。敵素憚遜，遽還赴城。瑾便引船出，遜徐整部伍，張拓聲勢，步趨船，[35]敵不敢干。軍到白圍，[36]託言住獵，[37]潛遣將軍周峻、張梁等擊江夏新市、安陸、石陽，[38]石陽市盛，峻等奄至，人皆捐物入城。城門噎不得關，敵乃自斫殺己民，[39]然後得闔。斬首獲生，凡千餘人。〔一〕其所生得，皆加營護，不令兵士干擾侵侮。將家屬來者，使就料視。[40]若亡其妻子者，即給衣糧，厚加慰勞，發遣令還，或有感慕相攜而歸者。鄰境懷之，〔二〕江夏功曹趙濯、弋陽備將裴生及夷王梅頤等，[41]並帥支黨來附遜。遜傾財帛，周贍經恤。

〔一〕臣松之以爲遜慮孫權已退，[42]魏得專力於己，既能張拓形勢，[43]使敵不敢犯，方舟順流，[44]無復怵惕矣，何爲復潛遣諸將，奄襲小縣，致令市人駭奔，自相傷害？俘馘千人，[45]未足損魏，徒使無辜之民橫罹荼酷，與諸葛渭濱之師，[46]何其殊哉！用兵之道既違，失律之凶宜應，其祚無三世，及孫而滅，豈此之餘殃哉！

〔二〕臣松之以爲此無異殘林覆巢而全其遺鷇，[47]曲惠小仁，何補大虐？

　　[1] 黃龍：吳大帝孫權年號（229—231）。

　　[2] 上大將軍：官名。孫吳置，與大將軍並置，位皆在三公上。而上大將軍又在大將軍上。　右都護：官名。孫權於此年置左右都護，以大將軍諸葛謹爲左都護。權位極重。

　　[3] 尚書：官名。東漢有六曹尚書，即三公曹、民曹、客曹、二千石曹、吏曹、中都官曹等。秩皆六百石，皆稱尚書，不加曹號。（本《晉書·職官志》）三國沿置，員數不等。　九官：胡三省云：“九官，九卿也。”（《通鑑》卷七一魏明帝太和三年注）九卿，漢代以奉常（太常）、宗正、少府、衛尉等中二千石官稱九卿，員數不止九員，而亦慣稱九卿或列卿。魏晉南朝亦同，所置或十卿、十二卿，而仍慣稱九卿。

　　[4] 豫章：郡名。治所南昌縣，在今江西南昌市。　三郡：胡三省云：“三郡，豫章、鄱陽、廬陵也。”三郡本屬揚州，而地接荆州，又有山越易相扇動，故使遜兼掌之。（《通鑑》卷七一魏明帝太和三年注）

　　[5] 慮：孫慮。孫權之子，黃武七年（228）封建昌侯。傳見本書卷五九。

　　[6] 射聲校尉：官名。東漢時秩比二千石，掌京師宿衛兵。三國沿置，職位略輕。　松：孫松。孫權弟翊之子。見本書卷五一《孫翊傳》。

　　[7] 戲下：各本無“下”字。趙幼文《校箋》謂《白孔六帖》卷五一引“戲”下有“下”字，《通志》同。“戲下”即“麾下”。今從趙說補。

　　[8] 髠（kūn）：古代剃髮之刑。

　　[9] 南陽：郡名。治所宛縣，在今河南南陽市。　劉廙：百衲本、殿本、盧弼《集解》本“劉廙”下有“之”字。盧弼云：“‘之’字衍。”校點本無“之”字。今從校點本。

　　[10] 自非：百衲本、殿本、盧弼《集解》本作“自不”。殿本《考證》云：“‘自不’元本作‘自非’。”校點本即據殿本《考

證》改。今從之。趙幼文《校箋》謂《册府元龜》卷四〇七引
"不"字亦作"非"。

[11] 王業：趙幼文《校箋》謂《群書治要》卷二八引"業"下
有"也"字。

[12] 陳平：秦末陳勝等起義後，陳平往投魏王咎，魏咎不聽
其言，又往投項羽，後又去項羽而降漢，由魏無知引薦見漢王劉
邦，劉邦以之爲都尉，後又爲亞將。周勃、灌嬰等咸讒毁陳平曰：
"平雖美丈夫，如冠玉耳，其中未必有也。臣聞平居家時，盗其嫂，
事魏不容，亡歸楚，歸楚不中，又亡歸漢。今日大王尊官之，令護
軍。臣聞平受諸將金，金多者得善處，金少者得惡處。平，反覆亂
臣也，願王察之。"漢王劉邦召魏無知與陳平問之，遂厚賜陳平並
加重用。（見《史記》卷五六《陳丞相世家》）

[13] 夷州：本書卷四七《吳主傳》黃龍二年作"夷洲"。按，
"州"同"洲"。夷州即今臺灣省。　朱崖：即珠崖。此指朱崖洲，
即今海南省。

[14] 絶險：趙幼文《校箋》謂《文選集注》引《鈔》"險"
字作"運"。按，蕭常及郝經之《續後漢書》皆作"險"。

[15] 江東：詳見本書卷一《武帝紀》初平四年注。此指全吳
之地。

[16] 桓王：指孫策。孫權稱帝後追諡孫策爲長沙桓王。

[17] 江表：即江東。中原之人看江東（江南），皆在長江之
表（外）。

[18] 河渭：黄河與渭水。本指關中地區，此指曹魏統治之北
方地區。

[19] 九有：即九州。指全中國。

[20] 蠻夷猾夏：《尚書·堯典》："蠻夷猾夏，寇賊姦宄。"孔
傳："猾，亂也。夏，華夏。"

[21] 爰赫斯怒：爰，於是。赫怒，勃然大怒。斯，詞氣詞。
語出《詩·大雅·皇矣》："王赫斯怒，爰整其旅。"

［22］誕膺：承受。　　期運：機運，時機。

［23］烏林：地名。在今湖北洪湖市鄔林磯。此指建安十三年（208）赤壁之戰後曹操敗走烏林。

［24］萬里草偃：胡三省云：“言如風行而草偃也。”（《通鑑》卷七二魏明帝青龍元年注）

［25］大猷：大功業；大功績。

［26］垂堂之戒：垂堂，謂靠近堂屋檐下。《史記》卷一一七《司馬相如列傳》：“鄙諺曰：家累千金，坐不垂堂。”謂坐於堂屋檐下，有瓦落傷身的危險，故不能坐於其下。

［27］荒服：古代以王畿外每五百里爲一服，共五服，荒服爲最遠的一服。見《尚書·禹貢》。　　未庭：未至朝廷朝拜。謂不服從。

［28］桴（fú）：小木竹筏。此指船。《論語·公冶長》：“子曰：道不行，乘桴浮於海。”何晏《集解》：“馬融曰：桴，編竹木也。大者曰筏，小者曰桴。”　　闚（kuī）覦（yú）：同“窺窬”，伺隙而動。

［29］垂曜：盧弼《集解》本、校點本“曜”字作“耀”，百衲本、殿本作“曜”，郝經《續後漢書》亦作“曜”。今從百衲本等。

［30］嘉禾：吴大帝孫權年號（232—238）。　　三年：各本皆作“五年”。盧弼《集解》云：“據《孫權傳》，權遣陸遜、諸葛瑾等屯江夏、沔口，權率大衆圍合肥新城，爲嘉禾三年事，此事《通鑑》編於魏青龍二年（即吴嘉禾三年）。嘉禾五年吴無北征事，本傳‘五年’當爲‘三年’之誤。”按，《建康實錄》卷二亦謂嘉禾三年孫權“率六軍親征合淝”，嘉禾五年無征戰事。今從盧説改。

［31］沔中：地區名。泛指以今湖北襄陽市爲中心的沔水（漢水）中游一帶。

［32］葑（fēng）豆：葑，即蕪菁，根莖葉皆可食的一種蔬菜，俗稱大頭菜。豆，指豆類蔬菜。

　［33］弈棋：下棋。　射戲：射覆（猜物）之類的游戲。

　［34］兵將意動：胡三省云：“謂敵既知權還，料遜兵當退，已分守要害之處，欲以遮截。遜所部兵，既無進取之氣，而有遮截之慮，則其意恐動，將至於或降或潰也。”（《通鑑》卷七二魏明帝青龍二年注）

　［35］步趨船：趙幼文《校箋》謂蕭常《續後漢書》“步”下有“驟”字。

　［36］白圍：地名。確址待考，疑在今湖北溳水下游一帶。

　［37］住獵：趙幼文《校箋》謂《册府元龜》卷三六二引“住”字作“往”。按，宋本《册府元龜》亦作“住”。

　［38］江夏：郡名。曹魏當時之治所在石陽縣，在今湖北漢川縣西北。　新市：縣名。即本書卷五一《孫皎傳》的南新市，治所在今湖北京山縣東北。　安陸：縣名。治所在今湖北安陸市西北。

　［39］敵乃：百衲本“敵”字作“鼓”，殿本、盧弼《集解》本、校點本作“敵”，郝經《續後漢書》亦作“敵”，今從殿本等。

　［40］使就料視：百衲本無“就”字，殿本、盧弼《集解》本、校點本有，郝經《續後漢書》亦有。今從殿本等。

　［41］功曹：官名。漢代郡太守下設功曹史，簡稱功曹，爲郡太守之佐吏，除分掌人事外，得參與一郡之政務。三國沿置。　弋陽：郡名。治所弋陽縣，在今河南潢川縣西。　裴生：百衲本“裴”字作“斐”，殿本、盧弼《集解》本、校點本作“裴”。今從殿本等。

　［42］已退：校點本“已”字作“以”，今從百衲本、殿本、盧弼《集解》本作“已”。

　［43］形勢：百衲本“形”字作“刑”，殿本、盧弼《集解》本、校點本作“形”。按，二字可通，今從殿本等。

　［44］方舟：兩船相并。

　［45］俘馘（guó）：俘獲斬殺。古代被活捉之敵人稱俘，割取敵屍之左耳稱馘。

[46] 諸葛渭濱之師：本書卷三五《諸葛亮傳》謂諸葛亮最後一次北伐，與司馬懿對壘於渭南，"分兵屯田，爲久駐之基。耕者雜於渭濱居民之間，而百姓安堵，軍無私焉"。

[47] 鷇（kòu）：初生的小鳥。

又魏江夏太守逯式逯音錄。兼領兵馬，頗作邊害，而與北舊將文聘子休宿不協。遜聞其然，即假作答式書云："得報懇惻，知與休久結嫌隙，勢不兩存，欲來歸附，輒以密呈來書表聞，撰衆相迎。[1]宜潛速嚴，[2]更示定期。"以書置界上，式兵得書以見式，式惶懼，遂自送妻子還洛。[3]由是吏士不復親附，遂以免罷。〔一〕

〔一〕臣松之以爲邊將爲害，蓋其常事，使逯式得罪，代者亦復如之，自非狡焉思肆，[4]將成大患，何足虧損雅慮，[5]尚爲小詐哉？以斯爲美，又所不取。

[1] 撰（xuǎn）：同"選"。《周禮·夏官·大司馬》"群吏撰車徒"，陸德明釋文："撰，息轉反。"

[2] 速嚴：速整備。

[3] 洛：即洛陽。治所在今河南洛陽市東北白馬寺東。送妻子至京城洛陽，表明無投吳之心。

[4] 狡焉思肆：《左傳·成公八年》："夫狡焉思啓封疆以利社稷者，何國蔑有？"謂狡猾貪詐者圖謀侵人之國以開拓疆土。後世亦以"狡焉思逞""狡焉思肆"指懷貪詐之心的人妄圖逞其陰謀。

[5] 雅慮：百衲本"雅"字作"唯"，殿本、盧弼《集解》本、校點本作"雅"，郝經《續後漢書》苟宗道注引亦作"雅"。今從殿本等。

六年，中郎將周祇乞於鄱陽召募，[1]事下問遜。遜以爲此郡民易動難安，不可與召，恐致賊寇。而祇固陳取之，郡民吳遽等果作賊殺祇，攻没諸縣。豫章、廬陵宿惡民，[2]並應遽爲寇。遜自聞，輒討即破，遽等相率降，遜料得精兵八千餘人，三郡平。[3]

時中書典校吕壹，[4]竊弄權柄，擅作威福，遜與太常潘濬同心憂之，[5]言至流涕。後權誅壹，深以自責，語在權傳。

時謝淵、謝厷等各陳便宜，欲興利改作，〔一〕以事下遜。遜議曰：“國以民爲本，彊由民力，財由民出。夫民殷國弱，民瘠國彊者，未之有也。故爲國者，得民則治，失之則亂，若不受利，而令盡用立效，亦爲難也。是以《詩》歎‘宜民宜人，受禄于天’。[6]乞垂聖恩，寧濟百姓，數年之間，國用少豐，然後更圖。”

〔一〕 《會稽典録》曰：謝淵字休德，少修德操，躬秉耒耜，[7]既無感容，又不易慮，由是知名。舉孝廉，[8]稍遷至建武將軍，[9]雖在戎旅，猶垂意人物。駱統子名秀，被門庭之謗，衆論狐疑，莫能證明。淵聞之歎息曰：“公緒早夭，[10]同盟所哀。聞其子志行明辯，而被闇昧之謗，望諸夫子烈然高斷，而各懷遲疑，非所望也。”秀卒見明，無復瑕玷，終爲顯士，淵之力也。

《吳歷》稱云，謝厷才辯有計術。

[1] 中郎將：官名。東漢末爲統兵武職，位次將軍，秩比二千石。三國沿置。

[2] 廬陵：郡名。治所廬陵縣，在今江西吉安市西安。

[3] 三郡：指鄱陽、豫章、廬陵。

[4] 中書典校：官名。掌察諸官府、州郡文書，摘微求瑕，權力頗重。

[5] 太常：官名。東漢時仍爲列卿之首，秩中二千石。掌禮儀祭祀，選試博士等。三國沿置。

[6] 受禄于天：此句及上句，見《詩·大雅·假樂》。

[7] 耒 (lěi) 耜 (sì)：上古耕地翻土的農具。此泛指農具。

[8] 孝廉：漢代選拔官吏的主要科目。孝指孝子，廉指廉潔之士。原本爲二科，後混同爲一科，也不再限於孝子和廉吏。東漢後期定制爲不滿四十歲者不得察舉；被舉者先詣公府課試，以觀其能。郡國每年要向中央推舉一至二人。曹魏定爲郡國口滿十萬者舉孝廉一人，其有優異，不拘户口，並不限年齒，老幼皆可。蜀漢、孫吳亦由郡舉孝廉。晋沿魏制，尚書郎缺，從孝廉中補。

[9] 建武將軍：官名。東漢末曹操置，三國魏、吴亦置。魏爲四品。

[10] 公緒：駱統字公緒。

赤烏七年，[1]代顧雍爲丞相，詔曰：“朕以不德，應期踐運，王塗未一，姦宄充路，夙夜戰懼，不遑鑒寐。[2]惟君天資聰叡，明德顯融，統任上將，[3]匡國弭難。夫有超世之功者，必膺光大之寵；[4]懷文武之才者，必荷社稷之重。昔伊尹隆湯，[5]吕尚翼周，[6]内外之任，君實兼之。今以君爲丞相，使使持節、守太常傅常授印綬。[7]君其茂昭明德，脩乃懿績，敬服王命，綏靖四方。於乎！總司三事，[8]以訓羣寮，可不敬與，君其勖之！其州牧、都護、領武昌事如故。”

先是，二宮並闕，[9]中外職司，多遣子弟給侍。全琮報遜，遜以爲子弟苟有才，不憂不用，不宜私出以要榮利；若其不佳，終爲取禍。且聞二宮勢敵，必有彼此，此古人之厚忌也。琮子寄，果阿附魯王，輕爲交構。遜書與琮曰："卿不師日磾，[10]而宿留阿寄，終爲足下門户致禍矣。"琮既不納，更以致隙。及太子有不安之議，遜上疏陳："太子正統，宜有磐石之固，魯王藩臣，當使寵秩有差，彼此得所，上下獲安。謹叩頭流血以聞。"書三四上，及求詣都，欲口論適庶之分，以匡得失。既不聽許，而遜外生顧譚、顧承、姚信，[11]並以親附太子，枉見流徙。太子太傅吾粲坐數與遜交書，[12]下獄死。權累遣中使責讓遜，[13]遜憤恚致卒，時年六十三，家無餘財。

初，暨豔造營府之論，[14]遜諫戒之，以爲必禍。又謂諸葛恪曰："在我前者，吾必奉之同升；在我下者，則扶持之。今觀君氣陵其上，意蔑乎下，非安德之基也。"又廣陵楊竺少獲聲名，[15]而遜謂之終敗，勸竺兄穆令與別族。其先覩如此。長子延早夭，[16]次子抗襲爵。孫休時，追謚遜曰昭侯。

[1] 赤烏：吳大帝孫權年號（238—251）。

[2] 鑒寐：猶假寐。謂和衣打盹。

[3] 上將：百衲本"上"字作"正"，殿本、盧弼《集解》本、校點本作"上"，郝經《續後漢書》亦作"上"。今從殿本等。

[4] 膺：校點本作"應"，百衲本、殿本、盧弼《集解》本作"膺"。郝經《續後漢書》亦作"膺"。今從百衲本等。膺，承受，接受。

[5] 伊尹：夏末，伊尹助湯滅桀後，又輔佐商湯及卜丙、仲壬

二王。後又輔佐太甲。（見《史記》卷三《殷本紀》）

　　[6] 呂尚：殷末被周文王立爲師，後又輔佐周武王滅紂，被封於齊。（見《史記》卷三二《齊太公世家》）

　　[7] 使持節：漢末三國時期，皇帝授予出征或出鎮的軍事長官的一種權力。至晉代，此種權力明確爲可誅殺二千石以下官員。若皇帝派遣大臣出巡或參加祭弔等事務時，加使持節，則表示權力和尊崇。

　　[8] 三事：謂三公。

　　[9] 二宮：指太子孫和、魯王孫霸。

　　[10] 日磾：指金日磾，漢武帝的近臣。《漢書》卷六八《金日磾傳》謂金日磾有子，深爲武帝所愛，“爲帝弄兒，常在帝側。弄兒或自後擁上項，日磾在前，見而目之。弄兒走且啼曰：‘翁怒。’上謂日磾：‘何怒吾兒爲？’其後弄兒壯大，不謹，自殿下與宮人戲，日磾適見之，惡其淫亂，遂殺弄兒。弄兒即日磾長子也。上聞之大怒，日磾頓首謝，具言所以殺弄兒狀。上甚哀，爲之泣，已而心敬日磾”。

　　[11] 外生：即外甥。《群書治要》卷二八引即作“外甥”。

　　[12] 太子太傅：官名。東漢時秩中二千石，掌輔導太子，不領東宮官屬及庶務，諸屬官由太子少傅主之。太子對太傅執弟子禮，太傅不稱臣。孫吳亦置。

　　[13] 中使：官名。孫吳置，以宦官充任，職如漢魏之小黃門，掌侍皇帝左右，受尚書事，皇帝在內宮，關通中外及中宮以下衆事。（本洪飴孫《三國職官表》）

　　[14] 營府之論：見本書卷五七《張溫傳》。

　　[15] 廣陵：郡名。曹魏時治所淮陰縣，在今江蘇淮陰市西南甘羅城。

　　[16] 長子延：百衲本“延”字作“廷”，殿本、盧弼《集解》本、校點本作“延”，蕭常及郝經之《續後漢書》亦皆作“延”。今從殿本等。

抗字幼節，孫策外孫也。遜卒時，年二十，拜建武校尉，[1]領遜衆五千人。送葬東還，詣都謝恩。孫權以楊竺所白遜二十事問抗，禁絕賓客，中使臨詰，抗無所顧問，事事條答，權意漸解。赤烏九年，遷立節中郎將，[2]與諸葛恪換屯柴桑。[3]抗臨去，皆更繕完城圍，葺其牆屋，[4]居廬桑果，不得妄敗。恪入屯，儼然若新。而恪柴桑故屯，頗有毀壞，深以爲慚。太元元年，[5]就都治病。病差當還，[6]權涕泣與別，謂曰：“吾前聽用讒言，與汝父大義不篤，以此負汝。前後所問，一焚滅之，莫令人見也。”建興元年，[7]拜奮威將軍。[8]太平二年，[9]魏將諸葛誕舉壽春降，[10]拜抗爲柴桑督，[11]赴壽春，破魏牙門將、偏將軍，[12]遷征北將軍。[13]永安二年，[14]拜鎮軍將軍，[15]都督西陵，[16]自關羽至白帝。[17]三年，假節。孫晧即位，加鎮軍大將軍，[18]領益州牧。[19]建衡二年，[20]大司馬施績卒，[21]拜抗都督信陵、西陵、夷道、樂鄉、公安諸軍事，[22]治樂鄉。

抗聞都下政令多闕，憂深慮遠，乃上疏曰：“臣聞德均則衆者勝寡，力侔則安者制危，蓋六國所以兼并於彊秦，[23]西楚所以北面於漢高也。[24]今敵跨制九服，[25]非徒關右之地；[26]割據九州，豈但鴻溝以西而已。[27]國家外無連國之援，內非西楚之彊，庶政陵遲，黎民未乂，而議者所恃，徒以長川峻山，限帶封域，此乃守國之末事，[28]非智者之所先也。臣每遠惟戰國存亡之符，近覽劉氏傾覆之釁，[29]考之典籍，驗之行事，中夜撫枕，臨餐忘食。昔匈奴未滅，去病辭館；[30]漢道未純，賈生哀泣。[31]況臣王室之出，世荷光寵，身名否泰，[32]與國同感，死生契闊，[33]義無苟且，夙夜憂怛，念至情慘。夫事君之義犯而勿欺，[34]人臣之節匪躬是殉，[35]謹陳時宜十七條如左。"十七條失本，故不載。

時何定弄權，閹官預政；抗上疏曰："臣聞開國承家，小人勿用，[36]靖譖庸回，[37]唐書攸戒，[38]是以雅人所以怨刺，[39]仲尼所以歎息也。[40]春秋已來，爰及秦、漢，傾覆之釁，未有不由斯者也。小人不明理道，所見既淺，雖使竭情盡節，猶不足任，況其姦心素篤，而憎愛移易哉？苟患失之，無所不至。今委以聰明之任，假以專制之威，而冀雍熙之聲作，[41]肅清之化立，不可得也。方今見吏，殊才雖少，然或冠冕之胄，少漸道教，或清苦自立，資能足用。自可隨才授職，抑黜羣小，然後俗化可清，庶政無穢也。"

鳳皇元年，[42]西陵督步闡據城以叛，遣使降晉。抗聞之，日部分諸軍，[43]令將軍左奕、吾彥、蔡貢等徑赴西陵，敕軍營更築嚴圍，自赤谿至故市，[44]內以圍闡，外以禦寇，晝夜催切，如敵以至，眾甚苦之。諸將咸諫曰："今及三軍之銳，亟以攻闡，比晉救至，闡必可拔。何事於圍，而以弊士民之力乎？"抗曰："此城處勢既固，糧穀又足，且所繕修備禦之具，皆抗所宿規。[45]今反身攻之，既非可卒克，且北救必至，至而無備，表裏受難，何以禦之？"諸將咸欲攻闉，抗每不許。宜都太守雷譚言至懇切，抗欲服衆，聽令一攻。攻果無利，圍備始合。晋車騎將軍羊祜率師向江陵，[46]諸將咸以抗不宜上，[47]抗曰："江陵城固兵足，無所憂患。假令敵没江陵，必不能守，所損者小。如使西陵槃結，則南山羣夷皆當擾動，[48]則所憂慮，難可竟言也。[49]吾寧棄江陵而赴西陵，況江陵牢固乎？"初，江陵平衍，道路通利，抗敕江陵督張咸作大堰遏水，[50]漸漬平中，以絶寇叛。祜欲因所遏水，浮船運糧，揚聲將破堰以通步軍。抗聞，使咸亟破之。諸將皆惑，屢諫不聽。祜至當陽，[51]聞堰敗，乃改船以車運，大費損功力。晋巴東監軍徐胤率水軍詣建平，[52]荆州刺史楊肇至西陵。抗令張咸固守其城；公安督孫遵巡南岸禦祜；水軍督留慮、鎮西將軍朱琬拒胤；身率三軍，憑圍對肇。將軍朱喬營都督俞贊亡詣肇。[53]抗曰："贊軍中舊吏，知吾虛實者，吾常慮夷兵素不簡練，若敵攻圍，必先此處。"即夜易夷（民）〔兵〕，[54]皆以舊將充之。明日，肇果攻故夷兵處，抗命旋軍擊之，矢石雨下，肇衆傷死者相屬。肇至經月，計屈夜遁。抗欲追之，而慮闉畜力項領，[55]伺視閒隙，兵不足分，於是但鳴鼓戒衆，若將追者。肇衆凶懼，悉解甲挺走，抗使輕兵躡之，肇大破敗，祜等皆引軍還。抗遂陷西陵城，誅夷闉族及其大將吏，自此以下，所請赦者數萬口，脩治城圍，東還樂鄉，貌無矜色，謙沖如常，故得將士歡心。〔一〕

〔一〕《晉陽秋》曰：抗與羊祜推僑、札之好。[56]抗嘗遺祜酒，祜飲之不疑。抗有疾，祜饋之藥，抗亦推心服之。於時以爲華元、子反復見於今。[57]

《漢晉春秋》曰：羊祜既歸，增脩德信，以懷吳人。陸抗每告其邊戍曰：“彼專爲德，我專爲暴，是不戰而自服也。各保分界，無求細益而已。”於是吳、晉之間，餘糧栖畝而不犯，牛馬逸而入境，可宣告而取也。沔上獵，[58]吳獲晉人先傷者，皆送而相還。抗嘗疾，求藥於祜，祜以成合與之，曰：“此上藥也，近始自作，未及服，以君疾急，故相致。”抗得而服之，諸將或諫，抗不答。孫晧聞二境交和，以詰於抗，抗曰：“夫一邑一鄉，不可以無信義之人，而況大國乎？臣不如是，正足以彰其德耳，於祜無傷也。”或以祜、抗爲失臣節，兩譏之。

習鑿齒曰：夫理勝者天下之所保，信順者萬人之所宗，雖大猷既喪，義聲久淪，狙詐馳於當塗，權略周乎急務，負力從橫之人，臧獲牧豎之智，[59]未有不憑此以創功，捨兹而獨立者也。是故晉文退舍，[60]而原城請命；穆子圍鼓，[61]訓之以力；冶夫獻策，[62]而費人斯歸；樂毅緩攻，[63]而風烈長流。觀其所以服物制勝者，豈徒威力相詐而已哉！自今三家鼎足四十有餘年矣，吳人不能越淮、沔而進取中國，中國不能陵長江以爭利者，力均而智侔，道不足以相傾也。夫殘彼而利我，未若利我而無殘；振武以懼物，未若德廣而民懷。匹夫猶不可以力服，而況一國乎？力服猶不如以德來，而況不制乎？是以羊祜恢大同之略，思五兵之則，[64]齊其民人，均其施澤，振義綱以羅彊吳，明兼愛以革暴俗，易生民之視聽，馳不戰乎江表。故能德音悦暢，而襁負雲集，殊鄰異域，義讓交弘，自吳之遇敵，未有若此者也。抗見國小主暴，而晉德彌昌，人積兼己之善，而己無固本之規，百姓懷嚴敵之德，闔境有棄主之慮，思所以鎮定民心，緝寧外内，奮其危弱，抗權上國者，莫若親行斯道，以侔其勝。使彼德靡加吾，而此善流聞，歸重邦國，弘明遠風，折衝於枕席之上，校勝於帷幄之內，傾敵而不以甲兵之力，保國而不浚溝池之固，信義感於寇讐，丹懷體於先日。豈設狙詐以危賢，徇己身之私名，貪外物之重我，闇服之而不備者哉！由是論之，苟守局而保疆，一卒之所能；協數以相危，[65]小人之近事；[66]積詐以防物，臧獲之餘慮；威勝以求安，明哲之所賤。賢人君子所以拯世垂範，[67]舍此而取彼者，其道良弘故也。

[1] 建武校尉：官名。赤烏中置，領兵。

[2] 立節中郎將：官名。孫權置。爲領兵武職，屯於柴桑等軍事要地。

[3] 柴桑：縣名。治所在今江西九江市西南。

[4] 葺其：趙幼文《校箋》謂蕭常《續後漢書》“其”字作“理”。按，郝經《續後漢書》與《建康實錄》卷四皆作“其”。

[5] 太元：吳大帝孫權年號（251—252）。

[6] 病差（chài）：病愈。

[7] 建興：吳會稽王孫亮年號（252—253）。

[8] 奮威將軍：官名。漢爲雜號將軍。孫吳亦置。

[9] 太平：吳會稽王孫亮年號（256—258）。

[10] 壽春：縣名。治所在今安徽壽縣。

[11] 柴桑督：官名。柴桑駐軍的軍事長官。

[12] 牙門將：官名。魏文帝黃初中置，爲統兵武職，位在裨將軍下。蜀漢、孫吳、兩晉亦置。魏、晉皆五品。

[13] 征北將軍：官名。漢獻帝興平中置。曹操執政後，列爲四征將軍之一，多爲持節都督，出鎮方面，地位顯要，秩二千石。魏文帝黃初中，位次三公，第二品。孫權亦置。

[14] 永安：吳景帝孫休年號（258—264）。

[15] 鎮軍將軍：官名。漢獻帝建安末劉備置。三國亦置。

[16] 都督：官名。吳在軍事要地置都督，統當地駐軍。

[17] 關羽：指關羽瀨。趙一清《注補》云：“關羽瀨與白帝城相對文義，上删‘瀨’字，下去‘城’字，史之省文，然不可通也。”關羽瀨，地名。在今湖北益陽市西南。盧弼《集解》云：“孫吳於沿江要地置督，分段管轄，自關羽瀨至白帝城，即西陵督之轄境。”

[18] 鎮軍大將軍：官名。魏文帝黃初六年（225）置，權任很重。孫吳亦置。

[19] 益州：州牧刺史治所成都縣，在今四川成都市舊東西城區。按，孫晧即位時，魏已滅蜀漢，益州爲魏所據，此乃空名遥領。

[20] 建衡：吳末帝孫晧年號（269—271）。

[21] 大司馬：官名。東漢初改大司馬爲太尉，爲三公之一。漢靈帝時，又與太尉並置，而位在三公上。三國因之，號上公，皆爲高級將帥，不預政務。吳一度分置左、右。

[22] 信陵：縣名。孫吳置。治所在今湖北秭歸縣東南。　夷道：縣名。治所在今湖北枝城市。　樂鄉：地名。後陸抗在此築城。在今湖北松滋市東北長江南岸涴市。

[23] 六國：指戰國時的齊、楚、燕、韓、趙、魏六國。

[24] 西楚：指項羽。項羽自封爲西楚霸王。

[25] 九服：指全國。《周禮·地官·職方》謂王畿以外之地，按遠近分爲九等，稱爲九服。

[26] 關右：指函谷關以西。

[27] 鴻溝：戰國魏惠王時鑿，自今河南榮陽市北引黃河，東流經中牟縣北，至開封市南折而南流，經今通許縣東、太康縣西，至淮陽縣東南注入潁水。楚漢相争時曾以此劃界，以東屬楚，以西屬漢。

[28] 守國：百衲本作“書傳”，殿本、盧弼《集解》本、校點本作“守國”。郝經《續後漢書》與《通志》引又作“書傳”，

而《通鑑》引又作"守國"。按，二者於此皆通，今從殿本等。

[29] 劉氏：指蜀漢劉禪。

[30] 去病：指霍去病。漢武帝衛皇后之姊子，年十八爲侍中。善騎射，從大將軍衛青征戰。後爲驃騎將軍，兩次大敗匈奴。又與衛青等共同擊敗匈奴主力。漢武帝爲他建造府第，他說："匈奴不滅，無以家爲也。"（見《漢書》卷五五《霍去病傳》）

[31] 賈生：即賈誼。漢文帝時二十餘歲爲博士，又爲太中大夫，對朝政多所建言，文帝正欲以之爲公卿，被周勃、灌嬰等讒毀，出爲長沙王太傅。《漢書》卷四八《賈誼傳》謂當時"天下初定，制度疏闊。諸侯王僭儗，地過古制，淮南、濟北王皆爲逆誅。誼數上疏陳政事，多所欲匡建，其大略曰：臣竊惟事勢，可爲痛哭者一，可爲流涕者二，可爲長太息者六"云云。

[32] 否（pǐ）泰：好壞興衰。

[33] 死生契闊：謂生死不分離。《詩·邶風·擊鼓》："死生契闊，與子成說。"

[34] 犯：觸犯，冒犯。

[35] 匡躬：盡忠而不顧身。《易·蹇卦》六二："王臣蹇蹇，匪躬之故。"孔穎達疏："盡忠於君，匪以私身之故而不往濟君，故曰'匪躬之故'。"

[36] 小人勿用：《易·師卦》上六："大君有命，開國承家，小人勿用。"

[37] 靖譖庸回：謂慣聽讒言，信用奸邪。《左傳·文公十八年》："少皞氏有不才子，毀信廢忠，崇飾惡言，靖譖庸回。"楊伯峻注："《尚書·堯典》言共工'静言庸違'，段玉裁《尚書撰異》謂'靖譖庸回'即'静言庸違'。'靖譖'是否'静言'，尚有異説；'庸回'即'庸違'，決無問題。回、違古多通用也。據杜注與孔疏，靖譖者，安於讒譖之謂也。庸回者，信用回邪之謂也。回，邪也。"

[38] 唐書：指《尚書·堯典》。

[39] 雅人：此指《詩·小雅·節南山》的作者。《詩序》云："節南山，家父刺幽王也。"毛傳："家父字，周大夫也。"其《詩》有云："式夷式已，無小人殆。"鄭箋："殆，近也。爲政當用平正之人，用能經紀其事也，無小人近。"

[40] 仲尼所以歎息：《論語·陽貨》子曰："唯女子與小人爲難養也，近之則不孫，遠之則怨。"

[41] 雍熙：謂和樂升平。

[42] 鳳皇：吳末帝孫皓年號（272—274）。

[43] 日部分：趙幼文《校箋》謂《文選》潘安仁《楊荆州誄》李善注引"日"字作"因"。

[44] 赤谿：地名。在今湖北宜昌市西北。（本《讀史方輿紀要》卷七八彝陵州）　故市：胡三省云："故市，即步騭故城，所居成市，而闡别築城，故曰故市。"（《通鑑》卷七九晋武帝泰始八年注）故市在今湖北宜昌市東南。

[45] 抗所宿規：胡三省云："抗先嘗督西陵。"（《通鑑》卷七九晋武帝泰始八年注）

[46] 車騎將軍：官名。魏晋時位次驃騎將軍，在諸名號將軍上，多作爲軍府名號加授大臣、重要州郡長官，無具體職掌，第二品。開府者位從公，一品。　江陵：縣名。治所在今湖北荆州市江陵區。

[47] 抗不宜上：胡三省云："自樂鄉而西赴西陵爲上。"（《通鑑》卷七九晋武帝泰始八年注）

[48] 南山：胡三省云："南山，謂江南諸山，群夷所依阻。"（《通鑑》卷七九晋武帝泰始八年注）

[49] 竟言：百衲本、殿本、盧弼《集解》本作"而言"。盧弼云："陳本'而'作'竟'。"校點本即作"竟言"。郝經《續後漢書》亦作"竟言"，今從校點本。

[50] 作大堰遏水：胡三省云："今江陵有三海八櫃，引諸湖及沮、漳之水注之，彌漫數百里，即作堰之故智也。"（《通鑑》卷七九

晋武帝泰始八年注）

　　〔51〕當陽：縣名。治所在今湖北荆門市西南。

　　〔52〕巴東：郡名。治所魚復縣，在今重慶市奉節縣東白帝城。

　　監軍：官名。此爲地方軍政長官。　　建平：郡名。孫吳置，治所巫縣，在今重慶市巫山縣東北。

　　〔53〕營都督：官名。即軍營都督。曹魏置，爲大將軍及太尉府屬官，晋三品將軍以上軍府皆置。孫吳亦置。

　　〔54〕夷兵：各本皆作“夷民”。《通鑑》卷七九晋武帝泰始八年作“夷兵”，本書上文明言“夷兵”，下文又言“肇果攻故夷兵處”，則此易者即夷兵，故據《通鑑》改之。

　　〔55〕項領：比喻要害之處。

　　〔56〕僑：指春秋時鄭國公孫僑。公孫僑字子産。　　札：指春秋時吳國公子季札。《左傳·襄公二十九年》：吳公子季札“聘於鄭，見子産，如舊相識。與之縞帶，子産獻紵衣焉”。

　　〔57〕華元：春秋時宋國大夫。　　子反：春秋楚莊王時爲司馬。楚莊王二十年（前588），楚軍圍宋已數月，軍中僅有七日糧，楚莊王使子反登上攻城之小土山窺視宋國城内情况，宋國華元亦出而見之。子反問國中的情况如何，華元答：“憊矣。已易子而食之，析骸而炊之。”子反亦如實地告訴華元楚軍的情况：“軍亦祇有七日糧，盡此不勝，將撤退。”子反回軍後告莊王信義之重要，楚因而撤軍。（見《公羊傳·宣公十五年》）

　　〔58〕沔：水名。即漢水。

　　〔59〕臧獲：古代對奴婢的賤稱。揚雄《方言》卷三：“荆淮海岱雜齊之間，罵奴曰臧，罵婢曰獲。”

　　〔60〕晋文退舍：《左傳·僖公二十五年》云：“晋侯圍原，命三日之糧。原不降，命去之。諜（間諜）出，曰：‘原將降矣。’軍吏曰：‘請待之。’公曰：‘信，國之寶也，民之所庇也。得原失信，何以庇之？所亡滋多。’退一舍而原降。”

　　〔61〕穆子：即春秋時晋國大夫荀吳。晋昭公五年（前527），

穆子率軍包圍鼓國（今河北晋縣），鼓國有人請求帶城裏人叛變，穆子不答應，左右隨從謂不勞軍隊而得城邑何樂而不爲。穆子認爲叛變是可惡的，叛者前來不能不獎賞，而獎賞了可惡者，對所喜愛的又怎麼辦呢？如果不獎賞，又要失信於民。圍攻城邑，力量强就攻之，力量不行就退走；不能想得城邑而接近奸邪之人，若不如此，所失會更多。穆子終於攻下鼓國，沒有殺一人。（見《左傳·昭公十五年》）

[62] 冶夫：即春秋魯國大夫冶區夫。魯昭公十三年（前529），魯國叔弓包圍南遺控制的費邑（今山東費縣西北），未攻下而失敗。季平子大怒，令叔弓之軍見費人即捕之，以之爲囚俘。冶區夫曰：“非也。若見費人，寒者衣之，飢者食之，爲之令主，而供其乏困，費來如歸，南氏亡矣。民將叛之，誰與居邑？若憚之以威，懼之以怒，民疾而叛，爲之聚也。若諸侯皆然，費人無歸，不親南氏，將焉入矣？”季平子聽從冶區夫之言，費人背叛了南氏。（見《左傳·昭公十三年》）

[63] 樂毅：戰國燕昭王時爲燕將，曾爲上將軍，率燕、韓、趙、魏、楚之兵伐齊國，破齊軍於濟西。諸侯兵罷歸，樂毅獨率燕軍留齊國，五年間共攻下齊七十餘城。（見《史記》卷八〇《樂毅列傳》）

[64] 五兵：指古代的五種兵器。《漢書》卷六四上《吾丘壽王傳》“作五兵”，顏師古注：“謂矛、戟、弓、劍、戈。”

[65] 協數：殿本《考證》云：“北宋本作‘挾數’。”按郝經《續後漢書》荀宗道注引作“協衆”。

[66] 小人：百衲本作“小凡”，殿本、盧弼《集解》本、校點本作“小人”，郝經《續後漢書》荀宗道注亦作“小人”。今從殿本等。

[67] 拯世：百衲本作“極世”，殿本、盧弼《集解》本、校點本作“拯世”，郝經《續後漢書》荀宗道注引亦作“拯世”。今從殿本等。

　　加拜都護，聞武昌左部督薛瑩徵下獄，[1]抗上疏
曰：“夫俊乂者，國家之良寶，社稷之貴資，庶政所以
倫敍，[2]四門所以穆清也。[3]故大司農樓玄、散騎中常
侍王蕃、少府李勖，[4]皆當世秀穎，一時顯器，既蒙初
寵，從容列位，而並旋受誅殛，或圮族替祀，[5]或投棄
荒裔。蓋《周禮》有赦賢之辟，[6]《春秋》有宥善之
義，[7]《書》曰：‘與其殺不辜，寧失不經。’[8]而蕃等
罪名未定，大辟以加，[9]心經忠義，身被極刑，豈不痛
哉！且已死之刑，[10]固無所識，至乃焚爍流漂，棄之
水濱，懼非先王之正典，或甫侯之所戒也。[11]是以百
姓哀聳，[12]士民同感。蕃、勖永已，悔亦靡及，誠望
陛下赦召玄出，而頃聞薛瑩卒見逮錄。瑩父綜納言先
帝，[13]傅弼文皇，[14]及瑩承基，內屬名行，今之所坐，
罪在可宥。臣懼有司未詳其事，如復誅戮，益失民望，
乞垂天恩，原赦瑩罪，哀矜庶獄，清澄刑網，則天下
幸甚！”

　　時師旅仍動，百姓疲弊，抗上疏曰：“臣聞《易》
貴隨時，[15]《傳》美觀釁，[16]故有夏多罪而殷湯用
師，[17]紂作淫虐而周武授鉞。[18]苟無其時，玉臺有憂
傷之慮，[19]孟津有反斾之軍。[20]今不務富國強兵，力
農畜穀，使文武之才效展其用，百揆之署無曠厥職，[21]
明黜陟以厲庶尹，[22]審刑賞以示勸沮，[23]訓諸司以德，而
撫百姓以仁，然後順天乘運，席卷宇內，而聽諸將徇名，
窮兵黷武，動費萬計，士卒彫瘁，寇不爲衰，而我已大

病矣！今爭帝王之資，而昧十百之利，此人臣之姦便，非國家之良策也。昔齊魯三戰，[24]魯人再克而亡不旋踵。何則？大小之勢異也。況今師所克獲，不補所喪哉？且阻兵無眾，[25]古之明鑒，誠宜蹔息進取小規，以畜士民之力，觀釁伺隙，庶無悔吝。”

二年春，就拜大司馬、荊州牧。三年夏，疾病，上疏曰：“西陵、建平，國之蕃表，[26]既處下流，[27]受敵二境。[28]若敵汎舟順流，舳艫千里，[29]星奔電邁，俄然行至，非可恃援他部以救倒縣也。此乃社稷安危之機，非徒封疆侵陵小害也。臣父遜昔在西垂陳言，以爲西陵國之西門，雖云易守，亦復易失。若有不守，非但失一郡，則荊州非吳有也。如其有虞，當傾國爭之。臣往在西陵，得涉遜迹，前乞精兵三萬，而（至）〔主〕者循常，[30]未肯差赴。自步闡以後，益更損耗。今臣所統千里，受敵四處，外禦彊對，內懷百蠻，而上下見兵財有數萬，羸弊日久，難以待變。臣愚以爲諸王幼沖，未統國事，可且立傅相，[31]輔導賢姿，無用兵馬，[32]以妨要務。又黃門豎宦，[33]開立占募，兵民怨役，逋逃入占。[34]乞特詔簡閱，一切料出，以補疆場受敵常處，使臣所部足滿八萬，省息眾務，信其賞罰，雖韓、白復生，[35]無所展巧。若兵不增，此制不改，而欲克諧大事，此臣之所深慼也。若臣死之後，乞以西方爲屬。願陛下思覽臣言，則臣死且不朽。”

秋遂卒，子晏嗣。晏及弟景、玄、機、雲，分領抗兵。[36]晏爲裨將軍、夷道監。[37]天紀四年，[38]晉軍伐吳，龍驤將軍王濬順流東下，^[39]所至輒克，終如抗慮。景字士仁，以尚公主拜騎都尉，^[40]封毗陵侯，^[41]既領抗兵，拜偏將軍、中夏督，^[42]澡身好學，著書數十篇也。〔一〕^[43]二月壬戌，晏爲王濬別軍所殺。癸亥，景亦遇害，時年三十一。景妻，孫晧適妹，^[44]與景俱張承外孫也。〔二〕

〔一〕《文士傳》曰：陸景母張承女，諸葛恪外生。恪誅，景母坐見黜。景少爲祖母所育養，及祖母亡，景爲之心喪三年。

〔二〕景弟機，字士衡，雲字士龍。

《機雲別傳》曰：^[45]晉太康末，^[46]俱入洛，造司空張華，^[47]華一見而奇之，曰："伐吳之役，利在獲二儁。"遂爲之延譽，薦之詣公。太傅楊駿辟機爲祭酒，^[48]轉太子洗馬、尚書著作郎。^[49]雲爲吳王郎中令，^[50]出宰浚儀，^[51]甚有惠政，^[52]吏民懷之，生爲立祠。後並歷顯位。機天才綺練，文藻之美，獨冠於時。雲亦善屬文，清新不及機，而口辯持論過之。于時朝廷多故，機、雲並自結於成都王穎。穎用機爲平原相，^[53]雲清河內史。^[54]尋轉雲右司馬，^[55]甚見委仗。無幾而與長沙王搆釁，^[56]遂舉兵攻洛，以機行後將軍，^[57]督王粹、牽秀等諸軍二十萬，^[58]士龍著《南征賦》以美其事。機吳人，羈旅單宦，頓居羣士之右，多不厭服。機屢戰失利，死散過半。初，宦人孟玖，穎所嬖幸，乘寵豫權，雲數言其短，穎不能納，玖又從而毀之。是役也，玖弟超亦領衆配機，不奉軍令。機繩之以法，超宣言曰陸機將反。及牽秀等譖機於穎，以爲持兩端，玖又搆之於內，穎信之，遣收機，并收雲及弟耽，並伏法。機兄弟既江南之秀，亦著名諸夏，並以無罪夷滅，天下痛惜之。機文章爲世所重，雲所著亦傳於世。初，抗之克步闡也，誅及嬰孩，識道者尤之曰："後世必受其殃！"及機之誅，三族無遺，^[59]孫惠與朱誕書曰："馬援擇君，^[60]凡人所聞，不意三陸相攜暴朝，^[61]殺身傷名，可爲悼歎。"事亦並在《晉書》。

[1] 武昌左部督：官名。孫權赤烏八年（245），分長江中下游之軍事防備爲兩部，置武昌左部督與右部督統領之。武昌左部督掌管武昌以下防務，右部督掌管武昌以上至蒲圻的軍事。職權頗重。武昌縣治所在今湖北鄂州市。蒲圻縣治所在今湖北蒲圻市西梁湖南岸競江口。

[2] 倫敍：有條理。

[3] 四門：指四方。《尚書·堯典》“四門穆穆”，孔傳：“四門，四方之門。” 穆清：謂太平祥和。

[4] 大司農：官名。東漢列卿之一，秩中二千石。掌全國租賦收入和國家財政開支；原屬少府管理的帝室財政亦并歸大司農。三國沿置。 散騎中常侍：官名。孫吳置，曹魏稱散騎常侍。職責是侍從皇帝左右，諫諍得失，應對顧問，與侍中等共平尚書奏事，有異議得駁奏。 少府：官名。漢列卿之一，秩中二千石。東漢時掌宮中御衣、寶貨、珍膳等。三國沿置。

[5] 圮（pǐ）族：滅族。《尚書·堯典》“方命圮族”，孔傳：“圮，毀；族，類也。”

[6] 赦賢之辟：趙幼文《校箋》謂蕭常《續後漢書》“赦”字作“議”。按，郝經《續後漢書》亦作“赦”。《周禮·秋官·小司寇》謂“以八辟麗邦法，附刑罰。一曰議親之辟，二曰議故之辟，三曰議賢之辟”。鄭玄注：辟，法也。麗，附也。附猶著也。賢，有德行者。

[7] 宥善之義：《左傳·昭公元年》謂楚國公子圍在虢地與魯國的叔孫豹、晉國的趙孟、齊國的國弱等九國使者結盟。此前，魯國之季武子攻打莒國，奪取了鄆地。莒國人因向盟會報告，公子圍即向趙孟説，魯人襲潰了盟約，請誅其使者叔孫豹。趙孟云：“莒、魯爭鄆，爲日久矣。苟無大害于其社稷，可無亢也。去煩宥善，莫不競勸。”楊伯峻注：亢，扞蔽、庇護之義。去煩，免諸侯動武之勞。宥善，赦免善人叔孫豹。

[8]寧失不經：此句及上句見《左傳·襄公二十六年》引《夏書》。楊伯峻注："不經即不守正法之人。"

[9]大辟：死刑。

[10]已死之刑：受刑已死之人。

[11]甫侯：周穆王時大臣。《史記》卷四《周本紀》謂周穆王時，"諸侯有不睦者，甫侯言於王，作修刑辟"。修刑成，"命曰《甫刑》"。又按，《甫刑》即《呂刑》，今仍載於《尚書》。

[12]哀聳：悲哀而恐懼。《左傳·襄公四年》"邊鄙不聳"，杜預注："聳，懼也。"

[13]納言：尚書官員之別稱。薛綜在孫權時曾爲賊曹尚書、選曹尚書、尚書左僕射。

[14]文皇：即孫和。孫和乃孫晧父，孫晧即帝位後，追謚和爲文皇帝。當孫和爲太子時，薛綜曾爲太子少傅。

[15]隨時：《易·隨卦》象辭："而天下隨時，隨時之義大矣哉！"

[16]觀釁：窺伺間隙。《左傳·宣公十二年》謂晉楚邲之戰前夕，晉中軍統帥荀林父率軍至黃河，聽説鄭國已與楚國媾和，準備還軍。上軍統帥隨武子（士會）曰："會聞用師，觀釁而動。"

[17]殷湯用師：《史記》卷三《殷本紀》謂夏代末年，"夏桀爲虐政淫荒，而諸侯昆吾氏爲亂。湯乃興師率諸侯，伊尹從湯，湯自把鉞以伐昆吾，遂伐桀"。又湯在誓師辭中數言"有夏多罪"。

[18]周武授鉞：《史記》卷四《周本紀》謂殷商晚年，"紂昏亂暴虐滋甚"，周武王乃率師兩次渡盟津，會合諸侯，進軍至商郊牧野，"武王左持黃鉞，右秉白旄以麾"，殷師敗績，紂自焚而死。武王至紂死所，"以黃鉞斬紂頭，縣大白之旗"。

[19]玉臺：《淮南子·本經訓》云："晚世之時，帝有桀、紂，爲琁室、瑤臺、象廊、玉牀。"高誘注："琁、瑤，石之似玉，以飾室臺也。用象牙飾廊殿，以玉爲牀，言淫役也。"又《史記》卷二《夏本紀》謂湯伐桀，桀敗走後謂人曰："吾悔不遂殺湯於夏

臺，使至此。"

[20] 孟津：即盟津。在今河南孟津縣東北黃河上。周武王伐紂，第一次至孟津，諸侯不期而會者八百，而渡河中，白魚躍入王舟中。周武王認爲時機不到，遂還軍。兩年後，武王再次率軍至孟津，諸侯咸會，遂渡津進軍。終滅紂。（見《史記・周本紀》）

[21] 百揆：百官。

[22] 庶尹：衆官。

[23] 刑賞：殿本、校點本 1959 年 12 月第 1 版作"刑罰"，百衲本、盧弼《集解》本、校點本 1982 年 7 月第 2 版作"刑賞"。今從百衲本等。

[24] 齊魯三戰：《史記》卷七〇《張儀列傳》謂張儀説齊湣王曰："臣聞之，齊與魯三戰而魯三勝，國以危亡隨其後，雖有戰勝之名，而有亡國之實。是何也？齊大而魯小也。"

[25] 阻兵無衆：仗恃兵力則衆不附。《左傳・隱公四年》：衆仲曰："夫州吁，阻兵而安忍。阻兵，無衆；安忍，無親。衆叛親離，難以濟矣。"

[26] 蕃表：胡三省云："蕃，籬也；表，外也。謂二郡爲藩籬於外也。"（《通鑑》卷八〇晉武帝泰始十年注）

[27] 下流：《通鑑》作"上流"。

[28] 受敵二境：胡三省云："謂二郡之境，西距巴夔，北接魏興、上庸，二面皆受敵也。"（《通鑑》卷八〇晉武帝泰始十年注）

[29] 舳艫：船頭和船尾的並稱。多泛指前後首尾相接的船。

[30] 主者：各本皆作"至者"，《通鑑》作"主者"。校點本即據《通鑑》改。今從之。胡三省云："主者，謂居本兵之職者也。"（《通鑑》卷八〇晉武帝泰始十年注）趙幼文《校箋》云："作'主者'是。主者，謂朝廷主持軍事之官吏，胡注少迁。"

[31] 傅相：輔佐諸王之官。

[32] 無用兵馬：在陸抗上此表的前一年，即鳳皇二年（273），孫晧改封的二王及新封的九王，"凡十一王，王給三千

兵"。（見本書卷四八《孫晧傳》）

［33］豎宦：殿本作"豎官"，百衲本、盧弼《集解》本、校點本作"豎宦"，《通鑑》作"宦官"。今從百衲本等。黃門豎宦，即指宦官。

［34］逋（bū）逃：逃亡者。

［35］韓：指韓信。漢高帝劉邦之大將，以善用兵著稱。高帝曾與韓信議論諸將帶兵能力，高帝問："如我能將幾何？"韓信説："陛下不過能將十萬。"高帝又問："於君何如？"韓信説："臣多多益善耳。"（見《史記》卷九二《淮陰侯列傳》） 白：指白起。戰國秦昭王時的名將，多次爲秦擊敗他國軍隊。秦昭王四十七年（前260）的秦趙長平之戰，白起大勝，前後斬首、俘虜趙軍四十五萬人。（見《史記》卷七三《白起列傳》）

［36］分領抗兵：孫吳實行世襲領兵制，父祖所領之兵，子孫得繼承領有。

［37］裨將軍：官名。漢雜號將軍之低級者。三國沿置。

［38］天紀：吳末帝孫晧年號（277—280）。

［39］龍驤將軍：官名。魏晉皆置，地位較高，第三品。 王濬：弘農湖縣（今河南靈寶縣西北）人。晉初曾爲巴郡、廣漢二郡太守，又爲益州刺史。（見《晉書》卷四二《王濬傳》）

［40］騎都尉：官名。孫吳時統羽林兵，宿衛左右。

［41］毗陵：縣名。治所在今江蘇常州市。

［42］中夏督：官名。中夏即中夏水。《水經注疏》卷三五《江水三》謂江水"又東至華容縣西，夏水出焉"。注："江水左迤爲中夏水，右則中郎浦出焉。"熊會貞疏："中夏水即夏水，《夏水注》夏水有中夏之目是也。"則中夏督乃統領夏水水軍之將領。

［43］數十篇：《隋書·經籍志》子部儒家類謂梁有吳中夏督撰《典語》十卷、《典語別》二卷，並亡。《舊唐書·經籍志》《新唐書·藝文志》丙部儒家類均著録陸景撰《典訓》十卷。

［44］適：通"嫡"。

[45] 機雲別傳：《隋書》《舊唐書》之《經籍志》、《新唐書·藝文志》皆未著録。

[46] 太康：晋武帝司馬炎年號（280—289）。

[47] 司空：官名。西晉司空，仍與太尉、司徒爲三公，第一品。爲名譽宰相，無實際職掌，多爲大臣加官。按，晋武帝世，張華未爲司空，張華爲司空，乃晋惠帝時。此説誤。

[48] 太傅：官名。西晉太傅位上公，在三公之上，第一品。常與太宰、大保並掌朝政，開府置僚屬，爲宰相之任。　祭酒：官名。此爲太傅府屬吏，主府内事。

[49] 尚書：按，《晋書》卷五四《陸機傳》，陸機未做過尚書，而官制中又無"尚書著作郎"一職，此當有誤。　著作郎：官名。魏明帝時置，隸中書省，可稱中書著作郎。晋惠帝元康初，改隸秘書省，又改稱秘書著作郎。第六品。掌國史及起居注的修撰，有時亦兼管秘書省所藏典籍。

[50] 吳王：吳王司馬晏。　郎中令：官名。爲王國三卿之一，地位頗重。

[51] 浚儀：縣名。治所在今河南開封市。

[52] 惠政：詳情見《晋書》卷五四《陸雲傳》。

[53] 平原：王國名。治所平原縣，在今山東平原縣西南。相：官名。掌王國行政，職如太守。按，此當稱"内史"。晋武帝太康十年（289）改稱王國相爲内史，職掌不變。

[54] 清河：王國名。治所清河縣，在今山東臨清市東北。

[55] 右司馬：官名。據《晋書·陸雲傳》，此乃成都王穎大將軍府之右司馬。爲軍府高級幕僚，掌參贊軍務，管理府内武職。

[56] 長沙王：長沙王司馬乂。

[57] 後將軍：官名。東漢時位如上卿，與前、左、右將軍掌京師兵衛與邊防屯警。魏晉亦置，第三品。權位漸低，略高於一般雜號將軍，不典禁兵，不與朝政，僅領兵征戰。

[58] 王粹：殿本、盧弼《集解》本作"王桙"，百衲本、校點

本、《晉書·陸機傳》作"王粹"。今從百衲本等。

[59] 三族：指父族、母族、妻族。

[60] 馬援：新莽末，爲新成大尹（漢中太守）。王莽敗後，馬援避地涼州，依附於割據隴西的隗囂。是時漢光武帝劉秀已即帝位，隗囂使援奉書至洛陽。光武帝引見援曰："卿遨遊二帝間，今見卿，使人大慚。"馬援曰："當今之世，非獨君擇臣也，臣亦擇君矣。"（《後漢書》卷二四《馬援傳》）

[61] 三陸：指陸機、陸雲及其弟陸耽。　暴朝：暴虐之官府。《文選》潘岳《河陽縣作》"再升上宰朝"，李善注："上宰朝，謂司空、太尉府。"

評曰：劉備天下稱雄，一世所憚，陸遜春秋方壯，威名未著，摧而克之，罔不如志。予既奇遜之謀略，又歎權之識才，所以濟大事也。及遜忠誠懇至，憂國亡身，庶幾社稷之臣矣。抗貞亮籌幹，咸有父風，奕世載美，具體而微，可謂克構者哉！[1]

[1]克構：即"克堂構"。謂能完成先輩的事業。

三國志 卷五九

吴書十四

吴主五子傳第十四

　　孫登字子高，權長子也。魏黄初二年，以權爲吴王，[1]拜登東中郎將，[2]封萬户侯，[3]登辭侯不受。[4]是歲，立登爲太子，選置師傅，銓簡秀士，以爲賓友，於是諸葛恪、張休、顧譚、陳表等以選入，侍講詩書，[5]出從騎射。權欲登讀《漢書》，習知近代之事，以張昭有師法，重煩勞之，乃令休從昭受讀，還以授登。登待接寮屬，略用布衣之禮，與恪、休、譚等或同輿而載，或共帳而寐。太傅張温言於權曰：[6]"夫中庶子官最親密，[7]切問近對，宜用雋德。"[8]於是乃用表等爲中庶子。後又以庶子禮拘，復令整巾侍坐。黄龍元年，[9]權稱尊號，立爲皇太子，[10]以恪爲左輔，[11]休右弼，譚爲輔正，表爲翼正都尉，是爲四友，而謝景、范慎、刁玄、羊衜等皆爲賓客，衜音道。於是東宫號爲多士。[一]

〔一〕《吳錄》曰：慎字孝敬，廣陵人，[12]竭忠知己之君，纏綿三益之友，[13]時人榮之。著論二十篇，名曰《矯非》。[14]後爲侍中，[15]出補武昌左部督，[16]治軍整頓。[17]孫晧移都，甚憚之，詔曰：“慎勳德俱茂，朕所敬憑，宜登上公，以副衆望。”以爲太尉。[18]慎自恨久爲將，遂託老耄。軍士戀之，舉營爲之隕涕。鳳凰三年卒，[19]子耀嗣。玄，丹楊人。[20]衛，南陽人。[21]

《吳書》曰：衛初爲中庶子，年二十。時廷尉監隱蕃交結豪傑，[22]自衛將軍全琮等皆傾心敬待，[23]惟衛及宣詔郎豫章楊迪拒絶不與通，[24]時人咸怪之。而蕃後叛逆，衆乃服之。

《江表傳》曰：登使侍中胡綜作《賓友目》曰：“英才卓越，超踰倫匹，則諸葛恪。精識時機，[25]達幽究微，則顧譚。凝辨宏達，[26]言能釋結，則謝景。究學甄微，游、夏同科，[27]則范慎。”衛乃私駁綜曰：“元遜才而疏，[28]子嘿精而狠，[29]叔發辯而浮，[30]孝敬深而狹。”所言皆有指趣。而衛卒以此言見咎，不爲恪等所親。後四人皆敗，吳人謂衛之言有徵。位至桂陽太守，[31]卒。

[1] 黃初：魏文帝曹丕年號（220—226）。　吳王：百衲本“王”字作“主”，殿本、盧弼《集解》本、校點本作“王”，蕭常《續後漢書》亦作“王”。今從殿本等。

[2] 東中郎將：官名。東漢靈帝時所置四中郎將之一，主率軍征伐。魏晉沿置。

[3] 封萬戶侯：侯康《補注續》引《藝文類聚》卷五一《魏文帝册孫權太子登爲東中郎將封侯文》有云：“其以登爲東中郎將，封縣侯萬户。”則此萬户侯乃縣侯。

[4] 侯：百衲本作“疾”，殿本、盧弼《集解》本、校點本作“侯”。今從殿本等。趙幼文《校箋》云：“本志《吳主傳》‘帝欲封權子登。權以登年幼，上書辭封。’非稱疾不受也。疑作‘侯’

字是。"

〔5〕侍講：趙幼文《校箋》謂《太平御覽》卷四七四引《吳紀》"講"上有"誦"字。

〔6〕太傅：官名。此指太子太傅。東漢時秩中二千石，掌輔導太子，不領東宮官屬及庶務，諸屬官由太子少傅主之。太子對太傅執弟子禮，太傅不稱臣。孫吳亦置。

〔7〕中庶子：官名。即太子中庶子。爲太子侍從，東漢時秩六百石，置五員，職如侍中，屬太子少傅。曹魏沿置。掌侍從、奏事、諫議等。蜀漢、孫吳亦置。

〔8〕雋德：趙幼文《校箋》謂《太平御覽》卷二四五、《册府元龜》卷七〇八引"德"字作"彦"。

〔9〕黃龍：吳大帝孫權年號（229—231）。

〔10〕立爲：百衲本"立"字下有"登"字，殿本、盧弼《集解》本、校點本無。今從殿本等。

〔11〕左輔：即左輔都尉，官名。孫權稱帝後，爲太子登置左輔、右弼、輔正、翼正都尉，以輔佐之，稱四友。

〔12〕廣陵：郡名。漢代治所廣陵縣，在今江蘇揚州市西北蜀岡上。

〔13〕纏緜：謂至交不散。 三益之友：《論語·季氏》孔子曰："益者三友，損者三友。友直，友諒，友多聞，益矣。友便辟，友善柔，友便佞，損矣。"下句"時人榮之"，吳金華《〈三國志集解〉箋記》謂《建康實録》卷四作"時人貴之"，較合情理。

〔14〕矯非：此書名未見載籍。姚振宗《三國藝文志》謂《隋書·經籍志》云，梁有《尚書王氏傳問》二卷，《尚書義》二卷，范順問，吳太尉劉毅答。亡。姚氏又引侯康説，"順""慎"古通。

〔15〕侍中：官名。曹魏時爲門下侍中寺長官。職掌門下衆事，侍從左右，顧問應對，拾遺補闕，與散騎常侍、黃門侍郎等共平尚書奏事。孫吳亦置。

〔16〕武昌左部督：官名。孫權赤烏八年（245），分長江中下

游之軍事防務爲兩部，置武昌左部督與右部督統領之。武昌左部督掌管武昌以下防務，右部督掌管武昌以上至蒲圻的軍務。職權頗重。武昌縣治所在今湖北鄂州市。蒲圻縣治所在今湖北蒲圻市西梁湖南岸競江口。按，"武昌左部督"之"部"，百衲本作"都"，今從殿本、盧弼《集解》本、校點本作"部"。

[17] 整頓：整齊。

[18] 以爲：趙幼文《校箋》謂《太平御覽》卷二〇七引"以"字作"可"。　太尉：官名。東漢時與司徒、司空並爲三公，共同行使宰相職能，位列三公之首，名位甚重。而孫吳之宰相乃丞相，則太尉、司徒、司空雖爲三公，實無具體職掌，僅名高位崇而已。

[19] 鳳凰：吳末帝孫晧年號（272—274）。

[20] 丹楊：郡名。漢末治所宛陵縣，在今安徽宣州市。建安二十五年（220）孫權將治所遷至建業，在今江蘇南京市。

[21] 南陽：郡名。治所宛縣，在今河南南陽市。

[22] 廷尉監：官名。掌拘捕，參議案例、律條，審理疑獄。與廷尉正、廷尉平通署公牘，互相監督。稱爲廷尉三官。魏、晉第六品。孫吳亦置。

[23] 衛將軍：官名。東漢時位次大將軍、驃騎將軍、車騎將軍，位亞三公，開府置官屬。曹魏沿置，位在諸名號將軍上。第二品。孫吳亦置。

[24] 宣詔郎：官名。孫吳置。　豫章：郡名。治所南昌縣，在今江西南昌市。

[25] 時機：殿本《考證》云："《太平御覽》'時機'作'知機'。"趙幼文《校箋》謂見《太平御覽》卷四四五引《魏氏春秋》。按，宋本《册府元龜》卷八二七引亦作"時機"。

[26] 凝辨宏達：胡三省云："凝，堅定也。宏，闊遠也。達，明通也。好辯者每不能堅定其所守，故以能凝辯而證據宏遠明通者，可以釋難疑之糾結也。"（《通鑑》卷七一魏明帝太和三年注）

趙幼文《校箋》謂《太平御覽》卷四四五引《魏氏春秋》作“淑辯宏達”。《册府元龜》卷八二七引作“凝辯宏達”。

［27］游夏同科：游、夏，指孔子弟子子游、子夏。在孔門四科中，子游、子夏長於“文學”（古代文獻）。日本正平本《論語集解·先進》子曰：“德行：顏淵、閔子騫、冉伯牛、伯弓。言語：宰我、子貢。政事：冉有、季路。文學：子游、子夏。”朱熹《論語集注》謂此十人，“科目所長，分爲四科。孔子教人各因其材，於此可見”。

［28］元遜：諸葛恪字元遜。

［29］子嘿：顧譚字子嘿。

［30］叔發：謝景字叔發。　辯：盧弼《集解》本、校點本作“辨”，百衲本、殿本作“辯”。按，二字可通，今仍從百衲本等。

［31］桂陽：郡名。治所郴縣，在今湖南郴州市。

　　權遷都建業，[1]徵上大將軍陸遜輔登鎮武昌，[2]領宮府留事。登或射獵，當由徑道，常遠避良田，不踐苗稼，至所頓息，又擇空閒之地，其不欲煩民如此。嘗乘馬出，有彈丸過，[3]左右求之。有一人操彈佩丸，咸以爲是，辭對不服，從者欲捶之，登不聽，使求過丸，比之非類，乃見釋。又失盛水金馬盂，[4]覺得其主，左右所爲，不忍致罰，呼責數之，長遣歸家，敕親近勿言。後弟慮卒，權爲之降損，登晝夜兼行，到賴鄉，[5]自聞，即時召見。見權悲泣，因諫曰：“慮寢疾不起，此乃命也。方今朔土未一，四海喁喁，[6]天戴陛下，而以下流之念，[7]減損太官殽饌，[8]過於禮制，臣竊憂惶。”權納其言，爲之加膳。住十餘日，欲遣西還，深自陳乞，以久離定省，[9]子道有闕，又陳陸遜忠勤，無所顧憂，權遂留焉。嘉禾三年，[10] 權征新城，[11] 使登居守，總知留事。時年穀不豐，頗有盜賊，乃表定科令，所以防禦，甚得止姦之要。

初，登所生庶賤，徐夫人少有母養之恩，後徐氏以妒廢處吳，[12] 而步夫人最寵。步氏有賜，登不敢辭，拜受而已。徐氏使至，所賜衣服，必沐浴服之。登將拜太子，辭曰："本立而道生，[13] 欲立太子，宜先立后。"權曰："卿母安在？"對曰："在吳。"權默然。〔一〕

〔一〕《吳書》曰：弟和有寵於權，登親敬，待之如兄，常有欲讓之心。

[1] 建業：縣名。治所在今江蘇南京市。

[2] 上大將軍：官名。孫吳置，與大將軍並置，位皆在三公上。而上大將軍又在大將軍上。　武昌：縣名。治所在今湖北鄂州市。

[3] 有彈丸過：趙幼文《校箋》謂《建康實錄》"過"下有"其側"二字。

[4] 金馬盂：趙幼文《校箋》謂蕭常《續後漢書音義》曰："馬盂，言其大也。"按，盂，盛液體之器皿。《説文・皿部》："盂，飲器也。"

[5] 賴鄉：在今江蘇南京市城區西北。

[6] 喁（yóng）喁：仰望期待貌。

[7] 下流：魏晉人稱子孫爲下流。

[8] 太官：校點本作"大官"，百衲本、殿本、盧弼《集解》本皆作"太官"。"太""大"雖通，今仍從百衲本等。太官，官署名。掌宮廷膳食，由令、丞主之。

　　[9] 定省：子女早晚向親長問安。《禮記·曲禮上》："凡爲人子之禮，冬溫而夏清，昏定而晨省。"鄭玄注："定，安其牀衽也；省，問其安否何如。"

　　[10] 嘉禾：吴大帝孫權年號（232—238）。

　　[11] 新城：指合肥新城。在今安徽合肥市西北。

　　[12] 吴：縣名。治所在今江蘇蘇州市。

　　[13] 本立而道生：根本樹立了，"道"就會産生。《論語·學而》有子曰："君子務本，本立而道生。"

　　立凡二十一年，年三十三卒。臨終，上疏曰："臣以無狀，嬰抱篤疾，自省微劣，懼卒隕斃。臣不自惜，念當委離供養，埋骸后土，長不復奉望宮省，[1]朝覲日月，生無益於國，死貽陛下重感，以此爲哽結耳。臣聞死生有命，長短自天，周晉、顏回有上智之才，[2]而尚夭折，況臣愚陋，年過其壽，生爲國嗣，没享榮祚，於臣已多，亦何悲恨哉！方今大事未定，逋寇未討，萬國喁喁，係命陛下，危者望安，亂者仰治。願陛下棄忘臣身，割下流之恩，修黄老之術，篤養神光，加羞珍膳，廣開神明之慮，以定無窮之業，則率土幸賴，臣死無恨也。皇子和仁孝聰哲，德行清茂，宜早建置，以繫民望。諸葛恪才略博達，器任佐時。張休、顧譚、謝景，皆通敏有識斷，入宜委腹心，出可爲爪牙。范慎、華融矯矯壯節，[3]有國士之風。羊衜辯捷，有專對之材。刁玄優弘，[4]志履道真。裴欽博記，[5]翰采足用，蔣脩、虞翻，[6]志節分明。凡此諸臣，或宜廊廟，[7]或任將帥，[8]皆練時事，明習法令，守信固義，有不可奪之志。此皆陛下日月所照，選置臣宮，[9]得與從事，備知情素，敢以陳聞。臣重惟當今方外多虞，師旅未休，當屬六軍，[10]以圖進取。軍以人爲衆，衆以財爲寶，竊聞郡縣頗有荒殘，民物凋弊，姦亂萌生，是以法令繁滋，刑辟重切。臣聞爲政聽民，律令與時推移，誠宜與將相大臣詳擇時宜，博采衆議，寬刑輕賦，均息力役，以順民望。陸遜忠勤於時，出身憂國，謇謇在公，[11]在匪躬之節。[12]諸葛瑾、步騭、朱然、全琮、朱據、呂岱、吾粲、闞澤、嚴畯、張承、孫怡忠於爲國，通達治體。可令陳上便宜，蠲除苛煩，愛養士馬，撫循百姓。五年之外，十年之內，遠者歸復，[13]近者盡力，兵不血刃，而大事可定也。臣聞‘鳥之將死其鳴也哀，人之將死其言也善’，[14]故子囊臨終，[15]遺言戒時，君子以爲忠，豈況臣登，其能已乎？願陛下留意聽采，臣雖死之日，猶生之年也。”既絕而後書聞，權益以摧感，言則隕涕。是歲，赤烏四年也。[16]謝景時爲豫章太守，不勝哀情，棄官奔赴，拜表自劾。[17]權曰：“君與太子從事，異於他吏。”使中使慰勞，聽復本職，發遣還郡。謚登曰宣太子。[一]

〔一〕《吳書》曰：初葬句容，[18]置園邑，奉守如法，後三年改葬蔣陵。[19]

［1］宮省：及下句“日月”皆代指皇帝。
［2］周晉：東周靈王之太子，名晉。周靈王二十二年（前550），穀水、洛水暴漲，兩水匯流後水位激增，將淹毀王宮。周靈

王準備堵截水流，太子晋諫阻，闡述了水之習性及古代治水的經驗教訓。詳見《國語·周語下》。韋昭對太子晋注云："晋，靈王太子也，早卒不立。" 顏回：孔子弟子，字子淵。故又稱顏淵。以品德好及好學，深爲孔子所喜愛，但不幸早死。《論語·雍也》哀公問："弟子孰爲好學?"孔子對曰："有顏回者好學，不遷怒，不貳過。不幸短命死矣，今也則亡，未聞好學者也。"

〔3〕華融：見本書卷六四《孫綝傳》及裴注引《文士傳》。

〔4〕刁玄：見本書卷四八《孫亮傳》太平元年、二年及裴注引《吳歷》。

〔5〕裴欽：見本書卷五三《嚴峻傳》。

〔6〕蔣脩：見本書卷四八《孫亮傳》五鳳二年。

〔7〕廊廟：宮中殿下屋及太廟。指朝廷。

〔8〕或任：趙幼文《校箋》謂《建康實録》"任"字作"堪"。

〔9〕宮：校點本作"官"，百衲本、殿本、盧弼《集解》本作"宮"。今從百衲本等。

〔10〕六軍：國家軍隊。古時天子建六軍，諸侯建三軍、二軍或一軍。

〔11〕謇謇：忠貞正直。

〔12〕匪躬之節：盡忠而不顧身之氣節。《周易·蹇》六二："王臣蹇蹇，匪躬之故。"孔穎達疏："盡忠於君，匪以私身之故而不往濟君，故曰'匪躬之故'。"

〔13〕歸復：趙幼文《校箋》謂蕭常《續後漢書》"復"字作"附"。

〔14〕"鳥之將死"二句：乃曾子之言，見《論語·泰伯》。

〔15〕子囊：春秋時曾爲楚國令尹。楚康王元年（前559），子囊率師伐吳。《左傳·襄公十四年》："楚子囊還自伐吳，卒。將死，遺言謂子庚：'必城郢!'君子謂'子囊忠。君薨，不忘增其名；將死，不忘衛社稷，可不謂忠乎? 忠，民之望也。《詩》曰：行歸于周，萬民所望。忠也'。"

[16] 赤烏：吳大帝孫權年號（238—251）。

[17] 拜表自劾：孫吳之制，雖父母之喪，在職官員皆不得擅自離職奔赴，違者死刑。見本書卷四七《吳主傳》嘉禾六年注。

[18] 句容：縣名。治所在今江蘇句容市。

[19] 蔣陵：潘眉《考證》云：“《藝文類聚》引山謙之《丹陽記》，孫權葬蔣山南，因山爲名，號曰蔣陵。蔣山即鍾山。”鍾山，在今南京市東面中山門外。

　　子璠、希，皆早卒，次子英〔嗣〕，[1]封吳侯。五鳳元年，[2]英以大將軍孫峻擅權，[3]謀誅峻，事覺自殺，國除。〔一〕

　　〔一〕《吳歷》曰：孫和以無罪見殺，衆庶皆懷憤歎，前司馬桓慮因此招合將吏，欲共殺峻立英，事覺，皆見殺，英實不知。

[1] 英嗣：各本無“嗣”字。吳金華《〈三國志〉斠議》謂《建康實錄》有“嗣”字，合乎史例。今從吳説增“嗣”字。

[2] 五鳳：吳會稽王孫亮年號（254—256）。

[3] 大將軍：官名。東漢時常兼録尚書事，與太傅、太尉等共同主持政務。漢末位在三公上。三國時權任稍減。吳又別置上大將軍居其上。

　　謝景者字叔發，南陽宛人。在郡有治迹，吏民稱之，以爲前有顧劭，其次即景。數年卒官。

　　孫慮字子智，登弟也。少敏惠有才藝，權器愛之。黃武七年，[1]封建昌侯。[2]後二年，丞相雍等奏慮性聰體達，所尚日新，比方近漢，[3]宜進爵稱王，權未許。久之，尚書僕射存上疏曰：[4]"帝王之興，莫不褒崇至親，以光羣后，[5]故魯、衛於周，[6]寵冠諸侯，高帝五王，[7]封列于漢，所以藩屏本朝，爲國鎮衞。建昌侯慮禀性聰敏，才兼文武，於古典制，宜正名號。陛下謙光，未肯如舊，羣寮大小，咸用於邑。[8]方今姦寇恣睢，[9]金鼓未弭，[10]腹心爪牙，惟親與賢。輒與丞相雍等議，咸以慮宜爲鎮軍大將軍，[11]授任偏方，以光大業。"權乃許之，於是假節開府，[12]治半州。[13]〔一〕慮以皇子之尊，富於春秋，遠近嫌其不能留意。及至臨事，遵奉法度，敬納師友，過於衆望。年二十，嘉禾元年卒。無子，國除。

〔一〕《吳書》載權詔曰："期運擾亂，[14]凶邪肆虐，威罰有序，干戈不戢。以慮氣志休懿，[15]武略夙昭，必能爲國佐定大業，故授以上將之位，顯以殊特之榮，[16]寵以兵馬之勢，委以偏方之任。外欲威振敵虜，厭難萬里，內欲鎮撫遠近，慰卹將士，誠慮建功立事竭命之秋也。慮其內脩文德，外經武訓，持盈若沖，[17]則滿而不溢。敬慎乃心，無忝所受。"

[1] 黃武：吳大帝孫權年號（222—229）。

[2] 建昌：縣名。治所在今江西奉新縣西。

[3] 比方：殿本作"北方"，百衲本、盧弼《集解》本、校點本作"比方"。今從百衲本等。

[4] 尚書僕射（yè）：官名。東漢爲尚書臺次官，秩六百石，職權重，若公爲之，增秩至二千石。職掌拆閱封緘章奏文書，參議政事，諫諍駁議，監察百官。令不在，則代理其職。漢獻帝建安四

年（199）分置左右。　存：此尚書僕射之名。錢大昭《辨疑》云：“史失其姓。建衡元年有將軍徐存與監軍李勖，從建安海道擊交阯，未知是否。”

[5] 羣后：諸侯。

[6] 魯衛：周初封周公於魯，封康叔於衛，而周公、康叔乃武王之同母弟。

[7] 高帝五王：漢高帝劉邦之五子，皆封王。《漢書》卷三八有《高五王傳》，分別叙述齊悼惠王肥、趙隱王如意、趙幽王友、趙共王恢、燕靈王建。

[8] 於（wū）邑：亦作“於悒”。憂鬱。

[9] 恣睢：放縱暴戾。

[10] 金鼓：古代戰爭，擊鼓出戰，鳴金收兵，故以金鼓指戰爭。

[11] 鎮軍大將軍：官名。魏文帝黃初六年（225）置，權任很重。孫吳亦置。

[12] 假節：漢末三國時期，皇帝賜予臣下的一種權力。至晉代，此種權力明確爲因軍事可殺犯軍令者。　開府：指開設府署，辟署僚屬。

[13] 半州：在今江西九江市西。孫吳曾於此築城。

[14] 期運：運數，氣數。

[15] 休懿：美好。

[16] 顯以：百衲本“顯”字作“至”，殿本、盧弼《集解》本、校點本作“顯”。今從殿本等。

[17] 沖：空虛。《淮南子·原道訓》：“原流泉浡，沖而徐盈。”高誘注：“沖，虛也。”

　　孫和字子孝，慮弟也。少以母王有寵見愛，[1]年十四，爲置宮衛，使中書令闞澤教以書藝。[2]好學下士，甚見稱述。赤烏五年，立爲太子，時年十九。闞澤爲太傅，[3]薛綜爲少傅，[4]而蔡穎、張純、封俌、嚴維等皆從容侍從。〔一〕

　　〔一〕《吳書》曰：和少岐嶷有智意，[5]故權尤愛幸，常在左右，衣服禮秩雕玩珍異之賜，諸子莫得比焉。好文學，[6]善騎射，承師涉學，精識聰敏，尊敬師傅，愛好人物。穎等每朝見進賀，和常降意，歡以待之。講校經義，綜察是非，及訪諮朝臣，考績行能，以知優劣，各有條貫。後（諸葛豐）〔諸葛壹〕僞叛以誘魏將諸葛誕，[7]權潛軍待之。和以權暴露外次，又戰者凶事，常憂勞憯怛，[8]不復會同飲食，數上諫，戒令持重，務在全勝，權還，然後敢安。

　　張純字元基，敦之子。[9]《吳錄》曰：純少屬操行，學博才秀，切問捷對，容止可觀。拜郎中，[10]補廣德令，[11]治有異績，擢爲太子輔義都尉。[12]

　　[1]王：即本書卷五〇《妃嬪傳》中的“吳主權王夫人”。

　　[2]中書令：官名。孫吳仿西漢之制，置爲中書長官，主草擬詔令。

　　[3]太傅：即太子大傅。

　　[4]少傅：即太子少傅。官名。與太子太傅並稱太子二傅。東漢時秩中二千石，掌輔導太子及東宮衆務。曹魏以二傅並攝東宮事務，與尚書東曹並掌太子、諸侯官屬之選舉。孫吳亦置。

　　[5]岐嶷：形容年幼聰慧。

　　[6]文學：經學。

　　[7]諸葛壹：各本皆作“諸葛豐”。本書卷四七《吳主傳》赤烏十年裴注引《江表傳》作“諸葛壹”，校點本即據此修改。今從之。

［8］憯（cǎn）怛（dá）：傷痛。

［9］敦之子：趙幼文《校箋》謂本書卷五六《朱異傳》注引《文士傳》云"張惇子純"。此作"敦"，疑非。按，本書卷五二《顧雍附邵傳》謂邵"少與舅陸績齊名，而陸遜、張敦、卜靜皆亞焉"。裴注引《吳錄》曰："敦字叔方，靜字玄風，并吳郡人。"蓋"敦"通"惇"，二者皆不誤。《尚書·舜典》："柔遠能邇，惇德允元。"孔傳"惇"作"敦"云："敦，厚也。"

［10］郎中：官名。東漢時分隸五官、左、右中郎將三署，名義上備宿衛，實爲後備官吏人材。三國沿置。

［11］廣德：縣名。治所在今安徽廣德縣西南。

［12］太子輔義都尉：官名。孫吳置。太子之屬官。

是時有司頗以條書問事，[1]和以爲姦妄之人，將因事錯意，以生禍心，不可長也，表宜絕之。又都督劉寶白庶子丁晏，[2]晏亦白寶，和謂晏曰："文武在事，當能幾人，因際構薄，[3]圖相危害，豈有福哉？"遂兩釋之，使之從厚。常言當世士人宜講脩術學，[4]校習射御，以周世務，而但交游博弈以妨事業，[5]非進取之謂。[6]後羣寮侍宴，言及博弈，以爲"妨事費日而無益於用，勞精損思而終無所成，[7]非所以進德脩業，積累功緒者也。[8]且志士愛日惜力，君子慕其大者，高山景行，[9]恥非其次。夫以天地長久，而人居其間，有白駒過隙之喻，[10]年齒一暮，榮華不再。凡所患者，在於人情所不能絕，誠能絕無益之欲以奉德義之塗，棄不急之務以脩功業之基，其於名行，豈不善哉？夫人情猶不能無嬉娛，[11]嬉娛之好，亦在於飲宴琴書射御之間，何必博弈，然後爲歡。"[12]乃命侍坐者八人，各著論以矯之。於是中庶子韋曜退而論奏，和以示賓客。時蔡穎好弈，[13]直事在署者頗斅焉，故以此諷之。

　　是後王夫人與全公主有隙。[14]權嘗寢疾，和祠祭於廟，[15]和妃叔父張休居近廟，邀和過所居。全公主使人覘視，因言太子不在廟中，專就妃家計議，又言王夫人見上寢疾，有喜色。權由是發怒，夫人憂死，而和寵稍損，懼於廢黜。魯王霸覬覦滋甚，[16]陸遜、吾粲、顧譚等數陳適庶之義，理不可奪，全寄、楊竺爲魯王霸支黨，譖愬日興。粲遂下獄誅，譚徙交州。[17]權沉吟者歷年，[一]後遂幽閉和。於是驃騎將軍朱據、尚書僕射屈晃率諸將吏泥頭自縛，[18]連日詣闕請和。權登白爵觀見，[19]甚惡之，敕據、晃等無事忿忿[20]。權欲廢和立亮，無難督陳正、五營督陳象上書，[21]稱引晉獻公殺申生，[22]立奚齊，晉國擾亂，又據、晃固諫不止。權大怒，族誅正、象，據、晃牽入殿，杖一百，[二]竟徙和於故鄣，[23]羣司坐諫誅放者十數。衆咸冤之。[三]

　　　〔一〕殷基《通語》曰：初權既立和爲太子，而封霸爲魯王，初拜猶同宮室，禮秩未分。羣公之議，以爲太子、國王上下有序，禮秩宜異，於是分宮別僚，而隙端開矣。自侍御賓客造爲二端，仇黨疑貳，滋延大臣。丞相陸遜、大將軍諸葛恪、太常顧譚、驃騎將軍朱據、會稽太守滕胤、大都督施績、尚書丁密等奉禮而行，[24]宗事太子，驃騎將軍步騭、鎮南將軍呂岱、大司馬全琮、左將軍呂據、中書令孫弘等附魯王，[25]中外官僚將軍大臣舉國中分。[26]權患之，謂侍中孫峻曰："子弟不睦，臣下分部，將有袁氏之敗，[27]爲天下笑。一人立者，安得不亂?"於是有改嗣之規矣。

臣松之以爲袁紹、劉表謂尚、琮爲賢，本有傳後之意，異於孫權既以立和而復寵霸，坐生亂階，自構家禍，方之袁、劉，昏悖甚矣。步騭以德度著稱，爲吳良臣，而阿附於霸，事同楊竺，何哉?和既正位，適庶分定，就使才德不殊，猶將義不黨庶，況霸實無聞，而和爲令嗣乎?夫邪僻之人，豈其舉體無善，但一爲不善，衆美皆亡矣。騭若果有此事，則其餘不足觀矣!吕岱、全琮之徒，蓋所不足論耳。

〔二〕《吳歷》曰：晃入，口諫曰："太子仁明，顯聞四海。今三方鼎跱，實不宜搖動太子，以生衆心。願陛下少垂聖慮，老臣雖死，猶生之年。"叩頭流血，辭氣不撓。權不納晃言，斥還田里。孫晧即位，詔曰："故僕射屈晃，志匡社稷，忠諫亡身。封晃子緒爲東陽亭侯，[28]弟幹、恭爲立義都尉。"[29]緒後亦至尚書僕射。晃，汝南人，[30]見胡沖《答問》。[31]

《吳書》曰：張純亦盡言極諫，權幽之，遂棄市。

〔三〕《吳書》曰：權寢疾，意顧感寤，欲徵和還立之，全公主及孫峻、孫弘等固爭之，乃止。

[1]條書：分條書寫。　問事：謂過問國家大事。

[2]都督：官名。此當爲孫吳之領兵將領。　庶子：即太子中庶子。

[3]構薄：百衲本"薄"字作"簿"，殿本、盧弼《集解》本、校點本作"薄"，郝經《續後漢書》亦作"薄"。今從殿本等。構薄，猶構嫌，結怨。

[4]常言：趙幼文《校箋》謂《太平御覽》卷七五三引"常"字作"嘗"，蕭常《續後漢書》同。按，《太平御覽》實作"常"，僅"常言"下之"當世"作"嘗世"。又郝經《續後漢書》亦作"常言"。

［5］博弈：六博與圍棋。六博是一種擲彩下棋的比賽游戲。棋局分十二道，棋子十二枚，六白六黑。

［6］謂：趙幼文《校箋》謂《太平御覽》卷七五三引“謂”下有“也”字。

［7］所成：趙幼文《校箋》謂《太平御覽》引“成”字作“紀”。按，蕭常及郝經《續後漢書》亦作“成”。

［8］功緒：功績。

［9］高山景行：語出《詩·小雅·車舝》：“高山仰止，景行行止。”高山，比喻高尚的德行。景行，大路，比喻行爲正大光明。後世以“高山景行”比喻崇高的德行。

［10］白駒過隙：《莊子·知北遊》：“人生天地之間，若白駒之過郤，忽然而已。”陸德明音義：“白駒，或云日也。郤，去叛反。本亦作‘隙’。隙，孔也。”

［11］猶：盧弼《集解》本作“固”，百衲本、殿本、校點本作“猶”。郝經《續後漢書》亦作“猶”，今從百衲本等。

［12］然後爲歡：趙幼文《校箋》謂《群書治要》卷二八引作“以爲歡”，《太平御覽》卷七五三引作“可以爲歡”。

［13］蔡穎：趙幼文《校箋》云：“《御覽》引‘穎’字作‘款’，是。”按，《群書治要》、蕭常及郝經之《續後漢書》皆作“穎”，作“穎”爲是。此蔡穎，即前文所説侍從孫和的蔡穎。又本書卷六五《韋曜傳》亦云：“時蔡穎亦在東宮，性好博弈，太子和以爲無益，命曜論之。”

［14］有隙：殿本、盧弼《集解》本無“有”字，百衲本、校點本有。郝經《續後漢書》亦有。今從百衲本等。

［15］廟：指孫策廟。胡三省云：“杜佑曰：孫權都建業，立兄長沙桓王廟於朱雀橋南。”（《通鑑》卷七四魏邵陵厲公正始六年注）

［16］覬覦：非分的希望或企圖。

［17］交州：刺史治所番禺縣，在今廣東廣州市。

［18］驃騎將軍：官名。東漢時位比三公，地位尊崇。魏、晉沿置，居諸名號將軍之首，僅作爲軍府名號，加授大臣、重要州郡長官，無具體職掌，第二品。開府者位從公，第一品。孫吳亦置。

泥頭：以泥塗頭，表示有罪，自辱。後以叩頭至地爲泥頭。

［19］白爵觀：胡三省云："白爵觀在建業宮中。"（《通鑑》卷七五魏邵陵厲公嘉平二年注）

［20］忩忩：殿本作"忿忿"，百衲本、盧弼《集解》本、校點本作"忩忩"，郝經《續後漢書》作"忽忽"，趙幼文《校箋》謂《建康實錄》作"忽忽"。今從百衲本等。按，"忩"即"悤""怱"。《字彙·心部》："忩，與悤同。"忽忽，忽忙、急忙。

［21］無難督：官名。孫吳置。統無難士，負責侍衛皇帝；亦外出征戰。又分置左、右部，稱無難左部督、無難右部督。地位頗重。　五營督：官名。孫吳置，統五營兵，侍衛皇帝。

［22］申生：春秋時晉獻公之太子。晉獻公寵愛驪姬，立爲夫人。驪姬生子奚齊，欲立爲太子，遂陷害太子申生。申生被迫自縊，申生弟重耳出奔。後晉獻公疾病，託奚齊於荀息。獻公卒，里克殺奚齊於喪所。荀息又立奚齊弟悼子，並埋葬獻公。次月，里克又殺悼子於朝，荀息亦死。（見《史記》卷三九《晉世家》）

［23］故鄣：縣名。治所在今浙江安吉縣北安城鎮西北。

［24］太常：官名。東漢時仍爲列卿之首，秩中二千石。掌禮儀祭祀，選試博士等。三國沿置。　會稽：郡名。治所山陰縣，在今浙江紹興市。　大都督：官名。最初，孫吳、曹魏於戰爭時臨時設置，作爲加官，爲統軍最高長官。後漸漸成爲常設官職，地位極高。　施績：即朱績。盧弼《集解》云："績未爲大都督，朱然爲大督。"　尚書：官名。東漢有六曹尚書，即三公曹、民曹、客曹、二千石曹、吏曹、中都官曹等。秩皆六百石，皆稱尚書，不加曹號。（本《晉書·職官志》）三國沿置，員數不等。

［25］鎮南將軍：官名。漢獻帝初平中置。曹魏時位次四征將軍，領兵如征南將軍，第二品，多爲持節都督，出鎮方面。孫吳亦

置。　大司馬：官名。東漢初改大司馬爲太尉，爲三公之一。漢靈帝時，又與太尉並置，而位在三公上。三國因之，號上公，皆爲高級將帥，不預政務。吳一度分置左、右。　　左將軍：官名。東漢時位如上卿，與前、後、右將軍掌京師兵衛和邊防屯警。魏、晉亦置，第三品。權位漸低，略高於一般雜號將軍，不典禁兵，不與朝政，僅領兵征戰。孫吳亦置。

[26] 將軍大臣：趙幼文《校箋》謂《群書治要》卷二八引"軍"字作"相"。

[27] 袁氏：指袁紹。

[28] 亭侯：爵名。漢制列侯大者食縣邑，小者食鄉、亭。東漢後期遂以食鄉、亭者稱爲鄉侯、亭侯。

[29] 立義都尉：官名。孫吳置。

[30] 汝南：郡名。治所平輿縣，在今河南平輿縣北。

[31] 答問：沈家本《三國志注所引書目》云："隋唐《志》不著，裴注所引屆晃事，似傳記之。沖，胡綜子，見《綜傳》，吳天紀中爲中書令，後仕晉。"

太元二年正月，[1] 封和爲南陽王，遣之長沙。〔一〕[2] 四月，權薨，諸葛恪秉政。恪即和妃張之舅也。妃使黃門陳遷之建業上疏中宮，[3] 并致問於恪。臨去，恪謂遷曰："爲我達妃，期當使勝他人。"此言頗泄。又恪有徙都意，使治武昌宮，民間或言欲迎和。及恪被誅，孫峻因此奪和璽綬，徙新都，[4] 又遣使者賜死。和與妃張辭別，張曰："吉凶當相隨，終不獨生活也。"亦自殺，舉邦傷焉。

〔一〕《吳書》曰：和之長沙，行過蕪湖，[5] 有鵲巢于帆檣，[6]故官察聞之皆憂慘，以爲檣末傾危，非久安之象。或言《鵲巢》之詩有"積行累功以致爵位"之言，[7]今王至德茂行，復受國土，儻神靈以此告窹人意乎？[8]

〔1〕太元：吳大帝孫權年號（251—252）。

〔2〕長沙：郡名。治所臨湘縣，在今湖南長沙市。

〔3〕黃門：指宦官。　中宮：皇后宮。

〔4〕新都：郡名。治所始新縣，在今浙江淳安縣西北。

〔5〕蕪湖：縣名。治所在今安徽蕪湖市。

〔6〕有鵲：趙幼文《校箋》謂《太平御覽》卷七七一引"鵲"下有"含薪"二字。　檣（qiáng）：桅杆。

〔7〕積行累功以致爵位：此《詩·召南·鵲巢》序之言。

〔8〕以此：百衲本無"以"字，殿本、盧弼《集解》本、校點本有。今從殿本等。

孫休立，封和子晧爲烏程侯，[1]自新都之本國。休薨，晧即阼，其年追謚父和曰文皇帝，改葬明陵，[2]置園邑二百家，令、丞奉守。[3]後年正月，又分吳郡、丹楊九縣爲吳興郡，[4]治烏程，置太守，四時奉祠。有司奏言，宜立廟京邑。寶鼎二年七月，[5]使守大匠薛珝營立寢堂，[6]號曰清廟。[7]十二月，遣守丞相孟仁、太常姚信等備官僚中軍步騎二千人，[8]以靈輿法駕，東迎神於明陵。晧引見仁，親拜送於庭。〔一〕靈輿當至，使丞相陸凱奉三牲祭於近郊，[9]晧於金城外露宿。[10]明日，望拜於東門之外。[11]其翌日，拜廟薦祭，[12]歔欷悲感。比七日三祭，[13]倡技晝夜娛樂。有司奏言"祭不欲數，[14]數則黷，宜以禮斷情"，然後止。〔二〕

〔一〕《吳書》曰：比仁還，中使手詔，日夜相繼，[15]奉問神靈起居動止。巫覡言見和被服，顏色如平（生）日，[16]晧悲喜涕淚，[17]悉召公卿尚書詣闕門下受賜。

〔二〕《吳歷》曰：和四子：晧、德、謙、俊。孫休即位，封德錢唐侯，[18]謙永安侯，[19]俊拜騎都尉。[20]晧在武昌，吳興施但因民之不堪命，[21]聚萬餘人，劫謙，將至秣陵，[22]欲立之。未至三十里住，擇吉日，但遣使以謙命詔丁固、諸葛靚。靚即斬其使。但遂前到九里，[23]固、靚出擊，大破之。但兵裸身無鎧甲，臨陣皆披散。謙獨坐車中，遂生獲之。固不敢殺，以狀告晧，晧酖之，母子皆死。俊，張承外孫，聰明辨惠，爲遠近所稱，晧又殺之。

[1] 烏程：縣名。治所在今浙江湖州市南菰城。

[2] 明陵：趙一清《注補》云：“《寰宇記》卷九十四：烏程縣西陵山，孫晧改葬父和於此，號曰明陵，即卞山之別嶺也。”卞山，在今湖州市西北。

[3] 令丞：皆官名。即園令、園丞。主管、守護陵園的官吏。

[4] 吳興郡：潘眉《考證》云：“‘正月’當爲‘十月’。分吳郡之烏程、陽羨、永安、餘杭、臨水及丹陽郡之故鄣、安吉、原鄉、於潛共九縣爲吳興郡。”

[5] 寶鼎：吳末帝孫晧年號（266—269）。

[6] 大匠：官名。“將作大匠”之省稱。漢代秩二千石，掌宮室、宗廟、陵寢及其他土木營建。三國沿置。　寢堂：帝王之宗廟。宗廟之後殿稱寢，爲放置祖宗衣冠之處；宗廟之前殿稱廟堂，爲供祀祖宗神主之處。

[7] 清廟：《詩·周頌》有《清廟》。其《序》云：“清廟，祀文王也。”

[8] 孟仁：即孟宗。見本書卷四八《孫晧傳》及裴注引《吳

録》。　姚信：陸遜外甥。見本書卷五八《陸遜傳》。　官僚：百衲本“僚”字作“寮”，殿本、盧弼《集解》本、校點本作“僚”。按，二字通，今從殿本等。　中軍：中央直轄軍。

[9] 三牲：牛、羊、豕。

[10] 金城：傳説爲孫吳所築，在今江蘇句容縣北。趙幼文《校箋》謂《建康實録》“城”下有“門”字。

[11] 拜於東門之外：趙幼文《校箋》謂《建康實録》作“拜於東閣”。

[12] 薦祭：祭祀。進獻祭品。

[13] 比七日：趙幼文《校箋》謂《建康實録》“比”下有“至”字。

[14] 祭不欲數：《禮記・祭義》云：“祭不欲數，數則煩，煩則不敬。”

[15] 日夜：殿本作“日使”，百衲本、盧弼《集解》本、校點本作“日夜”。今從百衲本等。

[16] 平日：各本皆作“平生日”。《宋書・禮志三》無“生”字，校點本即據以删“生”字。今從之。

[17] 悲喜：盧弼《集解》本作“悲嘉”，百衲本、殿本、校點本作“悲喜”。今從百衲本等。

[18] 錢唐：縣名。治所在今浙江杭州市。

[19] 永安：縣名。治所在今浙江德清縣西千秋鎮。

[20] 騎都尉：官名。孫吳時統羽林兵，宿衛左右。

[21] 吳興：郡名。治所即烏程縣。

[22] 秣陵：縣名。原治所在今江蘇江寧縣南秣陵鎮。建安十七年（212），孫權改名建業，移治所於今南京市。

[23] 九里：地名。趙一清《注補》云：“《孫晧傳》作‘牛屯’。”牛屯在今江蘇南京市城南。

　　孫霸字子威，和（同母）弟也。[1]和爲太子。霸爲魯王，寵愛崇特，與和無殊。頃之，和、霸不穆之聲聞於權耳，權禁斷往來，假以精學。督軍使者羊衜上疏曰：[2]“臣聞古之有天下者，皆先顯別適庶，封建子弟，所以尊重祖宗，爲國藩表也。二宮拜授，[3]海內稱宜，斯乃大吳興隆之基。頃聞二宮並絕賓客，遠近悚然，大小失望。竊從下風，[4]聽採衆論，咸謂二宮智達英茂，自正名建號，於今三年，德行內著，美稱外昭，西北二隅，[5]久所服聞。謂陛下當副順遐邇所以歸德，勤命二宮賓延四遠，使異國聞聲，思爲臣妾。今既未垂意於此，而發明詔，省奪備衞，抑絕賓客，使四方禮敬，不復得通，雖實陛下敦尚古義，欲令二宮專志於學，不復顧慮觀聽小宜，期於溫故博物而已，然非臣下傾企喁喁之至願也。或謂二宮不遵典式，此臣所以寢息不寧。就如所嫌，猶宜補察，密加斟酌，不使遠近得容異言。臣懼積疑成謗，久將宣流，而西北二隅，去國不遠，異同之語，易以聞達。聞達之日，聲論當興，將謂二宮有不順之愆，不審陛下何以解之？若無以解異國，則亦無以釋境內。境內守疑，異國興謗，非所以育巍巍，[6]鎮社稷也。願陛下早發優詔，使二宮周旋禮命如初，則天清地晏，萬國幸甚矣。”

　　時全寄、吳安、孫奇、楊竺等陰共附霸，圖危太子。譖毀既行，太子以敗，霸亦賜死。流竺屍于江，兄穆以數諫戒竺，得免大辟，[7]猶徙南州。[8]霸賜死後，又誅寄、安、奇等，咸以黨霸搆和故也。

霸二子，基、壹。[9]五鳳中，封基爲吳侯，壹宛陵侯。[10]基侍孫亮在内，太平二年，[11]盜乘御馬，收付獄。亮問侍中刁玄曰："盜乘御馬罪云何？"玄對曰："科應死。[12]然魯王早終，惟陛下哀原之。"亮曰："法者，天下所共，何得阿以親親故邪？當思惟可以釋此者，奈何以情相迫乎？"玄曰："舊赦有大小，或天下，亦有千里、五百里赦，隨意所及。"亮曰："解人不當爾邪！"乃赦宫中，基以得免。孫皓即位，追和、霸舊隙，削基、壹爵土，與祖母謝姬俱徙會稽烏傷縣。[13]

[1] 和弟：各本皆作"和同母弟"，殿本《考證》盧明楷云："按《嬪妃傳》云吳主權王夫人生孫和。本傳末云'削基、壹爵土，與祖母謝姬俱徙會稽烏傷縣'。則和出自王，霸出自謝矣。此'同母'二字疑衍。"《群書治要》卷二八正作"和弟"，校點本即據《群書治要》删"同母"二字。今從之。

[2] 督軍使者：官名。孫吳置，統兵出征，亦負有督察將帥之責。

[3] 二宫：指太子和與魯王霸。

[4] 下風：比喻下位、卑位之人。

[5] 西北二隅：指北方的曹魏，西部的蜀漢。

[6] 巍巍：形容崇高的道德。

[7] 大辟：死刑。

[8] 南州：指交州。

[9] 壹：錢大昕云："孫静之孫亦名壹，於霸子爲族父，似不應同名。"（《廿二史考異》卷一七）

[10] 宛陵：縣名。治所在今安徽宣州市。

［11］太平：吳會稽王孫亮年號（256—258）。

［12］科：法規。

［13］烏傷縣：治所在今浙江義烏市。

孫奮字子揚，霸弟也，母曰仲姬。太元二年，立爲齊王，居武昌。權薨，太傅諸葛恪不欲諸王處江濱兵馬之地，[1]徙奮於豫章。奮怒，不從命，又數越法度。恪上牋諫曰：“帝王之尊，與天同位，是以家天下，臣父兄，四海之内，皆爲臣妾。仇讎有善，不得不舉，親戚有惡，不得不誅，所以承天理物，先國後身，蓋聖人立制，百代不易之道也。昔漢初興，多王子弟，至於太彊，輒爲不軌，上則幾危社稷，[2]下則骨肉相殘，[3]其後懲戒，以爲大諱。自光武以來，諸王有制，惟得自娱於宮内，不得臨民，干與政事，其與交通，皆有重禁，[4]遂以全安，各保福祚。此則前世得失之驗也。近袁紹、劉表各有國土，土地非狹，人衆非弱，以適庶不分，遂滅其宗祀。此乃天下愚智，所共嗟痛。大行皇帝覽古戒今，[5]防芽遏萌，慮於千載。是以寢疾之日，分遣諸王，各早就國，詔策殷勤，科禁嚴峻，其所戒敕，無所不至，誠欲上安宗廟，下全諸王，使百世相承，無凶國害家之悔也。大王宜上惟太伯順父之志，[6]中念河間獻王、東海王彊恭敬之節，[7]下當存抑驕恣荒亂以爲警戒。[8]而聞頃至武昌以來，多違詔敕，不拘制度，擅發諸將兵治護宮室。又左右常從有罪過者，[9]當以表聞，公付有司，而擅私殺，事不明白。[10]大司馬呂岱親受先帝詔敕，輔導大王，既不承用其言，令懷憂怖。華錡先帝近臣，忠良正直，其所陳道，當納用之，而聞怒錡，有收縛之語。又中書楊融，[11]親受詔敕，所當恭肅，云‘正自不聽禁，當如我何’？聞此之日，大小驚怪，莫不寒心。里語曰：‘明鏡所以照形，古事所以知今。’大王宜深以魯王爲戒，改易其行，戰戰兢兢，盡敬朝廷，如此則無求不得。若棄忘先帝法教，懷輕慢之心，臣下寧負大王，不敢負先帝遺詔，寧爲大王所怨疾，豈敢忘尊主之威，而令詔敕不行於藩臣邪？此古今正義，大王所照知也。夫福來有由，禍來有漸，漸生不憂，將不可悔。向使魯王早納忠直之言，懷驚懼之慮，[12]享祚無窮，豈有滅亡之禍哉？夫良藥苦口，惟疾者能甘之。忠言逆耳，惟達者能受之。今者恪等慺慺欲爲大王除危殆於萌芽，[13]廣福慶之基原，是以不自知言至，[14]願蒙三思。”

奮得牋懼，遂移南昌，游獵彌甚，官屬不堪命。及恪誅，奮下住蕪湖，欲至建業觀變。傅、相謝慈等諫奮，[15]奮殺之。〔一〕坐廢爲庶人，徙章安縣。[16]太平三年，封爲章安侯。〔二〕

〔一〕慈字孝宗，彭城人，[17]見《禮論》，[18]撰《喪服圖》及《變除》行於世。[19]

〔二〕《江表傳》載亮詔曰：“齊王奮前坐殺吏，廢爲庶人，連有赦令，獨不見原，縱未宜復王，何以不侯？又諸孫兄弟作將，列在江渚，孤有兄獨爾云何？”[20]有司奏可，就拜爲侯。

[1] 太傅：官名。東漢時爲上公，如兼録尚書事，則行宰相職權。三國沿置，仍爲上公。

[2] 幾危社稷：漢初封王，封地甚廣，如吳王濞，受封三郡五十三城，終於導致漢景帝時的吳楚七國之亂。《漢書》卷三五《贊》云："吳王擅山海之利，能薄斂以使其衆，逆亂之萌，自其子興。古者諸侯不過百里，山海不以封，蓋防此矣。"

[3] 骨肉相殘：胡三省云："謂如廣川王去之類。"（《通鑑》卷七五魏邵陵厲公嘉平四年注）廣川王去事，見《漢書》卷五三《景十三王傳》。

[4] 重禁：胡三省云："光武設科禁，藩王不得交通賓客。"（《通鑑》卷七五魏邵陵厲公嘉平四年注）

[5] 大行皇帝：剛死去的皇帝。此指孫權。

[6] 太伯：周太王之子。太王有子太伯、仲雍、季歷。《史記》卷三一《吳太伯世家》云："季歷賢，而有聖子昌，太王欲立季歷以及昌，於是太伯、仲雍二人乃奔荆蠻，文身斷髮，示不可用，以避季歷。"

[7] 河間獻王：漢景帝之子，武帝異母兄，名德。《漢書》卷五三《河間獻王傳》中尉常麗謂河間獻王曰："王身端行治，温仁恭儉，篤敬愛下，明知深察，惠於鰥寡。" 東海王彊：漢光武之子。《後漢書》卷四二《東海恭王彊傳》謂光武帝建武二年（26）立彊母郭氏爲皇后，彊爲皇太子。至建武十七年，郭后廢，彊常戚戚不自安，數請爲藩王。光武帝不忍，數年乃許，封之爲東海王。"帝以彊廢不以過，去就有禮，故優以大封，兼食魯郡，合二十九縣。""彊臨之國，數上書讓還東海，又因皇太子固辭。帝不許，深嘉歎之。"漢明帝即位後，東海王彊疾病，明帝遣太醫等往視疾。及彊臨終上疏謝恩，極爲恭敬，並再讓東海之封。

[8] 存抑：百衲本作"存抑"，殿本、盧弼《集解》本、校點本作"裁抑"。郝經《續後漢書》亦作"存抑"，今從百衲本。存，思念，留意。《後漢書》卷二二《傳贊》云："帝績思乂，庸功是

存。"李賢注："言將興帝績，則念勳功之臣也。"

〔9〕常從：胡三省云："吳諸王有常從吏兵，置常從督以領之。"（《通鑑》卷七五魏邵陵厲公嘉平四年注）

〔10〕明白：胡三省云："明，顯也。白，奏也。謂不顯奏其罪而擅殺之。"（《通鑑》卷七五魏邵陵厲公嘉平四年注）

〔11〕中書：官名。此指中書郎。孫吳時仍隸中書令，負責草擬詔書，並常派出執行重要使命。

〔12〕驚懼：胡三省云："'驚'當作'兢'。"（《通鑑》卷七五魏邵陵厲公嘉平四年注）

〔13〕愯愯：胡三省云："愯愯，恭謹貌。"（《通鑑》卷七五魏邵陵厲公嘉平四年注）

〔14〕言至：胡三省云："至，極也，切也。"（《通鑑》卷七五魏邵陵厲公嘉平四年注）

〔15〕傅：官名。王國之屬官，爲諸王師，掌輔導事。　相：官名。王國相由朝廷委派，執掌王國行政，職如太守。

〔16〕章安：縣名。治所在今浙江臨海市東南章安鎮。

〔17〕彭城：王國名。治所彭城縣，在今江蘇徐州市。

〔18〕禮論：《隋書·經籍志》經部禮類著錄《禮論》三百卷，宋御史中丞何承天撰。《舊唐書·經籍志》《新唐書·藝文志》著錄爲三百零七卷。

〔19〕喪服圖：《隋書·經籍志》經部禮類謂梁有《喪服變除圖》五卷，吳齊王傅射慈撰，亡。按，"射慈"即"謝慈"。

〔20〕獨爾：百衲本"爾"字作"耳"，殿本、盧弼《集解》本、校點本作"爾"，郝經《續後漢書》亦作"爾"。今從殿本等。

建衡二年，[1]孫皓左夫人（王）〔張〕氏卒。[2]皓哀念過甚，朝夕哭臨，數月不出，由是民間或謂皓死，訛言奮與上虞侯奉當有立者。奮母仲姬墓在豫章，豫

章太守張俊疑其或然，掃除墳塋。晧聞之，車裂俊，[3]夷三族，[4]誅奮及其五子，[5]國除。[一]

　　[一]《江表傳》曰：豫章吏十人乞代俊死，晧不聽。奮以此見疑，本在章安，徙還吳城禁錮，使男女不得通婚，或年三十四十不得嫁娶。奮上表乞自比禽獸，使男女自相配偶。晧大怒，遣察戰髡藥賜奮，[6]奮不受藥，叩頭千下，曰："老臣自將兒子治生求活，無豫國事，乞丐餘年。"晧不聽，父子皆飲藥死。

　　臣松之案：建衡二年至奮之死，孫晧即位，尚猶未久。若奮未被疑之前，兒女年二十左右，至奮死時，不得年三十四十也。若先已長大，自失時未婚娶，則不由晧之禁錮矣。此雖欲增晧之惡，然非實理。

　　[1] 建衡：吳末帝孫晧年號（269—271）。

　　[2] 張氏：各本作"王"氏。錢大昭《辨疑》云："《妃嬪傳》注引《江表傳》則以左夫人爲張布之女，則所奪衛尉馮朝子純之妻也。此云王氏，爲不同矣。"徐紹楨《質疑》謂郝經《續後漢書》作"張氏"。趙幼文《校箋》謂《建康實錄》亦作"張氏"。似《吳志》本作"張"，以傳寫而誤作"王"也。今據徐、趙所引改。

　　[3] 車裂：古代酷刑之一。俗稱"五馬分尸"。即將人頭和四肢分別拴在五輛車上，以五馬駕車，同時分馳，撕裂肢體。

　　[4] 三族：指父族、母族、妻族。

　　[5] 五子：殿本作"三子"，百衲本、盧弼《集解》本、校點本作"五子"。郝經《續後漢書》亦作"五子"，今從百衲本等。

　　[6] 察戰：官名。孫吳置。爲皇帝身邊親信，多被派出執行使命。

　　評曰：孫登居心所存，足爲茂美之德。慮、和並有好善之姿，規自砥礪，或短命早終，或不得其死，哀哉！霸以庶干適，奮不遵軌度，固取危亡之道也。然奮之誅夷，橫遇飛禍矣。

三國志 卷六〇

吳書十五

賀全呂周鍾離傳第十五

賀齊字公苗，會稽山陰人也。[一][1]少爲郡吏，守剡長。[2]縣吏斯從輕俠爲姦，齊欲治之，主簿諫曰：[3]"從，縣大族，山越所附，[4]今日治之，明日寇至。"齊聞大怒，便立斬從。從族黨遂相糾合，衆千餘人，舉兵攻縣。齊率吏民，開城門突擊，大破之，威震山越。後太末、豐浦民反，[5]轉守太末長，誅惡養善，期月盡平。

〔一〕虞預《晋書》曰：賀氏本姓慶氏。齊伯父純，儒學有重名，漢安帝時爲侍中、江夏太守，[6]去官，與江夏黄瓊、（漢中）〔廣漢〕楊厚俱公車徵。[7]避安帝父孝德皇（帝）諱，[8]改爲賀氏。[9]齊父輔，永寧長。[10]

[1] 會稽：郡名。治所山陰縣，在今浙江紹興市。

[2] 剡：縣名。治所在今浙江嵊縣西南曹娥江北岸。孫吳移治今嵊縣。

[3] 主簿：官名。漢代中央及州郡縣官府皆置，以典領文書，辦理事務。

[4] 山越：漢末三國時期，將居於南方山區的土著人民稱爲山越。因其在秦漢時稱越人，後雖經三百餘年已與漢族相融合，但時人仍稱之爲越。（本唐長孺《孫吳建國及漢末江南的宗部與山越》）

[5] 太末：縣名。治所在今浙江龍游縣。　豐浦：地名。在太末縣境。

[6] 侍中：官名。秩比二千石。職掌門下衆事，侍從左右，顧問應對。漢靈帝時置侍中寺，不再隷屬少府。獻帝時定員六人，與給事黃門侍郎出入禁中，近侍帷幄，省尚書事。　江夏：郡名。治所西陵縣，在今湖北新洲縣西。

[7] 廣漢：各本皆作“漢中”。潘眉《考證》云：“‘漢中’當爲‘廣漢’。《後漢書》本傳云‘厚廣漢新都人也’，《蜀志·周群傳》‘舒學術於廣漢楊厚’。”校點本即據本書卷四二《周群傳》與《後漢書》卷三〇上《楊厚傳》改爲“廣漢”。今從校點本。廣漢郡治所雒縣，在今四川廣漢市北。　公車：官署名。公車司馬之省稱，漢朝及三國均置，以令主之，屬衛尉。掌宮中司馬門警衛，並接待臣民上書及徵召。

[8] 孝德皇：各本皆作“孝德皇帝”。殿本《考證》云：“‘孝德皇’下‘帝’字疑爲後人妄增。”校點本則從何焯説刪“帝”字。今從之。

[9] 賀氏：百衲本無“氏”字，殿本、盧弼《集解》本、校點本有。今從殿本等。

[10] 永寧：縣名。治所在今浙江溫州市。

建安元年，[1] 孫策臨郡，[2] 察齊孝廉。[3] 時王朗奔東冶,[4]候官長商升爲朗起兵。[5]策遣永寧長韓晏領南部都尉,[6]將兵討升,以齊爲永寧長,晏爲升所敗,齊又代晏領都尉事。升畏齊威名,遣使乞盟。齊因告喻,爲陳禍福,升遂送上印綬,出舍求降。賊帥張雅、詹彊等不願升降,反共殺升,雅稱無上將軍,彊稱會稽太守。賊盛兵少,未足以討,齊住軍息兵。雅與女壻何雄爭勢兩乖,齊令越人因事交構,遂致疑隙,阻兵相圖。齊乃進討,一戰大破雅,彊黨震懼,率衆出降。

候官既平,而建安、漢興、南平復亂,[7]齊進兵建安,立都尉府,[8]是歲八年也。郡發屬縣五千兵,各使本縣長將之,皆受齊節度。賊洪明、洪進、苑御、吳免、華當等五人,率各萬戶,連屯漢興,吳五姓吳名五六千戶別屯大潭,[9]鄒臨六千戶別屯蓋竹,[10](大潭)同出餘汗。[11]音干。軍討漢興,經餘汗。齊以爲賊衆兵少,深入無繼,恐爲所斷,令松陽長丁蕃留備餘汗。[12]蕃本與齊鄰城,恥見部伍,辭不肯留。齊乃斬蕃,於是軍中震慄,無不用命。遂分兵留備,進討明等,連大破之。臨陣斬明,其免、當、進、御皆降。轉擊蓋竹,軍向大潭,(三)〔二〕將又降。[13]凡討治斬首六千級,名帥盡禽,復立縣邑,料出兵萬人,拜爲平東校尉。[14]十年,轉討上饒,[15]分以爲建平縣。[16]

十三年,遷威武中郎將,[17]討丹陽黟、歙。[18]時武彊、葉鄉、東陽、豐浦四鄉先降,[19]齊表言以葉鄉爲始新縣。[20]而歙賊帥金奇萬戶屯安勒山,[21]毛甘萬戶屯烏聊山,[22]黟帥陳僕、祖山等二萬戶屯林歷山。[23]林歷山四面壁立，高數十丈，徑路危狹，不容（刀）〔方〕楯，[24]賊臨高下石，不可得攻。軍住經日，[25]將吏患之。齊身出周行，觀視形便，陰募輕捷士，爲作鐵弋，[26]密於隱險賊所不備處，以弋拓（斬山）〔塹〕爲緣道，[27]夜令潛上，乃多懸布以援下人，得上百數人，[28]四面流布，俱鳴鼓角，齊勒兵待之。賊夜聞鼓聲四合，謂大軍悉已得上，[29]驚懼惑亂，不知所爲，守路備險者，皆走還依衆，大軍因是得上，大破僕等，其餘皆降，凡斬首七千。[一][30]齊復表分歙爲新定、黎陽、休陽。并黟、歙凡六縣，[31]權遂割爲新都郡，齊爲太守，立府於始新，加偏將軍。[32]

〔一〕《抱朴子》曰：昔吴遣賀將軍討山賊，賊中有善禁者，每當交戰，官軍刀劍不得拔，弓弩射矢皆還自向，[33]輒致不利。賀將軍長情有思，[34]乃曰：“吾聞金有刃者可禁，蟲有毒者可禁，其無刃之物，無毒之蟲，則不可禁。彼必是能禁吾兵者也，[35]必不能禁無刃物矣。”乃多作勁木白棓，[36]選有力精卒五千人爲先登，[37]盡捉棓。彼山賊恃其有善禁者，[38]了不嚴備，[39]於是官軍以白棓擊之，[40]彼禁者果不復行[41]，所擊殺者萬計。

[1]　建安：漢獻帝劉協年號（196—220）。

[2]　郡：指會稽郡。

[3]　孝廉：漢代選拔官吏的主要科目。孝指孝子，廉指廉潔之士。原本爲二科，後混同爲一科，也不再限於孝子和廉吏。東漢後期，定制爲不滿四十歲者不得察舉；被舉者先詣公府課試，以觀其能。郡國每年要向中央推舉一人至二人。

[4]　東冶：縣名。治所在今福建福州市。

〔5〕候官：殿本、盧弼《集解》本作"侯官"，百衲本、校點本作"候官"。按，二者同，今從百衲本等。侯官縣亦即東冶縣。孫吳改東冶縣爲侯官縣，故漢吳之際二名常混用。

〔6〕南部都尉：官名。即會稽南部都尉，職如太守。治所建安縣，在今福建建甌市南松溪南岸。

〔7〕漢興：縣名。建安八年置，治所在福建浦城縣。　南平：縣名。建安初孫策置，治所在今福建南平市。

〔8〕立都尉府：即立會稽南部都尉府於建安縣。

〔9〕姓吳名五：百衲本、殿本、盧弼《集解》本皆有裴松之此四字注，校點本誤脱。今從百衲本等。　大潭：故城名。相傳西漢初閩越王所築，在今福建建陽市。

〔10〕蓋竹：地名。在今福建建陽市西南。

〔11〕同出：各本"同出"上有"大潭"二字。盧弼《集解》本云："'大潭'二字何焯校衍。"校點本即從何校删。今從校點本。　餘汗：地名。在今福建松溪縣。

〔12〕松陽：殿本、盧弼《集解》作"楊松"，百衲本、校點本作"松陽"。今從百衲本等。松陽縣治所在今浙江松陽縣西北古市鎮。

〔13〕二將：各本皆作"三將"。殿本《考證》陳浩云："按'三將'疑作'二將'，上云屯大潭、蓋竹者，吳五、鄒臨也。"校點本即從上文之義改"三"爲"二"。今從之。

〔14〕平東校尉：官名。建安中孫權置，統兵征伐。

〔15〕上饒：縣名。治所在今江西上饒市西北天津橋。

〔16〕建平縣：治所在今福建建陽市東南建溪東岸。

〔17〕威武中郎將：官名。建安中孫權置，領兵。

〔18〕丹陽：郡名。治所宛陵縣，在今安徽宣州市。陽，百衲本作"楊"。　黟：縣名。治所在今安徽黟縣東。　歙：縣名。治所在今安徽歙縣。

〔19〕武彊：鄉名。在今浙江淳安縣西南。　東陽：鄉名。在

今浙江金華市南。

　　[20] 始新縣：治所在今浙江淳安縣西北。

　　[21] 安勒山：百衲本、殿本、盧弼《集解》本作"安勤山"。趙一清《注補》云："《郡國志》注引《魏氏春秋》歙有安勒、烏邪山，黟有林歷山。'烏邪'即'烏聊'也。"盧弼《集解》云："據此'安勤山'當作'安勒山'。"校點本正作"安勒山"。今從之。安勒山又名布射山，即今安徽歙縣北飛布山。

　　[22] 烏聊山：在今安徽歙縣城內。

　　[23] 林歷山：在今安徽黟縣西南。

　　[24] 方楯：各本皆作"刀楯"，《太平御覽》卷二八五引《吳志》作"方楯"。趙幼文《校箋》謂《通典·兵十四》、《元和郡縣志》卷二八《江南道》"刀"字作"方"。按，中華書局1988年點校本《通典》卻據此傳改"方"爲"刀"。又按，作"方"爲是，若刀楯都不能容，怎能容人？今從《太平御覽》等改"刀"爲"方"。《說文·方部》："方，并船也。"徐灝《注箋》："方之引申爲凡相并之稱。"方楯，即兩楯相并。

　　[25] 經日：《通鑑》卷六五漢獻帝建安十三年敘此事作"經月"。較合情理。

　　[26] 鐵弋：百衲本、殿本、盧弼《集解》本、《通鑑》等皆作"鐵戈"。盧弼《集解》引何焯曰："'戈'當作'杙'。杙所以緣而上也。舊刻訛作'戈'，今以《水經注》校正。"校點本即作"弋"。今從之。《玉篇·弋部》："弋，橛也，所以挂物也。今作杙。"

　　[27] 塹：各本皆作"斬山"。盧弼《集解》引何焯曰："'斬山'字亦誤，當作'塹'，以杙拓塹。"校點本亦從何焯說改"斬山"爲"塹"。今從之。　緣道：《太平御覽》卷二八五引《吳志》，"緣道"下有"道成"二字。

　　[28] 百數人：盧弼《集解》云："《通鑑》作'百餘人'。"吳金華《校詁》謂《通典》卷一六一、《太平御覽》卷二八五均作

"百數十人"，蓋唐宋所見如此。

［29］得上：殿本"得"字作"直"，百衲本、盧弼《集解》本、校點本作"得"。今從百衲本等。

［30］七千：趙幼文《校箋》謂《册府元龜》卷三六二引"千"下有"餘級"二字，是。疑今本脱，應據補。按，宋本《册府元龜》亦無"餘級"二字。

［31］新定：縣名。治所在今浙江淳安縣西南。　黎陽：縣名。即本書卷四七《吳主傳》建安十三年所説的"犁陽"，治所在今安徽休寧縣西南。　休陽：縣名。治所在今安徽休寧縣西。　六縣：指新定、黎陽、休陽、黟、歙、始新。

［32］偏將軍：官名。雜號將軍中地位較低者。

［33］皆還自向：百衲本"自"字作"相"，殿本、盧弼《集解》本、校點本作"自"。今從殿本等。按，蕭常《續後漢書》無"自""相"二字，作"皆還向"，與今傳本《抱朴子·内篇》卷五同。

［34］長情有思：今傳本《抱朴子·内篇》卷五作"長智有才思"。

［35］彼必是能禁吾兵者：今傳本《抱朴子》作"彼能禁吾兵者"。兵，兵器。

［36］棓：通"棒"。今傳本《抱朴子》即作"棒"。

［37］有力：今傳本《抱朴子》"有"字作"異"。趙幼文《校箋》謂《太平御覽》卷七三七引"有"字作"勇"。

［38］恃：百衲本作"持"，殿本、盧弼《集解》本、校點本作"恃"，蕭常《續後漢書》，今傳本《抱朴子》亦作"恃"。今從殿本等。

［39］嚴備：今傳本《抱朴子》作"能備"。

［40］擊之：今傳本《抱朴子》"擊之"下有"大破彼賊"四字。下句無"彼"字。

［41］果不復行：趙幼文《校箋》謂蕭常《續後漢書》作"果

不能施行"。按，今傳本《抱朴子》亦作"果不復行"。

十六年，吳郡餘杭民郎稚合宗起賊，[1]復數千人，齊出討之，即復破稚，表言分餘杭爲臨水縣。[一][2]被命詣所在，及當還郡，權出祖道，[3]作樂舞象。[二]賜齊輧車駿馬，[4]罷坐住駕，使齊就車。齊辭不敢，權使左右扶齊上車，令導吏卒兵騎，如在郡儀。權望之笑曰："人當努力，非積行累勤，此不可得。"去百餘步乃旋。

〔一〕《吳録》曰：晉改爲臨安。
〔二〕《吳書》曰：權謂齊曰："今定天下，都中國，使殊俗貢珍，狡獸率舞，[5]非君誰與?"齊曰："殿下以神武應期，廓開王業，臣幸遭際會，得驅馳風塵之下，佐助末行，效鷹犬之用，臣之願也。若殊俗貢珍，狡獸率舞，宜在聖德，非臣所能。"[6]

[1] 餘杭：縣名。治所在今浙江杭州市餘杭區西南餘杭鎮。
[2] 臨水縣：治所在今浙江臨安市西北。
[3] 祖道：爲出行者祭路神，並飲宴餞行。
[4] 輧（píng）車：有帷幕的車。《後漢書·輿服志上》謂長公主、大貴人、貴人、公主、王妃等乘輧車。
[5] 狡獸率舞：率，校點本作"卒"，百衲本、殿本、盧弼《集解》本作"率"，今從百衲本等。《尚書·益稷》："百獸率舞，庶尹允諧。"孔穎達疏："百獸相率而舞，鳥獸感德如此，衆正官長信皆和諧矣。"
[6] 能：趙幼文《校箋》謂《册府元龜》卷三七七引"能"下有"也"字。

　　十八年，豫章東部民彭材、李玉、王海等起爲賊亂，^[1]衆萬餘人。齊討平之，誅其首惡，餘皆降服。揀其精健爲兵，次爲縣户。遷奮武將軍。^[2]

　　二十年，從權征合肥。^[3]時城中出戰，徐盛被創失（矛）〔牙〕，^[4]齊引兵拒擊，得盛所失〔牙〕。〔一〕

　　〔一〕《江表傳》曰：權征合肥還，爲張遼所掩襲於津北，^[5]幾至危殆。齊時率三千兵在津南迎權。權既入大船，會諸將飲宴，齊下席涕泣而言曰：“至尊人主，常當持重。今日之事，幾至禍敗，羣下震怖，^[6]若無天地，願以此爲終身誡。”權自前（收）〔拭〕其淚曰：^[7]“大慚！謹以刻心，^[8]非但書諸紳也。”^[9]

　　[1] 豫章：郡名。治所南昌縣，在今江西南昌市。

　　[2] 奮武將軍：官名。漢雜號將軍之一。

　　[3] 合肥：縣名。治所在今安徽合肥市西。

　　[4] 牙：各本皆作“矛”。殿本《考證》謂《太平御覽》（在卷三三九）“矛”作“牙”。潘眉《考證》亦謂宋本作“牙”。牙，旗也。《太平御覽》引《吳書》亦作“牙”。今本作“矛”誤。下句“得盛所失”下《太平御覽》亦有“牙”字，當補。今從潘説據《太平御覽》改。趙幼文《校箋》亦謂《北堂書鈔》卷一二〇引“矛”字作“牙”。

　　[5] 津：指逍遙津。在今安徽合肥市東北古肥水上。

　　[6] 震怖：趙幼文《校箋》謂《太平御覽》卷四五八引“怖”字作“悑”。悑，悲也。

　　[7] 拭其淚：各本“拭”字作“收”。趙幼文《校箋》謂《太平御覽》引“收”字作“拭”，蕭常《續後漢書》同。疑作“拭”字是。今從趙説改。

　　[8] 謹以刻心：殿本、盧弼《集解》本、校點本“刻”字作

"剋",今從百衲本作"刻"。盧弼《集解》云:"《通鑑》作'謹以刻心'。"趙幼文《校箋》謂《太平御覽》卷四五八、《册府元龜》卷三七七引俱作"刻",蕭常《續後漢書》同。

[9] 紳:古代士大夫束於腰間,一端下垂的大帶。若有重要之言事,則書寫於紳上。胡三省云:"《論語》子張問於孔子,以孔子之言書諸紳。故以答賀齊。"(《通鑑》卷六七漢獻帝建安二十年注)

二十一年,鄱陽民尤突受曹公印綬,[1]化民爲賊,陵陽、(始安)〔安吳〕、涇縣皆與突相應。[2]齊與陸遜討破突,斬首數千,餘黨震服,丹楊三縣皆降,料得精兵八千人。拜安東將軍,[3]封山陰侯,出鎮江上,督扶州以上至皖。[4]

黃武初,[5]魏使曹休來伐,齊以道遠後至,因住新市爲拒。[6]會洞口諸軍遭風流溺,[7]所亡中分,將士失色,賴齊未濟,偏軍獨全,諸將倚以爲勢。

齊性奢綺,尤好軍事,兵甲器械極爲精好,所乘船雕刻丹鏤,[8]青蓋絳襜,[9]干櫓戈矛,[10]葩爪文畫,[11]弓弩矢箭,咸取上材,[12]蒙衝鬪艦之屬,[13]望之若山。休等憚之,遂引軍還。遷後將軍,[14]假節、領徐州牧。[15]

初,晉宗爲戲口將,[16]以衆叛如魏,還爲蘄春太守,[17]圖襲安樂,[18]取其保質。權以爲恥忿,[19]因軍初罷,六月盛夏,出其不意,詔齊督糜芳、鮮于丹等襲蘄春,遂生虜宗。後四年卒,子達及弟景皆有令名,爲佳將。[一]〔景子邵,別有傳〕。[20]

〔一〕《會稽典録》曰：景爲滅賊校尉，[21]御衆嚴而有恩，兵器精飾，爲當時冠絶，早卒。達頗任氣，多所犯迕，故雖有征戰之勞，而爵位不至，然輕財貴義，膽烈過人。子質，位至虎牙將軍。[22]（景子郡，别有傳。）

[1] 鄱陽：郡名。治所鄱陽縣，在今江西鄱陽縣東北。

[2] 陵陽：縣名。治所在今安徽石臺縣東北廣陽鎮。　安吳：各本皆作“始安”。梁章鉅《旁證》云：“始安縣本零陵郡屬，吳甘露元年改始安縣，當非此始安，且不與鄱陽相近。洪亮吉《補疆域志》丹陽郡領十六縣，有陵陽、涇，無始安。《程普傳》討宣城、涇、安吳、陵陽、春穀。《州郡志》謂安吳，吳立。《一統志》謂在涇縣西南。因疑‘始安’爲‘安吳’之誤。如是，則三縣皆爲丹陽所屬矣。”按，梁氏所疑有理，下文明言“丹楊三縣皆降”，若始安，則遠在今廣西桂林市，與陵陽、涇縣相隔甚遠，且不屬丹楊郡，故從梁氏説，改“始安”爲“安吳”。安吳縣治所在今安徽涇縣西南。　涇縣：治所在今安徽涇縣西。

[3] 安東將軍：官名。東漢末始置。爲出鎮某地區的軍事長官，或爲州牧刺史兼理軍務之加官。

[4] 扶州：謝鍾英云：“扶州當係江寧西南江中之洲，未能確指其地。”（《補三國疆域志補注》）。　皖：縣名。治所在今安徽潛山縣。

[5] 黄武：吳大帝孫權年號（222—229）。

[6] 新市：地名。確址未詳，當在今安徽和縣一帶。

[7] 洞口：地名。在今安徽和縣東南長江邊。

[8] 丹鏤：以赤色塗在刻文上。

[9] 青蓋絳襜：青色車蓋，紅色車帷。

[10] 干櫓：大盾小盾。

［11］葩爪：殿本、盧弼《集解》本、校點本作"葩瓜"，百衲本作"葩爪"。今從百衲本。葩爪，爪形的花。

［12］上材：百衲本"材"字作"財"，殿本、盧弼《集解》本、校點本作"材"。按，二字可通，今從殿本等。

［13］蒙衝：戰船。 鬭艦：大戰船。與蒙衝詳解俱見本書卷五四《周瑜傳》。

［14］後將軍：官名。東漢時位如上卿，與前、左、右將軍掌京師兵衛與邊防屯警。魏晉亦置，權位漸低。略高於一般雜號將軍，不典禁兵，不與朝政，僅領兵征戰。孫吳亦置。

［15］假節：漢末三國時期，皇帝賜予臣下的一種權力。至晉代，此種權力明確爲因軍事可殺犯軍令者。 徐州：曹魏刺史治所彭城縣，在今江蘇徐州市。按，當時徐州爲魏地，此僅空名遙領。

［16］戲口：地名。未詳。

［17］蘄春：郡名。治所蘄春縣，在今湖北蘄春縣西南。

［18］安樂：趙一清《注補》云："《方輿紀要》卷七十六，安樂磯在武昌縣東三十里。"武昌縣即今湖北鄂州市。趙幼文《校箋》則謂《太平御覽》卷一六九引"安樂"作"樂安"。考《晉書·地理志》鄱陽郡有樂安縣，漢末置樂平，吳改樂安。按，樂安縣治所在今江西德興市東北。

［19］恥忿：趙幼文《校箋》謂《太平御覽》引無"忿"字。蕭常《續後漢書》同。

［20］景子邵別有傳：此六字各本皆作爲裴注引《會稽典録》之文。盧弼《集解》引趙一清曰："此六字是承祚本書，非注也。"按，此説甚是，若爲《會稽典録》之文，當如上文敘賀質事，簡敘其官職即可，不當言"別有傳"；若爲裴松之言，則當有"松之按"等語。而本書卷六五正有《賀邵傳》，"景子邵別有傳"正是陳壽交待之言，如本書卷一三《鍾繇傳》敘子毓事後云："毓弟會自有傳"，《鍾會傳》即在本書卷二八。今從趙氏説，將"景子邵別有傳"六字移作正文。

[21] 滅賊校尉：官名。孫吳置，爲領兵武職。

[22] 虎牙將軍：官名。漢朝爲將軍名號，不常置。曹魏、孫吳亦置。

全琮字子璜，吳郡錢唐人也。[1]父柔，漢靈帝時舉孝廉，補尚書郎右丞，[2]董卓之亂，棄官歸，州辟別駕從事，[3]詔書就拜會稽東部都尉。[4]孫策到吳，柔舉兵先附，策表柔爲丹楊都尉。[5]孫權爲車騎將軍，[6]以柔爲長史，[7]徙桂陽太守。[8]柔嘗使琮齎米數千斛到吳，有所市易。琮至，[9]皆散用，空船而還。柔大怒，琮頓首曰：“愚以所市非急，而士大夫方有倒縣之患，故便振贍，不及啓報。”柔更以奇之。〔一〕[10]是時中州士人避亂而南，[11]依琮居者以百數，琮傾家給濟，與共有無，遂顯名遠近。後權以爲奮威校尉，[12]授兵數千人，使討山越。因開募召，得精兵萬餘人，出屯牛渚，[13]稍遷偏將軍。

〔一〕徐衆《評》曰：《禮》，子事父無私財，又不敢私施，所以避尊上也。棄命專財而以邀名，未盡父子之禮。

臣松之以爲子路問“聞斯行諸”？子曰“有父兄在”。[14]琮輒散父財，誠非子道，然士類縣命，憂在朝夕，權其輕重，以先人急，斯亦馮煖市義、汲黯振救之類，[15]全謂邀名，或負其心。

[1] 吳郡：治所吳縣，在今江蘇蘇州市。　錢唐：縣名。治所在今浙江杭州市。

[2] 尚書郎：官名。東漢之制，取孝廉之有才能者入尚書臺，初入臺稱守尚書郎中，滿一年稱尚書郎，三年稱侍郎，統稱尚書

郎，秩四百石。凡置三十六員，分隸六曹尚書治事，主要掌文書起草。趙幼文《校箋》則謂蕭常《續後漢書》"尚書"下無"郎"字。　右丞：官名。即尚書右丞。東漢始置，爲尚書臺佐貳官，居尚書左丞下，秩四百石。掌授廩假錢穀，假署印綬，管理尚書臺專用文具及諸財用庫藏，並與左丞通掌臺內庶務，保管文書章奏。

[3] 州：指揚州。吳郡屬揚州。　別駕從事：官名。爲州牧刺史的主要屬吏，州牧刺史巡行各地時，別乘傳車從行，故名別駕。

[4] 會稽東部都尉：官名。漢武帝平東越後置，職如太守。治所回浦縣，在今浙江臨海市東南章安鎮，後又徙治句章縣，在今浙江餘姚市東南；三國時又移治章安縣，即西漢之回浦縣。

[5] 丹楊都尉：官名。丹楊郡之都尉。西漢時郡置都尉，輔佐郡守並掌本郡軍事。東漢廢除，但如有緊急軍事，亦臨時設置。又東漢在邊郡或關塞之地仍置都尉及屬國都尉，並漸漸分縣治民職如太守。

[6] 車騎將軍：官名。東漢時位比三公，常以貴戚充任。出掌征伐，入參朝政，漢靈帝時作加官或作贈官。

[7] 長史：官名。此爲車騎將軍府長史，爲軍府幕僚之長。

[8] 桂陽：郡名。治所郴縣，在今湖南郴州市。

[9] 琮至：趙幼文《校箋》謂《建康實錄》"琮"上有"屬吳中饑荒"五字。

[10] 更以：趙幼文《校箋》謂《藝文類聚》卷七二引"更"字作"便"。蕭常《續後漢書》無"以"字。

[11] 中州：即中原。

[12] 奮威校尉：官名。建安中孫權置，領兵。

[13] 牛渚：山名。在今安徽馬鞍山市西南。此山突出於江中，稱牛堵磯，又名采石磯。自古爲大江南北重要津渡，爲軍事上必爭之地。

[14] 有父兄在：孔子此語及上句子路語，見《論語·先進》。

[15] 馮煖（xuān）：《史記》卷七五《孟嘗君列傳》作"馮

驥”，《戰國策》鮑彪校注本作“馮煖”。《戰國策・齊策四》謂馮煖齊人，爲孟嘗君食客。孟嘗君有封邑在薛（今山東滕縣南），並放有大量債務。孟嘗君使馮煖前往收債。馮煖行前問孟嘗君：“債畢收，以何市而反？”孟嘗君曰：“視吾家所寡者。”馮煖至薛後，召集諸債民前來合券，合券畢，馮煖託言孟嘗君之命，以債賜諸民，因燒其券，民稱萬歲。馮煖回齊後，孟嘗君怪問之，馮煖曰：“君家所寡有者義耳！竊以爲君市義。”後孟嘗君被讒毀，不爲齊相，就國於薛，未至百里，薛民扶老攜幼迎君於道中。孟嘗君謂馮煖曰：“先生所爲文市義者（孟嘗君名文），乃今日見之。”　汲黯：西漢濮陽（今河南濮陽縣西南）人，漢武帝時爲謁者。《史記》卷一二〇《汲黯列傳》謂河內郡（治今河南武陟縣西南）失火，延燒千餘家，武帝使汲黯往視之。汲黯還報曰：“家人失火，屋比延燒，不足憂也。臣過河南，河南貧人傷水旱萬餘家，或父子相食，臣謹以便宜，持節發河南倉粟以振貧民。臣請歸節，伏矯制之罪。”武帝賢而釋之。

建安二十四年，劉備將關羽圍樊、襄陽，[1]琮上疏陳羽可討之計，權時已與呂蒙陰議襲之，恐事泄，故寢琮表不答。及禽羽，權置酒公安，[2]顧謂琮曰：“君前陳此，孤雖不相答，今日之捷，抑亦君之功也。”於是封陽華亭侯。[3]

黃武元年，魏以舟軍大出洞口，權使呂範督諸將拒之，軍營相望。敵數以輕船鈔擊，琮常帶甲仗兵，伺候不休。頃之，敵數千人出江中，琮擊破之，梟其將軍尹盧。遷琮綏南將軍，[4]進封錢唐侯。四年，假節領九江太守。[5]

七年，權到皖，使琮與輔國將軍陸遜擊曹休，[6]破之於石亭。[7]是時丹楊、吳、會山民復爲寇賊，[8]攻没屬縣，權分三郡險地爲東安郡，[9]琮領太守。〔一〕至，明賞罰，招誘降附，數年中，得萬餘人。權召琮還牛渚，罷東安郡。〔二〕黄龍元年，[10]遷衛將軍、左護軍、徐州牧，〔三〕[11]尚公主。[12]

〔一〕《吳録》曰：琮時治富春。

〔二〕《江表傳》曰：琮還，經過錢唐，脩祭墳墓，麾幢節蓋，[13]曜於舊里，請會邑人平生知舊、宗族六親，[14]施散惠與，千有餘萬，本土以爲榮。

〔三〕《吳書》曰：初，琮爲將甚勇決，當敵臨難，奮不顧身。及作督帥，養威持重，每御軍，常任計策，不營小利。

《江表傳》曰：權使子登出征，已出軍，次于安樂，羣臣莫敢諫。琮密表曰：“古來太子未嘗偏征也，故從曰撫軍，[15]守曰監國。今太子東出，非古制也，臣竊憂疑。”權即從之，命登旋軍，議者咸以爲琮有大臣之節也。[16]

[1] 樊：城名。在襄陽縣北，與襄陽隔漢水相對，在今湖北襄陽市樊城區。　襄陽：縣名。治所在今湖北襄陽市襄州區。

[2] 公安：縣名。治所在今湖北公安縣西。

[3] 陽華：趙幼文《校箋》謂《太平御覽》卷一九九、《册府元龜》卷三四三引無“陽”字。《建康實録》作“當陽”。　亭侯：爵名。漢制列侯大者食縣邑，小者食鄉、亭。東漢後期遂以食鄉、亭者稱爲鄉侯、亭侯。

[4] 綏南將軍：官名。建安末孫權置。

[5] 九江：郡名。治所壽春縣，在今安徽壽縣。

[6] 輔國將軍：官名。名號將軍，漢獻帝建安元年（196）置。三國沿置。

［7］石亭：地名。在今安徽潛山縣東北。

［8］會：指會稽郡。

［9］東安郡：治所富春縣，在今浙江富陽市。

［10］黃龍：吳大帝孫權年號（229—231）。

［11］衛將軍：官名。東漢時位次大將軍、驃騎將軍、車騎將軍，位亞三公，開府置官屬。曹魏沿置，位在諸名號將軍上。第二品。孫吳亦置。　左護軍：官名。建安中曹操置護軍，後改稱中護軍。掌禁兵，主武官選舉。孫權則置中、左、右護軍各一人。（本洪飴孫《三國職官表》）

［12］公主：即孫權步夫人之長女魯班。先配周瑜子循，循死，又配全琮，故又稱全公主。

［13］麾幢：官員出行時儀仗中的旗幟。　節蓋：持符節的大將使用的傘蓋。

［14］六親：謂父子、兄弟、從父兄弟、從祖兄弟、從曾祖兄弟、同族兄弟。（本賈誼《新書・六術》）

［15］從曰撫軍：《左傳・閔公二年》謂晉獻公使太子申生伐東山皋落氏，大夫里克諫曰："大子奉冢祀、社稷之粢盛，以朝夕視君膳者也，故曰冢子。君行則守，有守則從。從曰撫軍，守曰監國，古之制也。"

［16］琮有大臣之節：百衲本"琮"字作"當"，殿本、盧弼《集解》本、校點本作"琮"。今從殿本等。

嘉禾二年，[1]督步騎五萬征六安，[2]六安民皆散走，諸將欲分兵捕之。琮曰："夫乘危徼倖，舉不百全者，非國家大體也。今分兵捕民，得失相半，豈可謂全哉？縱有所獲，猶不足以弱敵而副國望也。如或邂逅，虧損非小，與其獲罪，琮寧以身受之，不敢徼功以負國也。"

　　赤烏九年，[3] 遷右大司馬、左軍師。[4] 爲人恭順，善於承顏納規，言辭未嘗切迕。初，權將（圍）〔圖〕珠崖及夷州，[5] 皆先問琮，琮曰：“以聖朝之威，何向而不克？然殊方異域，隔絶障海，水土氣毒，自古有之，兵入民出，必生疾病，轉相污染，往者懼不能反，所獲何可多致？猥虧江岸之兵，以冀萬一之利，愚臣猶所不安。”[6] 權不聽。軍行經歲，士衆疾疫死者十有八九，權深悔之。後言次及之，琮對曰：“當是時，羣臣有不諫者，臣以爲不忠。”

　　琮既親重，宗族子弟並蒙寵貴，[7] 賜累千金，然猶謙虛接士，貌無驕色。十二年卒，[8] 子懌嗣。後襲業領兵，[9] 救諸葛誕于壽春，出城先降，魏以爲平東將軍，[10] 封臨湘侯。[11] 懌兄子禕、儀、静等亦降魏，皆歷郡守列侯。〔一〕[12]

　　〔一〕《吳書》曰：琮長子緒，幼知名，奉朝請，[13] 出授兵，稍遷揚武將軍、牛渚督。[14] 孫亮即位，遷鎮北將軍。[15] 東關之役，[16] 緒與丁奉建議引兵先出，以破魏軍，封一子亭侯，年四十四卒。次子寄，坐阿黨魯王霸賜死。小子吳，孫權外孫，封都鄉侯。[17]

　　[1] 嘉禾：吳大帝孫權年號（232—238）。
　　[2] 六安：縣名。治所在今安徽六安縣東北。
　　[3] 赤烏：吳大帝孫權年號（238—251）。
　　[4] 右大司馬：百衲本作“右大將軍”，郝經《續後漢書》同；殿本、盧弼《集解》本、校點本作“右大司馬”，蕭常《續後漢書》同，本書卷四七《吳主傳》亦謂赤烏九年衛將軍全琮“爲

右大司馬"。今從殿本等。右大司馬，官名。東漢初改大司馬爲太
尉，爲三公之一。漢靈帝時，又與太尉並置，而位在三公上。三國
因之，號上公，皆爲高級將帥，不預政務。吳一度分置左右。　左
軍師：百衲本無"左軍"二字，殿本、盧弼《集解》本、校點本
有，蕭常《續後漢書》亦有。今從殿本等。左軍師，官名。掌軍
務，地位較高，不屬丞相府。

　　[5] 圖：各本皆作"圍"。郁松年《續後漢書札記》卷二云：
"案'圍'當作'圖'，此沿《志》之誤。"盧弼《集解》亦云：
"'圍'疑作'圖'。"趙幼文《校箋》謂蕭常《續後漢書》正作
"圖"。今從郁、盧説，據蕭常《續後漢書》改。　珠崖：郡名。
漢武帝元鼎六年（前111）置，治所瞫都縣，在今海南海口市瓊山
區東南。漢元帝初元三年（前46）廢。吳增僅《三國郡縣表附考
證》云："（朱崖郡）前漢舊郡，《晋志》吳赤烏五年復立。疑治徐
聞。"徐聞縣治所在今廣東徐聞縣南。　夷州：海島名。即今臺灣
省。《太平御覽》卷七八〇引《臨海水土志》對其狀貌有較詳之
記載。

　　[6] 猶所：趙幼文《校箋》謂《册府元龜》"猶"字作
"有"，蕭常《續後漢書》作"竊"。按，宋本《册府元龜》亦作
"猶"。

　　[7] 宗族：殿本"宗"字作"家"，百衲本、盧弼《集解》
本、校點本作"宗"，蕭常及郝經之《續後漢書》皆同。今從百衲
本等。

　　[8] 十二年卒：錢大昭《辨疑》云："琮卒於赤烏十年正月，
見《吳主傳》，'二'字疑衍。"

　　[9] 領兵：孫吳實行世襲領兵制，父祖所領之兵，子孫得繼承
領有。

　　[10] 平東將軍：官名。漢末建安初置。曹魏時，與平西、平
南、平北將軍合稱四平將軍，權任頗重，多持節都督或監某一地區
軍事，時或爲刺史等地方長官兼理軍務之加官，第三品。晋沿置。

[11] 臨湘：縣名。治所在今湖南長沙市。

[12] 列侯：爵名。漢代二十級爵之最高者。金印紫綬，有封邑，食租稅。功大者食縣邑，小者食鄉、亭。曹魏初亦沿襲有列侯。

[13] 奉朝請：兩漢朝廷給予退休大臣、列侯、宗室、外戚的一種政治優待。當時春季朝會稱朝，秋季朝會稱請。西漢授此者特許參加朝會，班次亦可提高。東漢所施甚廣，地位漸輕。三國或置。西晉遂成爲加官名號。

[14] 揚武將軍：官名。東漢置，統兵出征。孫吳亦置。　牛渚督：官名。牛渚之駐軍長官。

[15] 鎮北將軍：官名。漢末建安中置，領兵出鎮方面。三國沿置。

[16] 東關：地名。在今安徽巢湖市東南裕溪河東岸。

[17] 都鄉侯：爵名。列侯食邑爲都鄉（近城之鄉）者，稱都鄉侯。位次於縣侯，高於鄉侯。

呂岱字定公，廣陵海陵人也。[1]爲郡縣吏，避亂南渡。孫權統事，[2]岱詣幕府，出守吳丞。[3]權親斷諸縣倉庫及囚繫，長、丞皆見，[4]岱處法應問，甚稱權意，召署録事，[5]出補餘姚長，[6]召募精健，得千餘人。會稽東冶五縣賊呂合、秦狼等爲亂，權以岱爲督軍校尉，[7]與將軍蔣欽等將兵討之，遂禽合、狼，五縣平定，拜昭信中郎將。[一][8]

〔一〕《吳書》曰：建安十六年，岱督郎將尹異等，[9]以兵二千人西誘漢中賊帥張魯到漢興褒城，[10]魯嫌疑斷道，事計不立，權遂召岱還。

　　[1]廣陵：郡名。東漢時治所廣陵縣，在今江蘇揚州市西北蜀岡上。曹魏時遷治淮陰縣，在今江蘇淮陰市西南甘羅城。　海陵：縣名。治所在今江蘇泰州市。本西漢置，東漢廢，漢末又一度復置。

　　[2]孫權：趙幼文《校箋》謂《册府元龜》卷三四三引"孫"上有"會"字。

　　[3]丞：官名。此爲縣丞，爲縣令長之副佐，職掌文書及倉、獄事。

　　[4]長丞：指縣長、縣丞。

　　[5]録事：官名。三國諸將軍府置，掌管文書，勾稽缺失。

　　[6]餘姚：縣名。治所在今浙江餘姚市。

　　[7]督軍校尉：官名。漢獻帝時孫堅、曹操皆置。統兵出征。

　　[8]昭信中郎將：官名。建安中孫權置，領兵。

　　[9]郎將：官名。即中郎將。東漢末至魏晉有諸名號中郎將，皆爲統兵將領，爲次於將軍，高於校尉的統兵武職。

　　[10]漢中：郡名。治所南鄭縣，在今陝西漢中市。　漢興：郡名。漢末中平（184—189）中置漢安郡，領雍、渝糜、杜陽、陳倉、汧等五縣，治所雍縣，在今陝西鳳翔縣西南。建安中曹操定關中，改漢安郡爲漢興郡。魏文帝曹丕代漢後，廢漢興郡。（本吳增僅《三國郡縣表附考證》）　蹇（jiǎn）城：未詳。

　　建安二十年，督孫茂等十將從取長沙三郡。[1]又安成、攸、永新、茶陵四縣吏共入陰山城，[2]合衆拒岱，岱攻圍，即降，三郡克定。權留岱鎮長沙。安成長吳碭及中郎將袁龍等首尾關羽，[3]復爲反亂。碭據攸縣，龍在醴陵。[4]權遣橫江將軍魯肅攻攸，[5]碭得突走。岱攻醴陵，遂擒斬龍，遷廬陵太守。[6]

　　延康元年，[7]代步騭爲交州刺史。[8]到州，高凉賊帥錢博乞降，[9]岱因承制，以博爲高凉西部都尉。[10]又鬱林夷賊攻圍郡縣，[11]岱討破之。是時桂陽、湞陽賊王金合衆於南海界上，[12]首亂爲害，權又詔岱討之，[13]生縛金，傳送詣都，斬首獲生凡萬餘人。遷安南將軍，[14]假節，封都鄉侯。

交阯太守士燮卒，[15]權以燮子徽爲安遠將軍，[16]領九真太守，[17]以校尉陳時代燮。[18]岱表分海南三郡爲交州，[19]以將軍戴良爲刺史，海東四郡爲廣州，[20]岱自爲刺史。遣良與時南入，而徽不承命，舉兵戍海口以拒良等。[21]岱於是上疏請討徽罪，督兵三千人晨夜浮海。或謂岱曰："徽藉累世之恩，爲一州所附，未易輕也。"岱曰："今徽雖懷逆計，未虞吾之卒至，[22]若我潛軍輕舉，掩其無備，破之必也。稽留不速，使得生心，嬰城固守，七郡百蠻，雲合響應，雖有智者，誰能圖之？"遂行，過合浦，[23]與良俱進。徽聞岱至，果大震怖，不知所出，即率兄弟六人肉祖迎岱。[24]岱皆斬送其首，徽大將甘醴、桓治等率吏民攻岱，岱奮擊大破之，進封番禺侯。於是除廣州，復爲交州如故。岱既定交州，復進討九真，斬獲以萬數。又遣從事南宣國化，[25]暨徽外扶南、林邑、堂明諸王，[26]各遣使奉貢。權嘉其功，進拜鎮南將軍。[27]

黃龍三年，以南土清定，召岱還屯長沙漚口。[一][28]會武陵蠻夷蠢動，[29]岱與太常潘濬共討定之。[30]嘉禾三年，[31]權令岱領潘璋士衆，屯陸口，[32]後徙蒲圻。[33]四年，廬陵賊李桓、路合、會稽東冶賊隨春、南海賊羅厲等一時並起。權復詔岱督劉纂、唐咨等分部討擊，[34]春即時首降，岱拜春偏將軍，使領其衆，遂爲列將，桓、厲等皆見斬獲，傳首詣都。權詔岱曰：“厲負險作亂，自致梟首；桓凶狡反覆，已降復叛。前後討伐，歷年不禽，非君規略，誰能梟之？忠武之節，於是益著。元惡既除，大小震慴，其餘細類，掃地族矣。[35]自今已去，國家永無南顧之虞，三郡晏然，[36]無怵惕之驚，又得惡民以供賦役，[37]重用歎息。[38]賞不踰月，國之常典，制度所宜，君其裁之。”

〔一〕王隱《交廣記》曰：[39]吳後復置廣州，以南陽滕脩爲刺史。[40]或語脩蝦鬚長一丈，脩不信，其人後故至東海，[41]取蝦鬚長四丈四尺，封以示脩，脩乃服之。[42]

[1] 長沙：郡名。治所臨湘縣，在今湖南長沙市。　三郡：指長沙、零陵、桂陽。

[2] 安成：縣名。治所在今江西安福縣西。　攸：縣名。治所在今湖南攸縣東北。　永新：縣名。治所在今江西永新縣西。　茶陵：縣名。治所在今湖南茶陵縣東。　陰山：縣名。治所在今湖南攸縣西。

[3] 首尾：比喻相呼應。

[4] 醴陵：縣名。治所在今湖南醴陵市。

[5] 橫江將軍：官名。建安十九年（214）孫權置。

[6] 廬陵：郡名。治所廬陵縣，在今江西吉安市西南。

[7] 延康：漢獻帝劉協年號（220）。

[8] 交州：刺史治所番禺縣，在今廣東廣州市。

[9] 高涼：郡名。治所恩平縣，在今廣東恩平市北。

［10］西部都尉：殿本、盧弼《集解》本作“西郡都尉”，百衲本、校點本作“西部都尉”。今從百衲本等。高凉西部都尉治所未詳。

［11］鬱林：郡名。治所布山縣，在今廣西桂平縣西南古城。

［12］滇陽：縣名。治所在今廣東英德市東翁水北。　南海：郡名。治所番禺縣，在今廣東廣州市。

［13］詔：猶“召”。《後漢書》卷二八上《馮衍傳》“詔傳尹於亳郊兮”李賢注：“詔，召也。”

［14］安南將軍：官名。漢獻帝建安初置，三國沿置，爲出鎮南方地區的軍事長官，或作爲刺史等地方官兼理軍務之加官。

［15］交阯：郡名。治所龍編縣，在今越南河內東天德江北岸。

［16］安遠將軍：官名。東漢末置，多用以任命降將或邊遠地區的地方長官。

［17］九真：郡名。治所胥浦縣，在今越南清化省清化市西北東山縣陽舍村。

［18］校尉：官名。漢代軍職之稱。東漢末位次中郎將。三國沿置而名號繁多，品秩亦高低不等。

［19］海南：指今北部灣西南部，海東指北部灣東北部。本書卷四九《士燮傳》云：“權以交阯縣遠，乃分合浦以北爲廣州，吕岱爲刺史；交阯以南爲交州，戴良爲刺史。”據此，合浦及其以北之南海、蒼梧、鬱林等四郡爲廣州；交阯及其以南的九真、日南等三郡爲交州，與《晋書·地理志》所説的“吳黃武五年，割南海、蒼梧、鬱林三郡立廣州，交阯、日南、九真、合浦四郡爲交州”不同。此外，高凉郡本由合浦郡分出，故未提及。

［20］廣州：刺史治所亦在番禺縣。

［21］海口：地名。按，士徽當時自署交阯太守，則海口應在交阯郡内，據當時形勢，當在今越南河內東紅河三角洲沿海一帶。

［22］虞：意料，料想。

［23］合浦：郡名。治所合浦縣，在今廣西合浦縣東北。

［24］肉袒：去衣露體。表示謝罪、惶懼。

［25］從事：官名。漢代州牧刺史的佐吏，有別駕從事史、治中從事史、兵曹從事史、部從事史等，均可簡稱爲從事。

［26］徼（jiào）外：邊外，邊境以外。　扶南：國名。轄境相當於今柬埔寨。　林邑：國名。在今越南中部。唐以後稱占城、占婆等。　堂明：國名。約在今泰國境内。

［27］鎮南將軍：官名。漢獻帝初平中置。曹魏時位次四征將軍，領兵如征南將軍，第二品，多爲持節都督，出鎮方面。孫吳亦置。

［28］漚口：地名。在今湖南茶陵縣東南。

［29］武陵：郡名。治所臨沅縣，在今湖南常德市。

［30］太常：官名。東漢時仍爲列卿之首，秩中二千石。掌禮儀祭祀，選試博士等。三國沿置。

［31］嘉禾三年：百衲本“三”字作“二”，殿本、盧弼《集解》本、校點本作“三”。盧弼《集解》云：“《潘璋傳》璋備陸口，嘉禾三年卒。”蓋潘璋卒後孫權纔令吕岱領潘璋士衆。今從殿本等。

［32］陸口：地名。即今湖北蒲圻市西北之陸溪口，亦即陸水入長江處。

［33］蒲圻：縣名。治所在今湖北蒲圻市西梁湖南岸竷江口。

［34］唐咨：盧弼《集解》本作“唐資”，百衲本、殿本、校點本作“唐咨”。今從百衲本等。

［35］族：滅絕。

［36］三郡：指廬陵、會稽、南海。

［37］賦役：百衲本作“成役”，殿本、盧弼《集解》本、校點本作“賦役”。今從殿本等。

［38］歎息：贊美。

［39］交廣記：《隋書》《舊唐書》之《經籍志》，《新唐書·藝文志》皆未著録。

[40] 南陽：郡名。治所宛縣，在今河南南陽市。

[41] 東海：即今之東海。

[42] 脩乃：百衲本"乃"字作"用"，殿本、盧弼《集解》本、校點本作"乃"。今從殿本等。

　　潘濬卒，岱代濬領荆州文書，[1] 與陸遜並在武昌，[2] 故督蒲圻。頃之，廖式作亂，攻圍城邑，零陵、蒼梧、鬱林諸郡騷擾，[3] 岱自表輒行，星夜兼路。權遣使追拜岱交州牧，及遣諸將唐咨等駱驛相繼，攻討一年破之，斬式及遣諸所僞署臨賀太守費楊等，[4] 并其支黨，郡縣悉平，復還武昌。時年已八十，然體素精勤，躬親王事。奮威將軍張承與岱書曰：[5]"昔旦、奭翼周，[6]《二南》作歌，[7] 今則足下與陸子也。[8] 忠勤相先，勞謙相讓，功以權成，化與道合，君子歎其德，小人悅其美。加以文書鞅掌，[9] 賓客終日，罷不舍事，[10] 勞不言倦，又知上馬輒自超乘，[11] 不由跨躡，如此足下過廉頗也，[12] 何其事事快也。《周易》有之，禮言恭，德言盛，[13] 足下何有盡此美耶！"及陸遜卒，諸葛恪代遜，權乃分武昌爲兩部，[14] 岱督右部，自武昌上至蒲圻。遷上大將軍，[15] 拜子凱副軍校尉，[16] 監兵蒲圻。孫亮即位，拜大司馬。[17]

　　岱清身奉公，所在可述。初在交州，歷年不餉家，[18] 妻子飢乏。權聞之歎息，以讓羣臣曰："呂岱出身萬里，爲國勤事，家門內困，[19] 而孤不早知。股肱耳目，[20] 其責安在？"於是加賜錢米布絹，歲有常限。

　　始，岱親近吳郡徐原，[21] 慷慨有才志，[22] 岱知其可成，賜巾褠，[23]與共言論，後遂薦拔，官至侍御史。[24]原性忠壯，好直言，岱時有得失，原輒諫諍，又公論之，人或以告岱，岱歎曰："是我所以貴德淵者也。"[25]及原死，岱哭之甚哀，曰："德淵，呂岱之益友，今不幸，岱復於何聞過？"談者美之。

太平元年，年九十六卒，子凱嗣。遺令殯以素棺，疏巾布褠，葬送之制，務從約儉，[26]凱皆奉行之。

[1] 荆州：吳荆州刺史治所樂鄉城，在今湖北松滋市東北長江南岸涴鎮。（本吳增僅《三國郡縣表附考證》）

[2] 武昌：縣名。治所在今湖北鄂州市。

[3] 零陵：郡名。治所泉陵縣，在今湖南永州市。　蒼梧：郡名。治所廣信縣，在今廣西梧州市。

[4] 臨賀：郡名。治所臨賀縣，在今廣西賀縣東南賀街。

[5] 奮威將軍：官名。漢爲雜號將軍。孫吳亦置。

[6] 旦奭（shì）：周公旦、召公奭。周成王時周公爲師，召公爲保；又周公、召公分陝（今河南陝縣西南）而治，自陝以東，周公主之，自陝以西，召公主之。（見《史記》卷四《周本紀》及卷三四《燕召公世家》）

[7] 二南：指《詩·國風》中編次最前的兩組詩篇，即《周南》與《召南》。《周南》有詩十一篇，《關雎》爲其首，《麟之趾》爲其末；《召南》有詩十四篇，《鵲巢》爲其首，《騶虞》爲其末。舊說《周南》《召南》爲王化之基，故繫之周公、召公。《詩序》云："《關雎》《麟趾》之化，王者之風，故繫之周公。南，言化自北而南也。《鵲巢》《騶虞》之德，諸侯之風也，先王之所教，故繫之召公。《周南》《召南》，正始之道，王化之基。"

[8] 陸子：陸遜。

[9] 鞅掌：紛擾煩忙。

〔10〕罷：通“疲”。

〔11〕超乘：跳躍上馬。

〔12〕廉頗：戰國趙之名將。趙惠文王與趙孝成王時，廉頗皆受重用，曾爲上卿、相國，封信平君。至趙悼襄王時，使樂乘代廉頗爲將，頗怒，因攻樂乘。廉頗遂奔魏，而亦不受魏重用。後趙多次被秦兵圍困，趙王頗思廉頗，廉頗亦願回趙效力。因廉頗已老，趙王遂使人往視廉頗尚可用否，廉頗因一餐斗米，肉十斤，又被甲上馬，以示尚可用。（見《史記》卷八一《廉頗藺相如列傳》）

〔13〕德言盛：此句及上句見《易·繫辭上》。

〔14〕分武昌爲兩部：孫權赤烏八年（245）分長江中下游之軍事防務爲兩部，置武昌左部督與右部督統領之。武昌左部督掌管武昌以下防務，右部督掌管武昌以上至蒲圻的軍務。職權頗重。

〔15〕上大將軍：官名。孫吳置，與大將軍並置，位皆在三公上。而上大將軍又在大將軍上。

〔16〕副軍校尉：官名。孫吳置。領兵大臣年邁有病，則任其子爲之，協助處理軍務。

〔17〕大司馬：官名。魏文帝黃初二年（221）置，爲上公，位在三公上，第一品，掌武事。

〔18〕歷年不餉家：趙幼文《校箋》謂《北堂書鈔》卷三八引作“歷年不饋，家無餘貲”。按，《北堂書鈔》實作“歷年不餉家”。

〔19〕家門：殿本《考證》云：“《太平御覽》無‘門’字。”趙幼文《校箋》謂見《太平御覽》卷二五六。

〔20〕股肱：比喻左右輔佐大臣。

〔21〕徐原：殿本“原”字作“源”，百衲本、盧弼《集解》本、校點本作“原”，蕭常《續後漢書》亦作“原”。今從百衲本等。

〔22〕才志：趙幼文《校箋》謂蕭常《續後漢書》“志”字作“智”。

[23] 巾褠：胡三省云："《釋名》巾，謹也。二十成人，士冠，庶人巾，言當自謹，修於四教。褠，單衣，漢魏以來士庶以爲禮服。"（《通鑑》卷七七魏高貴鄉公甘露元年注）

[24] 侍御史：官名。漢代秩六百石，御史臺屬官。掌察舉非法，受公卿群吏奏事，有違失者則舉劾。三國沿置。

[25] 德淵：徐原字德淵。

[26] 約儉：百衲本作"儉約"，殿本、盧弼《集解》本、校點本作"約儉"。今從殿本等。

周魴字子魚，吳郡陽羨人也。[1]少好學，舉孝廉，爲寧國長，[2]轉在懷安。[3]錢唐大帥彭式等蟻聚爲寇，以魴爲錢唐侯相，[4]旬月之間，斬式首及其支黨，遷丹楊西部都尉。[5]黃武中，鄱陽大帥彭綺作亂，攻没屬城，乃以魴爲鄱陽太守，與胡綜勠力致討，[6]遂生禽綺，送詣武昌，加昭義校尉。[7]被命密求山中舊族名帥爲北敵所聞知者，令譎挑魏大司馬揚州牧曹休。[8]魴答，恐民帥小醜不足仗任，事或漏泄，不能致休，乞遣親人齎牋七條以誘休：

其一曰："魴以千載徼幸，得備州民，[9]遠隔江川，敬恪未顯，瞻望雲景，天實爲之。[10]精誠微薄，名位不昭，雖懷焦渴，曷緣見明？狐死首丘，[11]人情戀本，而逼所制，奉覲禮違，[12]每獨矯首西顧，未嘗不寤寐勞歎，展轉反側也。今因隙穴之際，得陳宿昔之志，非神啓之，豈能致此！不勝翹企，萬里託命。謹遣親人董岑、邵南等託叛奉牋。時事變故，列於別紙，惟明公君侯垂日月之光，[13]照遠民之趣，永令歸命者有所戴賴。"

其二曰："魴遠在邊隅，江汜分絶，[14]恩澤教化，未蒙撫及，而於山谷之間，遙陳所懷，懼以大義未見信納。夫物有感激，計因變生，古今同揆。魴仕東典郡，始願已獲，銘心立報，永（矣）〔矢〕無貳。[15]豈圖頃者中被橫譴，禍在漏刻，危於投卵，進有離合去就之宜，退有誣罔枉死之咎，雖志行輕微，存没一節，顧非其所，能不悵然！敢緣古人，因知所歸，拳拳輸情，[16]陳露肝膈。乞降春天之潤，哀拯其急，不復猜疑，絶其委命。事之宣泄，受罪不測，一則傷慈損計，二則杜絶向化者心，惟明使君遠覽前世，[17]矜而愍之，留神所質，速賜秘報。魴當候望舉動，俟須嚮應。"[18]

其三曰："魴所代故太守廣陵王靖，往者亦以郡民爲變，以見譴責，靖勤自陳釋，而終不解，因立密計，欲北歸命，不幸事露，誅及嬰孩。魴既目見靖事，且觀東主一所非薄，嬶不復厚，[19]雖或蹔舍，終見翦除。今又令魴領郡者，是欲責後效，必殺魴之趣也。雖尚視息，憂惕焦灼，未知軀命，竟在何時。人居世閒，猶白駒過隙，而常抱危怖，其可言乎！惟當陳愚，[20]重自披盡，懼以卑賤，未能采納。願明使君少垂詳察，[21]忖度其言。今此郡民，雖外名降首，而故在山草，看伺空隙，欲復爲亂，爲亂之日，魴命訖矣。東主頃者潛部分諸將，圖欲北進。吕範、孫韶等入淮，全琮、朱桓趨合肥，諸葛瑾、步騭、朱然到襄陽，陸

議、潘璋等討梅敷。[22]東主中營自掩石陽,[23]別遣從
弟孫奐治安陸城,[24]脩立邸閣,[25]輦貲運糧,以爲軍
儲,又命諸葛亮進指關西,[26]江邊諸將無復在者,才
留三千所兵守武昌耳。[27]若明使君以萬兵從皖南首江
渚,魴便從此率屬吏民,以爲内應。此方諸郡,前後
舉事,垂成而敗者,由無外援使其然耳;若北軍臨境,
傳檄屬城,思詠之民,誰不企踵?願明使君上觀天時,
下察人事,中參蓍龜,[28]則足昭往言之不虛也。」

其四曰:「所遣董岑、邵南少長家門,親之信之,
有如兒子,是以特令齎牋,託叛爲辭,目語心計,不
宣脣齒,骨肉至親,無有知者。又已敕之,到州當言
往降,欲北叛來者得傳之也。魴建此計,任之於天,
若其濟也,則有生全之福;邂近泄漏,[29]則受夷滅之
禍。常中夜仰天,告誓星辰。精誠之微,豈能上感,
然事急孤窮,惟天是訴耳。遣使之日,載生載死,形
存氣亡,魄爽怳惚。私恐使君未深保明,岑、南二人
可留其一,以爲後信。一齎教還,教還故當言悔叛還
首。東主有常科,悔叛還者,皆自原罪。如是彼此俱
塞,永無端原。[30]縣命西望,涕筆俱下。」

其五曰:「鄱陽之民,實多愚勁,帥之赴役,未即
應人,倡之爲變,聞聲響抃。[31]今雖降首,盤節未解,
山棲草藏,亂心猶存,而今東主圖興大衆,舉國悉出,
江邊空曠,屯塢虛損,惟有諸刺姦耳。[32]若因是際而
騷動此民,一旦可得便會,[33]然要恃外援,表裏機
牙,[34]不爾以往,無所成也。今使君若從皖道進住江

上，魴當從南對岸歷口爲應。[35] 若未徑到江岸，可住百里上，[36] 令此閒民知北軍在彼，即自善也。此閒民非苦飢寒而甘兵寇，苦於征討，樂得北屬，但窮困舉事，不時見應，尋受其禍耳。如使石陽及青、徐諸軍首尾相銜，[37] 牽綴往兵，使不得速退者，則善之善也。魴生在江、淮，長於時事，見其便利，百舉百捷，時不再來，敢布腹心。”

其六曰：“東主致恨前者不拔石陽，[38] 今此後舉，大合新兵，并使潘濬發夷民，人數甚多，聞豫設科條，[39] 當以新羸兵置前，[40] 好兵在後，攻城之日，云欲以羸兵填塹，使即時破，雖未能然，是事大趣也。私恐石陽城小，不能久留往兵，明使君速垂救濟，誠宜疾密。王靖之變，其鑒不遠。今魴歸命，非復在天，正在明使君耳。若見救以往，則功可必成，如見救不時，則與靖等同禍。前彭綺時，聞旌麾在逢龍，[41] 此郡民大小歡喜，並思立效。若留一月日閒，事當大成，恨去電速，東得增衆專力討綺，綺始敗耳。願使君深察此言。”

其七曰：“今舉大事，自非爵號無以勸之，乞請將軍、侯印各五十紐，郎將印百紐，[42] 校尉、都尉印各二百紐，得以假授諸魁帥，獎厲其志，并乞請幢麾數十，以爲表幟，使山兵吏民，目瞻見之，[43] 知去就之分已決，承引所救畫定。又彼此降叛，日月有人，闊狹之閒，輒得聞知。今之大事，事宜神密，若省魴牋，乞加隱秘。伏知智度有常，防慮必深，魴懷憂震灼，[44]啓事蒸仍，[45]乞未罪怪。”

　　魴因別爲密表曰：“方北有逋寇，固阻河洛，久稽王誅，自擅朔土，[46]臣曾不能吐奇舉善，上以光贊洪化，下以輸展萬一，憂心如擣，假寐忘寢。[47]聖朝天覆，含臣無效，猥發優命，敕臣以前誘致賊休，恨不如計。令於郡界求山谷魁帥爲北賊所聞知者，令與北通。臣伏思惟，喜怖交集，竊恐此人不可卒得，假使得之，懼不可信，不如令臣誑休，於計爲便。此臣得以經年之冀願，逢值千載之一會，輒自督（竭）〔勵〕，[48]竭盡頑蔽，撰立牋草以誑誘休者，如別紙。臣知無古人單複之術，[49]加卒奉大略，佀矇狼狽，[50]懼以輕愚，忝負特施，豫懷憂灼。臣聞唐堯先天而天弗違，[51]博詢芻蕘，[52]以成盛勳。朝廷神謨，欲必致休於步度之中，[53]靈贊聖規，休必自送，使六軍囊括，虜無孑遺，威風電邁，天下幸甚。謹拜表以聞，并呈牋草，懼於淺局，追用悚息。”被報施行。休果信魴，帥步騎十萬，輜重滿道，徑來入皖。魴亦合衆，隨陸遜橫截休，休幅裂瓦解，[54]斬獲萬計。

　　魴初建密計時，頻有郎官奉詔詰問諸事，[55]魴乃詣部郡門下，[56]因下髮謝，[57]故休聞之，不復疑慮。事捷軍旋，權大會諸將歡宴，酒酣，謂魴曰：“君下髮載義，成孤大事，君之功名，當書之竹帛。”加裨將軍，[58]賜爵關內侯。〔一〕[59]

　　〔一〕徐衆《評》曰：夫人臣立功效節，雖非一塗，[60]然各有分也。爲將執枹鼓，[61]則有必死之義，志守則有不假器之義，死必得所，義在不苟。魴爲郡守，職在治民，非君所命，自占誘敵，髡剔髮膚，以徇功名，雖事濟受爵，非君子所美。

　　[1] 陽羨：縣名。在今江蘇宜興市南荊溪南岸。

　　[2] 寧國：縣名。治所在今安徽寧國縣西南寧國南。

　　[3] 懷安：縣名。治所在今安徽寧國縣東南。

　　[4] 侯相：官名。侯國相由朝廷委派，執掌侯國行政大權，相當於縣令長。

　　[5] 丹楊西部都尉：官名。東漢於邊郡仍置都尉，魏晉則每郡皆置都尉一人，大郡或置二人，分爲東西部或南北部。典兵禁，備盜賊。丹楊西部都尉治所當在石城縣，在今安徽當塗縣東北。

　　[6] 胡綜：殿本《考證》云：“《太平御覽》‘胡綜’下多‘等’字。”趙幼文《校箋》謂《太平御覽》卷二五九引有“等”字。　致討：殿本、校點本作“攻討”，百衲本、盧弼《集解》本作“致討”，蕭常《續後漢書》同。今從百衲本等。

　　[7] 昭義校尉：官名。黃武中孫權置。

　　[8] 揚州：魏揚州牧治所壽春縣，在今安徽壽縣。

　　[9] 州民：吳郡屬揚州，故周魴自稱州民。

　　[10] 天實：百衲本、盧弼《集解》本“實”字作“寔”，殿本、校點本作“實”。按，二字可通，今從殿本等。

　　[11] 狐死首丘：《禮記·檀弓上》：“太公封於營丘，比及五世，皆反葬於周。君子曰：‘樂，樂其所自生；禮，不忘其本。古人有言曰：狐死正丘首，仁也。’”陳澔《集説》：“狐雖微物，丘其所窟藏之地，是亦生而樂於此矣。故及死而猶正其首以向丘，不忘其本也。倍本忘初，非仁者之用心，故以仁目之。”後世遂以“狐死首丘”喻不忘本或對鄉土的思念。

　　[12] 覿（dí）：相見，拜見。

［13］君侯：對封侯者之敬稱。當時曹休已封長平侯。

［14］江汜：江水。

［15］永矢：各本作“永矣”。盧弼《集解》云：“‘矣’疑作‘矢’。”趙幼文《校箋》云：“作‘矢’爲是。《詩·衛風·考槃》‘永矢弗諼’鄭箋：‘矢，誓也。’與此義同。”吳金華《〈三國志〉待質録》謂易培基《補注》說：“《通志》作‘永矢’無貳。”今從諸家説改。

［16］拳拳：誠摯貌。

［17］明使君：對州郡長官之尊稱。此尊稱曹休。

［18］俟須嚮應：盧弼《集解》云：“‘俟’疑作‘事’，‘嚮’當作‘響’。”趙幼文《校箋》謂《册府元龜》卷四一一引“嚮”字作“響”，作“響”字是。按，宋本《册府元龜》亦作“俟須嚮應”。又按，“嚮”通“響”。《易·繫辭上》：“其受命也如嚮。”陸德明《釋文》：“嚮，又作響。”

［19］嬅（huà）：《廣雅·釋詁一》：“嬅，好也。”趙幼文《校箋》謂《册府元龜》卷四一一引“嬅”字作“爐”，疑“嬅”蓋“爐”字之誤。《廣雅·釋詁四》：“爐，餘也。”按，宋本《册府元龜》亦作“嬅”。

［20］惟：殿本作“推”，百衲本、盧弼《集解》本、校點本作“惟”。今從百衲本等。

［21］少垂：殿本、盧弼《集解》本作“小垂”，百衲本、校點本作“少垂”。今從百衲本等。

［22］陸議：即陸遜。陸遜本名議。　梅敷：本書卷五六《朱然傳》裴注引《襄陽記》謂梅敷爲夷王，兄弟三人有部曲萬餘家屯柤中；本書卷四七《吳主傳》延康元年（220）則謂梅敷爲魏將。

［23］石陽：縣名。治所在今湖北漢川市西北。

［24］安陸城：即安陸縣城，在今湖北安陸市西北。

［25］邸閣：官府儲存糧食物資的倉庫。

［26］關西：指函谷關以西之地。

［27］三千所兵：大約三千兵。

［28］蓍（shī）龜：占卜。因古人以蓍草和龜甲占卜吉凶。

［29］邂逅：萬一。

［30］端原：原委，根由。

［31］響抃：響應拍手。

［32］刺姦：官名。此當爲督察市場非法、管理市場治安的官員。

［33］便會：有利時機。

［34］機牙：校點本作“機互”，百衲本、殿本、盧弼《集解》本作“機牙”。今從百衲本等。按，“牙”與“⽛”本易誤，“⽛”即“互”字。但“機牙”一詞，係指弩上發箭的含矢處（機）和鉤弦制動的機件（牙）。此“表裏機牙”之機牙，係以機和牙比喻互相協調配合。

［35］歷口：地名。確址未詳。盧弼《集解》推測當在今安徽貴池市西。

［36］百里：盧弼《集解》云：“此‘百里’，當指皖縣（今安徽潛山縣）百里上，非謂枝江縣之百里洲也。下文‘令此間民知北軍在彼’，謂鄱陽郡民也，若遠在上游枝江之百里洲，鄱陽之民何得知之？”

［37］青：州名。魏刺史治所臨菑縣，在今山東淄博市東北臨淄鎮北。 徐：州名。魏刺史治所彭城縣，在今江蘇徐州市。

［38］前者不拔石陽：本書卷四七《吳主傳》謂黃武五年（226）“秋七月，權聞魏文帝崩，征江夏，圍石陽，不克而還”。

［39］科條：法令。

［40］新羸兵：新增的老弱兵。

［41］旌麾：帥旗。代指曹休或其他魏將。 逢龍：地名。“逢龍與夾石相近。”（《補三國疆域志補注》）夾石亦地名，在今安徽桐城市北。

［42］郎將：即中郎將。

［43］見之：百衲本無"之"字，殿本、盧弼《集解》本、校點本有。今從殿本等。

［44］震灼：震動極大。

［45］蒸仍：謂繁長。"蒸"同"烝"。

［46］自擅朔土：趙幼文《校箋》謂《册府元龜》卷四一一引作"自擅正朔"，謂魏稱帝也。按，宋本《册府元龜》亦作"自擅朔土"，朔土謂北方。

［47］假寐：謂和衣打盹。

［48］督勵：各本皆作"督竭"。《通志》卷一二〇作"督屬"。趙幼文《校箋》謂《册府元龜》卷四一一引"竭"字作"勵"。按，"督竭"不可解，蓋因下"竭"字所誤。今從《通志》《册府元龜》改。

［49］單複之術：古代戰術之一種。猶奇正之術。古代作戰以對陣交鋒爲正，設伏掩襲等爲奇。

［50］伀（zhōng）矇：猶惶惑，恐懼不明。《字彙·人部》："伀，懼也。"《説文·目部》："矇，不明也。"

［51］先天而天弗違：此語見《周易·乾卦》。意謂"大人"的作爲先於天時，因符合天的法則，故天不會背棄他。

［52］芻蕘：割草采薪人。《詩·大雅·板》："先民有言，詢于芻蕘。"

［53］步度：算計。

［54］休幅裂瓦解：趙幼文《校箋》謂蕭常《續後漢書》"休"下有"衆"字。又按，蕭常書"幅裂"作"冰裂"。

［55］郎：官名。此當指中書郎。漢代置中書郎隸中書令。孫吳沿置，仍隸中書令。負責草擬詔書，常被派出執行重要使命。

［56］部郡：即部郡國從事史，州牧刺史之屬吏，每郡國一人，主督促文書，察舉非法。

［57］下髮：剃去頭髮。爲刑罰中的髡刑。

［58］裨將軍：官名。漢代雜號將軍之低級者。三國沿置。

［59］關內侯：爵名。漢制二十級爵之十九級，次於列侯，祇有封戶，收其租稅而無封地。魏文帝定爵制爲十等，關內侯在亭侯下，仍爲虛封，無食邑。孫吳亦沿襲。

［60］一塗：百衲本作“所塗”，殿本、盧弼《集解》本、校點本作“一塗”。今從殿本等。

［61］枹（fú）鼓：鼓槌與鼓。

賊帥董嗣負阻劫鈔，豫章、臨川並受其害。[一][1]吾粲、唐咨嘗以三千兵攻守，連月不能拔。魴表乞罷兵，得以便宜從事。魴遣間諜，授以方策，誘狙殺嗣。[2]嗣弟怖懼，詣武昌降於陸遜，乞出平地，自改爲善，由是數郡無復憂惕。

〔一〕臣松之案：孫亮太平二年始立臨川郡，[3]是時未有臨川。

［1］臨川：郡名。治所臨汝縣，在今江西臨川市西。

［2］狙殺：謂暗殺。《史記》卷五五《留侯世家》：“良與客狙擊秦皇帝博浪沙中。”司馬貞《索隱》：“應劭云：‘狙，伺也。’一曰狙，伏伺也。”

［3］太平：吳會稽王孫亮年號（256—258）。

魴在郡十三年卒，賞善罰惡，威恩並行。子處，亦有文武材幹，天紀中爲東觀令、無難督。[一][1]

〔一〕虞預《晉書》曰：處入晉，爲御史中丞，[2]多所彈糾，不避彊禦。齊萬年反，以處爲建威將軍，[3]西征，衆寡不敵，處臨陣慷慨，奮不顧命，[4]遂死於戰場，追贈平西將軍。[5]處子玘、札，皆有才力，中興之初，[6]並見寵任。其諸子侄悉處列位，[7]爲揚土豪右，而札凶淫放恣，爲百姓所苦。泰寧中，[8]王敦誅之，滅其族。

[1] 天紀：吳末帝孫晧年號（277—280）。　東觀令：官名。吳置，掌校定宮廷藏書及修史。　無難督：官名。孫吳置。統無難士，負責侍衛皇帝；亦外出征戰。又分置左、右部，稱無難左部督、無難右部督。地位頗重。

[2] 御史中丞：官名。東漢爲御史臺長官，秩千石。掌監察、執法。魏晉沿置，第四品。

[3] 建威將軍：官名。西漢末新莽時置，爲領兵將領。東漢、魏、晉沿置。魏、晉爲四品。

[4] 顧命：校點本“命”字作“身”，百衲本、殿本、盧弼《集解》本作“命”。今從百衲本等。

[5] 平西將軍：官名。曹魏時與平東、平南、平北將軍合稱四平將軍。多爲持節都督或監某一地區的軍事，有時亦作爲刺史等地方官員兼理軍務的加官。魏、晉皆三品。

[6] 中興：指東晉。

[7] 子侄：殿本“侄”字作“姪”，百衲本、盧弼《集解》本、校點本作“侄”。今從百衲本等。

[8] 泰寧：晉明帝司馬紹年號（323—326）。

鍾離牧字子幹，會稽山陰人，漢魯相意七世孫也。[一][1]少爰居永興，[2]躬自墾田，種稻二十餘畝。臨熟，縣民有識認之，牧曰：“本以田荒，故墾之耳。”遂以稻與縣人。縣長聞之，召民繫獄，欲繩以法，牧爲之請。長曰："君慕承宮，自行義事，[二]僕爲民主，當以法率下，何得寢公憲而從君邪？"[3]牧曰："此是郡界，緣君意顧，故來蹔住。今以少稻而殺此民，何心復留？"遂出裝，還山陰，長自往止之，爲釋繫民。民慚懼，率妻子春所取稻得六十斛米，[4]送還牧，牧閉門不受。民輸置道旁，莫有取者。牧由此發名。[三][5]

〔一〕《會稽典録》曰：牧父緒，樓船都尉，[6]兄駰，上計吏，[7]少與同郡謝贊、吳郡顧譚齊名。牧童齓時號爲遲訥，[8]駰常謂人曰："牧必勝我，不可輕也。"時人皆以爲不然。

〔二〕《續漢書》曰：宮字少子，琅邪人，[9]嘗在蒙陰山中耕種禾黍，[10]臨熟，人就認之，宮便推與而去，由是發名，位至左中郎將、侍中。[11]

〔三〕徐衆《評》曰：牧蹈長者之規。問者曰："如牧所行，犯而不校，[12]又從而救之，直而不有，[13]又還而不受，可不謂之仁讓乎哉？"[14]答曰："異乎吾所聞。原憲之問於孔子曰：[15]'克伐怨欲不行焉，[16]可以爲仁乎？'孔子曰：'可以爲難矣，[17]仁則吾不知也。''惡不仁者，其爲仁矣。'[18]今小民不展四體，而認人之稻，不仁甚矣，而牧推而與之，又救其罪，斯爲讓非其義，所救非人，非所謂惡不仁者。苟不惡不仁，安得爲仁哉！蒼梧嬈娶妻而美，[19]讓於其兄；尾生篤信，[20]水至不去而死；直躬好直，[21]證父攘羊；申鳴奉法，[22]盡忠於君而執其父。忠信直讓，此四行者，聖賢之所貴也。然不貴蒼梧之讓，非讓道也；不取尾生之信，非信所也；不許直躬之直，非直體也；不嘉申鳴之忠，非忠意也。今牧犯而不校，還而不取，可以爲難矣，未得爲仁讓也。夫聖人以德報德，以直報怨，而牧欲以德報怨，非也。必不得已，二者何從？吾從孔子也。"

[1] 意：《後漢書》卷四一《鍾離意傳》謂漢光武帝時意爲瑕丘令、堂陽令，漢明帝時爲尚書、尚書僕射，最後出爲魯相。

[2] 爰居：易居，遷居。《小爾雅·廣詁》：“爰，易也。”永興：縣名。治所在今浙江蕭山市。

[3] 寢：盧弼《集解》本作“寢”，百衲本、殿本、校點本作“寢”。今從百衲本等。

[4] 斛：十斗爲一斛。

[5] 發名：出名，揚名。

[6] 樓船都尉：官名。孫吳置。

[7] 上計吏：官名。東漢的郡國遣吏至京都向朝廷呈上計簿，匯報本郡國的户口、錢糧、獄訟、盜賊等情況。此事稱上計，所遣之吏稱上計吏。三國諸郡亦置。

[8] 童齔（chèn）：幼童。

[9] 琅邪人：《後漢書》卷二七《承宫傳》作“琅邪姑幕人”。姑幕縣在今山東諸城市西北。

[10] 蒙陰山：在今山東蒙陰縣南。

[11] 左中郎將：官名。秩比二千石。漢代光禄勳下設五官、左、右三署，各置中郎將統領一署，各主其署郎官，爲皇帝侍衛。

[12] 犯而不校：謂受了欺侮而不計較。語出《論語·泰伯》，曾子曰：“有若無，實若虛，犯而不校。”

[13] 直：同“植”。

[14] 謂之：百衲本“謂”作“爲”，殿本、盧弼《集解》本、校點本作“謂”。今從殿本等。

[15] 原憲之問於孔子：原憲之問及孔子之答，見《論語·憲問》。

[16] 克伐怨欲：好勝、自誇、怨恨、貪心。

[17] 難：謂難得，難能可貴。

[18] 惡不仁者其爲仁矣：此兩語見《論語·里仁》。語謂厭惡不仁德的人，他就在行仁德。

[19]蒼梧澆：《淮南子》作"蒼梧繞"。《淮南子·氾論訓》云："昔蒼梧繞娶妻而美，以讓兄。此所謂忠愛而不可行者也。"高誘注："蒼梧繞孔子時人，以妻美好，推與其兄，兄則愛矣，而違親迎曲顧之誼，故曰不可行也。"（參趙幼文《三國志集解辨證》）

[20]尾生：《莊子·盜跖》云："尾生與女子期於梁下，女子不來，水至不去，抱梁柱而死。"

[21]直躬：《論語·子路》：葉公語孔子曰："吾黨有直躬者，其父攘羊，而子證之。"孔子曰："吾黨之直者異於是：父爲子隱，子爲父隱。直在其中矣。"

[22]申鳴：《韓詩外傳》卷一〇："楚有士曰申鳴，治園以養父母，孝聞於楚。王召之，申鳴不往。其父曰：'王欲用汝，何謂辭之？'申鳴曰：'何舍爲子，乃爲臣乎？'其父曰：'使汝有禄於國，有位於廷，汝樂而我不憂矣，我欲汝之仕也。'申鳴曰'諾。'遂之朝受命，楚王以爲左司馬。其年遇白公之亂，殺令尹子西、司馬子期。申鳴因以兵之衛。白公謂石乞曰：'申鳴，天下勇士也，今將兵，爲之奈何？'石乞曰：'吾聞申鳴孝也，劫其父以兵。'使人謂申鳴曰：'子與我，則與子楚國；不與我，則殺乃父。'申鳴流涕而應之曰：'始則父之子，今則君之臣，已不得爲孝子矣，安得不爲忠臣乎！'援桴鼓之，遂殺白公，其父亦死焉。王歸賞之，申鳴曰：'受君之禄，避君之難，非忠臣也。正君之法，以殺其父，又非孝子也。行不兩全，名不兩正，悲夫！若此而生，亦何以示天下之士哉？'自刎而死。"（以上皆參盧弼《集解》）

　　赤烏五年，從郎中補太子輔義都尉，[1]遷南海太守。[一]還爲丞相長史，[2]轉司直，[3]遷中書令。[4]會建安、鄱陽、新都三郡山民作亂，[5]出牧爲監軍使者，[6]討平之。賊帥黃亂、常俱等出其部伍，以充兵役。封秦亭侯，拜越騎校尉。[7]

〔一〕《會稽典録》曰：高凉賊率仍弩等破略百姓，殘害吏民，牧越界撲討，旬日降服。又揭陽縣賊率曾夏等衆數千人，[8]歷十餘年，以侯爵雜繒千匹，下書購募，絶不可得。牧遣使慰譬，登皆首服，[9]自改爲良民。始興太守羊衜與太常滕胤書曰：[10]“鍾離子幹吾昔知之不熟，定見其在南海，[11]威恩部伍，智勇分明，加操行清純，有古人之風。”其見貴如此。在郡四年，以疾去職。

[1] 太子輔義都尉：官名。孫吳置，太子之屬官。

[2] 丞相長史：官名。丞相府幕僚之長，協助丞相署理相府諸曹，監領府事。三國兩晋時期，丞相權位極重，相府僚屬地位亦重，長史多分置左、右；丞相出征，則置行軍長史掌軍旅事，留府長史掌留守事。

[3] 司直：官名。即丞相司直。佐理丞相，檢舉不法。

[4] 中書令：官名。孫吳仿西漢之制，置爲中書長官，主草擬詔令。

[5] 建安：郡名。治所建安縣，在今福建建甌市南松溪南岸。新都：郡名。治所始新縣，在今浙江淳安縣西北。

[6] 監軍使者：官名。漢代置，爲臨時差遣監督軍務的使職。孫吳亦置。

[7] 越騎校尉：官名。東漢時爲北軍五校尉之一，秩比二千石，掌京師宿衛兵。孫吳亦置。

[8] 揭陽縣：百衲本無“縣”字，殿本、盧弼《集解》本、校點本有。今從殿本等。揭陽縣治所在今廣東揭陽縣西北。

[9] 登皆：盧弼《集解》云：“登字疑誤。”趙幼文《校箋》謂《册府元龜》卷六九二引“皆”字作“時”，是也。“登時”魏晋六朝常語，猶今語立刻。按，宋本《册府元龜》亦作“登皆”。

劉淇《助字辨略》卷二:"登,即登時,省文也";"登時,猶即時也"。

　[10] 始興:郡名。治所曲江縣,在今廣東韶關市東南蓮花嶺下。

　[11] 定見:的確看見。劉淇《助字辨略》卷四:"定,的辭也"。

　　永安六年,[1]蜀并于魏,武陵五谿夷與蜀接界,[2]時論懼其叛亂,乃以牧爲平魏將軍,[3]領武陵太守,往之郡。魏遣漢葭縣長郭純試守武陵太守,[4]率涪陵民入蜀遷陵界,[5]屯于赤沙,[6]誘致諸夷邑君,或起應純,又進攻酉陽縣,[7]郡中震懼。牧問朝吏曰:"西蜀傾覆,邊境見侵,何以禦之?"皆對曰:"今二縣山險,諸夷阻兵,不可以軍驚擾,[8]驚擾則諸夷盤結。宜以漸安,可遣恩信吏宣教慰勞。"牧曰:"不然。外境內侵,誑誘人民,當及其根柢未深而撲取之,此救火貴速之勢也。"敕外趣嚴,[9]掾史沮議者便行軍法。[10]撫夷將軍高尚說牧曰:[11]"昔潘太常督兵五萬,然後以討五谿夷耳。又是時劉氏連和,[12]諸夷率化,今既無往日之援,而郭純已據遷陵,而明府以三千兵深入,尚未見其利也。"牧曰:"非常之事,何得循舊?"即率所領,晨夜進道,緣山險行,垂二千里,從塞上,斬惡民懷異心者魁帥百餘人及其支黨凡千餘級,純等散,五谿平。遷公安督、揚武將軍,[13]封都鄉侯,徙濡須督。[一][14]復以前將軍假節,[15]領武陵太守。卒官。家無餘財,士民思之。子禕嗣,代領兵。[二]

　　〔一〕《會稽典錄》曰：牧之在濡須，深以進取可圖，而不敢陳其策，與侍中東觀令朱育宴，慨然歎息。育謂牧恨於策爵未副，[16]因謂牧曰：[17]“朝廷諸君，以際會坐取高官，亭侯功無與比，不肯在人下，見顧者猶以於邑，[18]況於侯也！”[19]牧笑而答曰：“卿之所言，未獲我心也。馬援有言，[20]人當功多而賞薄。吾功不足錄，而見寵已過當，豈以爲恨？國家不深相知，[21]而見害朝人，是以默默不敢有所陳。若其不然，當建進取之計，以報所受之恩，不徒自守而已，憤歎以此也。”育復曰：“國家已自知侯，以侯之才，無爲不成。愚謂自可陳所懷。”牧曰：“武安君謂秦王云：[22]‘非成業難，得賢難；非得賢難，用之難；非用之難，任之難。’武安君欲爲秦王并兼六國，恐授事而不見任，故先陳此言。秦王既許而不能，卒隕將成之業，賜劍杜郵。今國家知吾，不如秦王之知武安，而害吾者有過范睢。大皇帝時，陸丞相討鄱陽，[23]以二千人授吾，潘太常討武陵，吾又有三千人，而朝廷下議，棄吾於彼，使江渚諸督，不復發兵相繼。蒙國威靈自濟，今日何爲常。[24]向使吾不料時度宜，苟有所陳，至見委以事，不足兵勢，終有敗績之患，何無不成之有？”

　　〔二〕《會稽典錄》曰：牧次子盛，亦履恭讓，爲尚書郎。弟徇領兵爲將，拜偏將軍，戍西陵，[25]與監軍使者唐盛論地形勢，謂宜城、信陵爲建平援，[26]若不先城，敵將先入。盛以施績、留平智略名將，[27]屢經於彼，無云當城之者，不然徇計。後半年，晉果遣將脩信陵城。晉軍平吳，徇領水軍督，臨陣戰死。[28]

　　[1]　永安：吳景帝孫休年號（258—264）。

　　[2]　五谿：在武陵郡。武陵郡治所臨沅縣，在今湖南常德市。《水經·沅水注》：“武陵有五溪，謂雄溪、樠溪、無溪、酉溪、辰溪其一焉。夾溪悉是蠻左所居，故謂此蠻五溪蠻也。”

　　[3]　平魏將軍：官名。孫吳置。

〔4〕漢葭縣：百衲本作"漢髮縣"，殿本作"漢復縣"，盧弼《集解》本、校點本作"漢葭縣"。蕭常《續後漢書》亦作"漢葭縣"，今從盧弼《集解》本等。漢葭縣在今重慶彭水縣東北。

〔5〕涪陵：郡名。治所涪陵縣，在今重慶彭水縣。　入蜀：潘眉《考證》云："遷陵屬吳，'入蜀'當是'入吳'之訛。"　遷陵：縣名。治所在今湖南保靖縣東北。

〔6〕赤沙：城名。亦在今湖南保靖縣東北。

〔7〕酉陽縣：治所在今湖南永順縣東南。

〔8〕不可以軍：趙幼文《校箋》謂《册府元龜》卷三六二引無"軍"字。

〔9〕趣（cù）嚴：急速整裝。

〔10〕掾史：掾與史。郡縣之屬吏。郡縣皆分曹治事，掾爲曹長，史爲副。趙幼文《校箋》謂蕭常《續後漢書》作"掾吏"。按，《册府元龜》卷三六二亦作"掾史"。

〔11〕撫夷將軍：官名。建安中曹操置，爲地位較低的雜號將軍。孫吳亦置。

〔12〕又是時：校點本無"又"字，百衲本、殿本、盧弼《集解》本皆有。今從百衲本等。

〔13〕揚武：殿本、盧弼《集解》本作"陽武"，百衲本、校點本及蕭常《續後漢書》作"揚武"。今從百衲本等。

〔14〕濡須督：官名。濡須駐軍之軍事長官。濡須，地名，在今安徽無爲縣東北古濡須水畔。

〔15〕前將軍：官名。東漢時位如上卿，與左、右、後將軍掌京師兵衛與邊防屯警。三國沿置，權位漸低。

〔16〕育謂牧：百衲本、盧弼《集解》本"牧"下有"曰"字。殿本《考證》云："監本'育謂牧'下多'曰'字，今去。"故殿本無"曰"字，校點本亦無。今從殿本等。

〔17〕因謂：盧弼《集解》本"謂"字作"爲"，百衲本、殿本、校點本作"謂"。今從百衲本等。

［18］於（wū）邑：亦作“於悒”。憂鬱煩悶。

［19］況：盧弼《集解》本作“沈”，百衲本、殿本、校點本作“況”。今從百衲本等。

［20］馬援：漢光武帝時曾爲伏波將軍，率軍南征交阯等地，封爲新息侯。及全勝而回，光武帝又賜援兵車一乘，朝見位次九卿。當援軍返還將至京都時，故人多迎賀之，援謂孟冀曰：“昔伏波將軍路博德開置七郡，裁封數百戶。今我微勞，猥饗大縣，功薄賞厚，何以能長久乎？”（見《後漢書》卷二四《馬援傳》）

［21］國家：指皇帝。

［22］武安君：即白起。《史記》卷七三《白起列傳》謂白起爲秦昭王所用，初爲左庶長，繼爲國尉、大良造，至攻下楚國郢都，秦以郢爲南郡，白起遂爲武安君。其後白起屢建戰功。秦昭王四十七年（前260），長平一戰，白起盡坑趙降卒四十萬，前後斬首虜四十五萬人。次年九月，秦復發兵使五大夫王陵攻趙都邯鄲。是時白起病，不能行。次年正月，王陵攻邯鄲失敗。秦昭王欲使白起代王陵，白起認爲邯鄲未易攻，當放棄攻之。秦昭王固命白起將兵，白起稱病固辭。秦王怒，免武安君爲士伍，並遷出國都咸陽。應侯范睢又從中譖之。白起出咸陽西門至杜郵，秦王乃使使者賜白起劍自盡。白起遂自刎而死。

［23］陸丞相：即陸遜。

［24］今日何爲常：殿本《考證》云：“句內疑有脫字。”趙幼文《校箋》謂《册府元龜》卷四〇三引作“今日何可爲常”。“何”下有“可”字，是也。當補，語意乃明。

［25］西陵：縣名。治所在今湖北宜昌市東南。

［26］宜城：縣名。治所在今湖北宜城市南。 信陵：縣名。治所在今湖北秭歸縣東南。 建平：郡名。治所巫縣，在今重慶巫山縣東北。殿本《考證》謂此句北宋本作“謂宜城、信陵與建平接”。

［27］留平：百衲本、殿本、盧弼《集解》本作“留建平”。陳景雲《辨誤》云：“‘留’下衍建字，此因上有‘建平’字而復

出也。留平見《孫休傳》，平以永安六年以平西將軍率衆圍巴東，數月乃還，則平之經信陵者屢矣。"校點本正作"留平"。今從之。

　　〔28〕戰死：殿本、盧弼《集解》本"死"下有"也"字，百衲本、校點本無。今從百衲本等。

　　評曰：山越好爲叛亂，難安易動，是以孫權不遑外禦，卑詞魏氏。凡此諸臣，皆克寧內難，綏靜邦域者也。[1]呂岱清恪在公；周魴譎略多奇；鍾離牧蹈長者之規；全琮有當世之才，貴重於時，然不檢姦子，獲譏毀名云。

　　〔1〕綏靜：盧弼《集解》本作"綏靖"，百衲本、殿本、校點本作"綏靜"。今從百衲本等。

三國志 卷六一

吳書十六

潘濬陸凱傳第十六

　　潘濬字承明，武陵漢壽人也。[1]弱冠從宋仲子受學。〔一〕[2]年未三十，荊州牧劉表辟爲部江夏從事。[3]時沙羨長贓穢不脩，[4]濬按殺之，一郡震竦。後爲湘鄉令，[5]治甚有名。劉備領荊州，以濬爲治中從事。[6]備入蜀，[7]典留州事。[8]

　　〔一〕《吳書》曰：濬爲人聰察，對問有機理，山陽王粲見而貴異之。[9]由是知名，爲郡功曹。[10]

　　[1] 武陵：郡名。治所臨沅縣，在今湖南常德市。　漢壽：縣名。治所在今湖南常德市東北。

　　[2] 弱冠：古時男子二十歲成人，加冠，因體未壯，故稱弱冠。《禮記·曲禮上》：“二十曰弱，冠。”　宋仲子：名忠，字仲子，東漢末南陽（治所在今河南南陽市）人，經學家，長期依附劉表。事迹主要見本書卷四二《尹默傳》、卷六《劉表傳》裴注引

《英雄記》。

[3] 荆州：東漢末劉表爲牧，治所襄陽縣，在今湖北襄陽市襄州區。　部江夏從事：即管理江夏的部郡國從事史。東漢州牧刺史之屬吏有部郡國從事史，每郡國一人，主督促文書，察舉非法。漢代江夏郡治所西陵縣，在今湖北新洲縣西。

[4] 沙羨（yí）：縣名。治所在今湖北武漢市武昌區西南金口。不脩：謂不遵循法度。

[5] 湘鄉：縣名。治所在今湖南湘鄉市。

[6] 治中從事：官名。州牧刺史的主要屬吏，居中治事，主衆曹文書。

[7] 蜀：地區名。指今四川成都平原一帶。戰國以前爲蜀國地。

[8] 典留州事：校點本作“留典州事”，百衲本、殿本、盧弼《集解》本均作“典留州事”。本書卷四五《楊戲傳》載《季漢輔臣贊》贊潘濬文亦作“典留州事”。今從百衲本等。按，此“典留州事”，蓋謂主管留任荆州治中從事之事，至於主管荆州事者，在劉備初離荆州時，是諸葛亮與關羽，至諸葛亮入蜀後，則是關羽。故《關羽傳》云：“先主西定益州，拜羽董督荆州事。”此“董督荆州事”，亦可稱爲“典荆州事”，實爲代理荆州牧之職。

[9] 山陽：郡名。治所昌邑縣，在今山東金鄉縣西北。

[10] 功曹：官名。漢代郡太守下設功曹史，簡稱功曹，爲郡太守之佐吏，除分掌人事外，得參與一郡之政務。

孫權殺關羽，并荆土，拜濬輔軍中郎將，[1]授以兵。[一]遷奮威將軍，[2]封常遷亭侯。[3][二]權稱尊號，拜爲少府，[4]進封劉陽侯，[三][5]遷太常。[6]五谿蠻夷叛亂盤結，[7]權假濬節，[8]督諸軍討之。信賞必行，[9]法不可干，斬首獲生，蓋以萬數，自是羣蠻衰弱，一方

寧靜。[四]

〔一〕《江表傳》曰：權克荆州，將吏悉皆歸附，而濬獨稱疾不見。權遣人以牀就家輿致之，濬伏面著牀席不起，[10]涕泣交橫，哀哽不能自勝。[11]權慰勞與語，[12]呼其字曰：“承明，昔觀丁父，[13]郡俘也，武王以爲軍帥；[14]彭仲爽，[15]申俘也，文王以爲令尹。此二人，卿荆國之先賢也，[16]初雖見因，後皆擢用，爲楚名臣。卿獨不然，未肯降意，將以孤異古人之量邪？”[17]使親近以手巾拭其面，[18]濬起下地拜謝。即以爲治中，荆州諸軍事一以諮之。武陵部從事樊伷誘導諸夷，圖以武陵屬劉備，外白差督督萬人往討之。[19]權不聽，特召問濬，濬答：“以五千兵往，足可以擒伷。”權曰：“卿何以輕之？”濬曰：“伷是南陽舊姓，[20]頗能弄脣吻，而實無辯論之才。臣所以知之者，伷昔嘗爲州人設饌，比至日中，[21]食不可得，而十餘自起，此亦侏儒觀一節之驗也。”[22]權大笑而納其言，即遣濬將五千往，果斬平之。

〔二〕《吳書》曰：芮玄卒，濬并領玄兵，屯夏口。[23]玄字文表，丹楊人。[24]父祉，字宣嗣，從孫堅征伐有功，堅薦祉爲九江太守，[25]後轉吳郡，[26]所在有聲。玄兄良，字文鸞，隨孫策平定江東，[27]策以爲會稽東部都尉，[28]卒，玄領良兵，拜奮武中郎將，[29]以功封溧陽侯。[30]權爲子登揀擇淑媛，羣臣咸稱玄父祉兄良並以德義文武顯名三世，故遂娉玄女爲妃焉。黃武五年卒，[31]權甚愍惜之。

〔三〕《江表傳》曰：權數射雉，濬諫權，權曰：“相與別後，時時蹔出耳，[32]不復如往日之時也。”濬曰：“天下未定，萬機務多，射雉非急，弦絕括破，[33]皆能爲害，乞特爲臣故息置之。”濬出，見雉翳故在，[34]乃手自撤壞之。權由是自絕，[35]不復射雉。

〔四〕《吳書》曰：驃騎將軍步騭屯漚口，[36]求召募諸郡以增兵。權以問濬，濬曰：“豪將在民間，耗亂爲害，加騭有名勢，在所所媚，[37]不可聽也。"權從之。中郎將豫章徐宗，[38]有名士也，嘗到京師，與孔融交結，然儒生誕節，[39]部曲寬縱，[40]不奉節度，爲衆作殿，濬遂斬之。其奉法不憚私議，皆此類也。歸義隱蕃，[41]以口辯爲豪傑所善，濬子蕭亦與周旋，餽餉之。濬聞大怒，疏責蕭曰："吾受國厚恩，志報以命，爾輩在都，當念恭順，親賢慕善，何故與降虜交，以糧餉之？在遠聞此，心震面熱，惘悵累旬。疏到，急就往使受杖一百，促責所餉。"當時人咸怪濬，而蕃果圖叛誅夷，衆乃歸服。

《江表傳》曰：時濬姨兄零陵蔣琬爲蜀大將軍，[42]或有閒濬於武陵太守衞旌者，[43]云濬遣密使與琬相聞，欲有自託之計。旌以啓權，權曰："承明不爲此也。"即封旌表以示於濬，而召旌還，免官。

[1] 輔軍中郎將：官名。建安末孫權置，領兵。

[2] 奮威將軍：官名。爲雜號將軍。

[3] 亭侯：爵名。漢制列侯大者食縣邑，小者食鄉、亭。東漢後期遂以食鄉、亭者稱爲鄉侯、亭侯。

[4] 少府：官名。漢列卿之一，秩中二千石。東漢時掌宮中御衣、寶貨、珍膳等。三國沿置。

[5] 劉陽：縣名。治所在今湖南瀏陽市東北官渡。

[6] 太常：官名。東漢時仍爲列卿之首，秩中二千石。掌禮儀祭祀，選試博士等。三國沿置。

[7] 五谿：在武陵郡。武陵郡治所臨沅縣，在今湖南常德市。《水經·沅水注》："武陵有五溪，謂雄溪、樠溪、無溪、酉溪，辰溪其一焉。夾溪悉是蠻左所居，故謂此蠻五溪蠻也。"

[8] 假濬節：即授予潘濬假節的權力。此權力至晋代明確爲因軍事可殺犯軍令者。

[9] 信賞必行：趙幼文《校箋》謂蕭常《續後漢書》作"賞

罰必行”。

［10］牀席：趙幼文《校箋》謂《文選》陸士衡《辨亡論》李善注引無“牀”字。

［11］哀哽：百衲本作“哀哽”，殿本、盧弼《集解》本、校點本作“哀咽”。趙幼文《校箋》謂《文選》陸士衡《辨亡論》李善注引“咽”字作“哽”，蕭常《續後漢書》同。按，郝經《續後漢書》亦作“哽”。今從百衲本。

［12］權慰勞：趙幼文《校箋》謂《太平御覽》卷二六三引“權”下有“至”字。

［13］觀丁父：春秋時楚國臣。《左傳·哀公十七年》：楚子問帥于大師子穀。子穀曰：“觀丁父，鄀俘也，武王以爲軍率。”鄀，周代封國，在今湖北鍾祥市西北。春秋時屬楚國。武王，指楚武王。

［14］軍帥：殿本作“軍師”，百衲本、盧弼《集解》本、校點本作“軍帥”，蕭常及郝經之《續後漢書》皆作“軍帥”。今從百衲本等。

［15］彭仲爽：亦春秋楚臣。《左傳·哀公十七年》：子穀曰：“彭仲爽，申俘也，文王以爲令尹。”申，周代封國，在今河南南陽市北。春秋時爲楚文王所滅。文王，即指楚文王。

［16］荊國：即楚國。

［17］孤異古人之量：趙幼文《校箋》謂《文選》陸士衡《辨亡論》李善注引“異”字作“無”，於義爲長。

［18］使親近以手巾拭其面：趙幼文《校箋》謂《文選》李善注引作“便親以巾拭其面”。

［19］差（chāi）督：差，選擇。督，官名。此爲統兵武官。

［20］南陽舊姓：胡三省云：“南陽之樊，光武之母黨，故謂之舊姓。”（《通鑑》卷六八漢獻帝建安二十四年注）

［21］比至：百衲本“比”字作“北”，殿本、盧弼《集解》本、校點本作“比”，郝經《續後漢書》同。今從殿本等。

[22] 侏儒觀一節：侏儒，身材短小的藝人。桓譚《新論·道賦》引諺語云："侏儒見一節，而長短可知。"謂觀其一方面，即可知全部。

[23] 夏口：在今湖北武漢市原漢水入長江處。

[24] 丹楊：郡名。治所宛陵縣，在今安徽宣州市。

[25] 九江：郡名。東漢治所陰陵縣，在今安徽定遠縣西北；漢末治所壽春，在今安徽壽縣。

[26] 吳郡：治所吳縣，在今江蘇蘇州市。

[27] 江東：地區名。指今長江以南的江蘇、浙江、安徽一帶。詳解見本書《武帝紀》興平元年注。

[28] 會稽東部都尉：官名。漢武帝平東越後置，職如太守。治所回浦縣，在今浙江臨海市東南章安鎮，後又徙治句章縣，在今浙江餘姚市東南；三國時又移治章安縣，即西漢之回浦縣。

[29] 奮武中郎將：官名。建安中孫權置。

[30] 溧陽：縣名。治所在今江蘇高淳縣東固城鎮。

[31] 黃武：吳王孫權年號（222—229）。

[32] 時時：吳金華《校詁》卷四謂爲偶爾之義。

[33] 括：通"栝"。箭的末端，與弓弦交會處。段玉裁《說文解字注·木部》："《釋名》曰：'矢末曰栝。栝會也，與弦會也。'矢栝字，經傳多作'括'。"

[34] 雉翳：遮蔽雉之物。《方言》卷一三："翳，掩也。"郭璞注："謂掩覆也。"

[35] 自絶：趙幼文《校箋》謂《藝文類聚》卷九一（當作九○）、《太平御覽》卷九一七引"自"字作"遂"。

[36] 驃騎將軍：官名。東漢時位比三公，地位尊崇。魏、晉沿置，居諸名號將軍之首，僅作爲軍府名號，加授大臣、重要州郡長官，無具體職掌，第二品。開府者位從公，第一品。孫吳亦置。

漚口：地名。在今湖南茶陵市東南。

[37] 在所所媚：殿本《考證》云："宋本'在所'下闕一

字。"（百衲本亦作"在所所媚"）又張照曰："按，'在所'，言鷙身所在也。猶言所到之處人皆媚之云耳。"

[38] 中郎將：官名。東漢末爲統兵武職，位次將軍，秩比二千石。三國沿置。　豫章：郡名。治所南昌縣，在今江西南昌市。

[39] 誕節：放縱不拘。

[40] 部曲：本爲漢代軍隊的編制。《續漢書·百官志》云："大將軍營五部，部校尉一人，部下有曲。"因稱軍隊爲部曲。魏、晉以後，又稱私人武裝爲部曲。

[41] 歸義：歸降者。　隱蕃：本書卷六二《胡綜傳》及裴注引《吳録》謂隱蕃乃青州人，魏明帝使詐叛入吳。

[42] 零陵：郡名。治所泉陵縣，在今湖南永州市。　大將軍：官名。東漢時常兼録尚書事，與太傅、太尉等共同主持政務。三國時權任稍減，蜀漢爲最高軍事長官。

[43] 衛旌：百衲本、殿本、盧弼《集解》本"旌"字作"旍"，校點本作"旌"。按，二字同，而本書卷五二《步騭傳》及裴注引《吳録》皆作"旌"。今從校點本。

先是，濬與陸遜俱駐武昌，[1]共掌留事，還復故。時校事呂壹操弄威柄，[2]奏按丞相顧雍、左將軍朱據等，[3]皆見禁止。[4]黃門侍郎謝厷語次問壹：[5]"顧公事何如？"壹答："不能佳。"厷又問："若此公免退，誰當代之？"壹未答（厷），[6]厷曰："得無潘太常（得之）乎？"[7]壹良久曰："君語近之也。"厷謂曰："潘太常常切齒於君，但道遠無因耳。今日代顧公，恐明日便繫君矣。"壹大懼，遂解散雍事。濬求朝，詣建業，[8]欲盡辭極諫。至，聞太子登已數言之而不見從，濬乃大請百寮，欲因會手刃殺壹，以身當之，爲國除患。壹密聞知，[9]稱疾不行。濬每進見，[10]無不陳壹之姦險也。由此壹寵漸衰，後遂誅戮。權引咎責躬，因誚讓大臣，語在權傳。

赤烏二年，[11]濬卒，子矞嗣。濬女配建昌侯孫慮。[12]

〔一〕《吳書》曰：矞字文龍，拜騎都尉，[13]後代領兵，[14]早卒。矞弟祕，權以姊陳氏女妻之，調湘鄉令。

《襄陽記》曰：襄陽習溫爲荊州大公平。[15]大公平，今之州都。[16]祕過辭於溫，問曰："先君昔曰君侯當爲州里議主，[17]今果如其言，不審州里誰當復相代者？"溫曰："無過於君也。"後祕爲尚書僕射，[18]代溫爲公平，甚得州里之譽。

[1] 武昌：縣名。治所在今湖北鄂州市。

[2] 校事：官名。漢獻帝建安中曹操置，以地位較低之親信充任，負責監察百官及吏民，威權甚大。魏沿置。孫權黃武中則置典校，屬中書省，由中書郎充任，故亦稱中書典校、典校郎，負責審理諸官府及州郡文書，並監察群臣過失，後發展到控制大臣案件的刑訊及處理。當時又稱此官爲校曹、校官。又因其與曹魏校事性質相似，後人所撰史書中，便有稱之爲校事者。

[3] 左將軍：官名。東漢時位如上卿，與前、後、右將軍掌京師兵衛和邊防屯警。魏、晉亦置，第三品。權位漸低，略高於一般雜號將軍，不典禁兵，不與朝政，僅領兵征戰。孫吳亦置。

[4] 禁止：謂禁止入宮殿。

[5] 黃門侍郎：官名。即給事黃門侍郎，東漢時秩六百石。掌侍從左右，給事禁中，關通中外。初無員數，漢獻帝定爲六員，與侍中出入禁中，近侍帷幄，省尚書奏事。三國沿置，魏定爲五品。

[6] 未答：各本"未答"下皆有"太"字。蕭常《續後漢書》

作"未對"，郝經《續後漢書》作"未答"，下皆無"厷"字。今據二書删"厷"字。

[7] 潘太常：各本"太常"下有"得之"二字。蕭常與郝經之《續後漢書》皆無。今據二書删。

[8] 建業：縣名。治所在今江蘇南京市。時爲孫吳國都。

[9] 聞知：趙幼文《校箋》謂《册府元龜》卷六二三引"知"字作"之"，是。按，宋本《册府元龜》亦作"知"。

[10] 每進見：百衲本"每"字作"乃"，殿本、盧弼《集解》本、校點本作"每"，宋本《册府元龜》亦作"每"。今從殿本等。

[11] 赤烏：吳大帝孫權年號（238—251）。

[12] 建昌：侯國名。治所在今江西奉新縣西。

[13] 騎都尉：官名。孫吳時統羽林兵，宿衛左右。

[14] 領兵：孫吳實行世襲領兵制，父祖所領之兵，子孫得繼承領有。

[15] 大公平：官名。孫吳的大中正稱大公平。

[16] 州都：即州大中正。官名。魏文帝黄初初郡置中正，評定本郡士人之品第。魏齊王芳時又在郡中正之上，設州大中正，核實中正所報之品狀，主管州内士人品第之評定，並有推舉和罷免郡中正之權力（須通過司徒府）。爲大中正者，須屬州内"鄉品"二品之高門士族，並須現任中央官職者兼任。

[17] 昔曰：百衲本作"昔日"，殿本、盧弼《集解》本作"昔因"，校點本作"昔曰"。今從校點本。趙幼文《校箋》謂《太平御覽》卷四四四引《襄陽耆舊記》："潘濬（原書誤作'記'）見習溫（原書誤作'溫習'）十數歲時，曰：'此兒名士，必爲吾州議主（趙引誤作'士'）。'"據此當作"曰"。 議主：百衲本"主"字作"王"，今從殿本、盧弼《集解》本、校點本作"主"。

[18] 尚書僕射（yè）：官名。東漢爲尚書臺次官，秩六百石，職權重，若公爲之，增秩至二千石。職掌拆閱封緘章奏文書，參議政事，諫諍駁議，監察百事。令不在，則代理其職。漢獻帝建安四

陸凱字敬風，吳郡吳人，[1]丞相遜族子也。黄武初爲永興、諸暨長，[2]所在有治迹，[3]拜建武都尉，[4]領兵。雖統軍衆，手不釋書。好《太玄》[5]，論演其意，以筮輒驗。赤烏中，除儋耳太守，[6]討朱崖，[7]斬獲有功，遷爲建武校尉。[8]五鳳二年，[9]討山賊陳毖於零陵，斬毖克捷，拜巴丘督、偏將軍，[10]封都鄉侯，[11]轉爲武昌右部督。[12]與諸將共赴壽春，[13]還，累遷盪魏、綏遠將軍。[14]孫休即位，拜征北將軍，[15]假節、領豫州牧。[16]孫皓立，遷鎮西大將軍，[17]都督巴丘，[18]領荆州牧，[19]進封嘉興侯。[20]孫皓與晉平，[21]使者丁忠自北還，説皓弋陽可襲，[22]凱諫止，語在皓傳。寶鼎元年，[23]遷左丞相。[24]

皓性不好人視己，羣臣侍見，莫敢迕。[25]凱説皓曰：“夫君臣無不相識之道，若卒有不虞，不知所赴。”皓聽凱自視。

皓時徙都武昌，[26]揚土百姓泝流供給，以爲患苦，又政事多謬，黎元窮匱。凱上疏曰：

臣聞有道之君，以樂樂民；無道之君，以樂樂身。樂民者，其樂彌長；樂身者，不久而亡。[27]夫民者，國之根也，誠宜重其食，愛其命。民安則君安，民樂則君樂。自頃年以來，君威傷於桀、紂，[28]君明闇於姦雄，君惠閉於羣孽。[29]無災而民命盡，無爲而國財空，辜無罪，[30]賞無功，使君有謬誤之愆，天爲作妖。而諸公卿媚上以求愛，困民以求饒，導君於不義，敗政於淫俗，臣竊爲痛心。今鄰國交好，四邊無事，當務息役養士，實其廩庫，以待天時。而更傾動天心，騷擾萬姓，使民不安，[31]大小呼嗟，此非保國養民之術也。

臣聞吉凶在天，猶影之在形，響之在聲也，形動則影動，形止則影止，此分數乃有所繫，非在口之所進退也。昔秦所以亡天下者，但坐賞輕而罰重，政刑錯亂，民力盡於奢侈，目眩於美色，志濁於財寶，邪臣在位，賢哲隱藏，百姓業業，[32]天下苦之，是以遂有覆巢破卵之憂。漢所以彊者，躬行誠信，聽諫納賢，惠及負薪，躬請巖穴，[33]廣采博察，以成其謀。此往事之明證也。

近者漢之衰末，三家鼎立，曹失綱紀，晉有其政。又益州危險，[34]兵多精彊，閉門固守，可保萬世，而劉氏與奪乖錯，賞罰失所，君恣意於奢侈，民力竭於不急，是以爲晉所伐，[35]君臣見虜。此目前之明驗也。

臣闇於大理，文不及義，智慧淺劣，無復冀望，竊爲陛下惜天下耳。臣謹奏耳目所聞見，百姓所爲煩苛，刑政所爲錯亂，願陛下息大功，損百役，務寬盪，[36]忽苛政。[37]

又武昌土地，實危險而塉确，[38]非王都安國養民之處，船泊則沈漂，陵居則峻危，且童謠言：[39]‘寧飲建業水，不食武昌魚；寧還建業死，不止武昌居。’臣聞翼星爲變，^[40]熒惑作妖，^[41]童謠之言，生於天心，乃以安居而比死，足明天意，知民所苦也。

臣聞國無三年之儲，謂之非國，^[42]而今無一年之畜，此臣下之責也。而諸公卿位處人上，禄延子孫，曾無致命之節、匡救之術，苟進小利於君，以求容媚，荼毒百姓，不爲君計也。自從孫弘造義兵以來，耕種既廢，所在無復輸入，而分一家父子異役，廪食日張，畜積日耗，民有離散之怨，國有露根之漸，^[43]而莫之恤也。民力困窮，鬻賣兒子，調賦相仍，^[44]日以疲極，所在長吏，^[45]不加隱括，^[46]加有監官，^[47]既不愛民，務行威勢，所在騷擾，更爲煩苛，民苦二端，財力再耗，此爲無益而有損也。願陛下一息此輩，矜哀孤弱，以鎮撫百姓之心。此猶魚鱉得免毒螫之淵，鳥獸得離羅網之綱，四方之民繦負而至矣。^[48]如此，民可得保，先王之國存焉。

臣聞五音令人耳不聰，^[49]五色令人目不明，^[50]此無益於政、有損於事者也。自昔先帝時，後宮列女，及諸織絡，^[51]數不滿百，米有畜積，貨財有餘。先帝崩後，幼、景在位，^[52]更改奢侈，不蹈先迹。伏聞織絡及諸徒坐，^[53]乃有千數，計其所長，不足爲國財，然坐食官廪，歲歲相承，此爲無益，願陛下料出賦嫁，^[54]給與無妻者。如此，上應天心，下合地意，天下幸甚。

臣聞殷湯取士於商賈，[55]齊桓取士於車
轅，[56]周武取士於負薪，[57]大漢取士於奴僕。[58]
明王聖主取士以賢，不拘卑賤，故其功德洋溢，
名流竹素，[59]非求顏色而取好服、捷口、容悅者
也。臣伏見當今內寵之臣，位非其人，任非其量，
不能輔國匡時，羣黨相扶，害忠隱賢。願陛下簡
文武之臣，各勤其官，州牧督將，藩鎮方外，公
卿尚書，務脩仁化，上助陛下，下拯黎民，各盡
其忠，拾遺萬一，則康哉之歌作，[60]刑錯之理
清。[61]願陛下留神思臣愚言。

時殿上列將何定佞巧便辟，[62]貴幸任事，凱面責
定曰：“卿見前後事主不忠，傾亂國政，寧有得以壽終
者邪！[63]何以專為佞邪，[64]穢塵天聽？宜自改厲。不
然，方見卿有不測之禍矣。”定大恨凱，思中傷之，凱
終不以為意，乃心公家，義形於色，表疏皆指事不飾，
忠懇內發。

建衡元年，[65]疾病，晧遣中書令董朝問所欲
言，[66]凱陳：“何定不可任用，宜授外任，不宜委以國
事。奚熙小吏，建起浦里田，[67]欲復嚴密故迹，亦不
可聽。姚信、樓玄、賀卲、張悌、郭逴、薛瑩、滕脩
及族弟喜、抗，或清白忠勤，或姿才卓茂，皆社稷之
楨幹，國家之良輔，願陛下重留神思，訪以時務，各
盡其忠，拾遺萬一。”遂卒，時年七十二。

子禕，初為黃門侍郎，出領部曲，拜偏將軍，凱
亡後，入為太子中庶子。[68]右國史華覈表薦禕曰：[69]

"禕體質方剛，器幹彊固，董率之才，魯肅不過。及被召當下，徑還赴都，道由武昌，曾不迴顧，器械軍資，一無所取，在戎果毅，臨財有節。夫夏口，賊之衝要，宜選名將以鎮戍之，臣竊思惟，莫善於禕。"

初，晧常銜凱數犯顏忤旨，加何定譖構非一，既以重臣，難繩以法，又陸抗時爲大將在疆場，故以計容忍。抗卒後，竟徙凱家於建安。[70]

或曰寶鼎元年十二月，凱與大司馬丁奉、御史大夫丁固謀，[71]因晧謁廟，欲廢晧立孫休子。時左將軍留平領兵先驅，故密語平，平拒而不許，誓以不泄，是以所圖不果。太史郎陳苗奏晧久陰不雨，[72]風氣迴逆，將有陰謀，晧深警懼云。〔一〕

〔一〕《吳錄》曰：舊拜廟，選兼大將軍領三千兵爲衞，[73]凱欲因此兵圖之，[74]令選曹白用丁奉。[75]晧偶不欲，曰："更選。"凱令執據，雖蹔兼，然宜得其人。晧曰："用留平。"凱令其子禕以謀語平。平素與丁奉有隙，禕未及得宣凱旨，平語禕曰："聞野豬入丁奉營，此凶徵也。"有喜色。禕乃不敢言，還，因具啓凱，故輒止。

[1] 吳人：殿本、盧弼《集解》本"人"下有"也"字；百衲本、校點本無。按，下句已有"也"字，不重較好，故從百衲本等。

[2] 永興：縣名。治所在今浙江蕭山市。 諸暨：縣名。治所在今浙江諸暨市。

[3] 所在：百衲本作"在所"，殿本、盧弼《集解》本、校點本作"所在"，郝經《續後漢書》同。今從殿本等。

　　［4］建武都尉：官名。孫吳置，領兵。

　　［5］太玄：又稱《太玄經》或《揚子太玄經》。西漢揚雄撰。今傳本十卷。揚雄以爲經莫大於《易》，故仿《易》而作此書。書中以“玄”爲中心思想，認爲玄可使人“知陰知陽，知止知行，知晦知明”，認識宇宙萬物。

　　［6］儋耳：郡名。漢武帝元鼎六年（前111）置，治所儋耳縣，在今海南儋州市西北南灘。漢昭帝始元五年（前82）廢。錢大昭《辨疑》云：“儋耳郡自漢昭帝既罷之後，不知復置於何時。吳郡陸凱赤烏中爲儋耳太守。”洪亮吉《補三國疆域志》則云：“考吳時未嘗復儋耳郡。《陸凱傳》‘除儋耳太守’。蓋因討朱崖郡，使虛領其名耳。”

　　［7］朱崖：郡名。漢武帝元鼎六年置，治所瞫都縣，在今海南海口市瓊山區東南。漢元帝初元三年（前46）廢。吳增僅《三國郡縣表附考證》云“前漢舊郡，《晉志》吳赤烏五年復立。疑治徐聞”。徐聞縣治所在今廣東徐聞縣南。

　　［8］建武校尉：官名。孫權赤烏中置，領兵。

　　［9］五鳳：吳會稽王孫亮年號（254—256）。

　　［10］巴丘督：官名。吳巴丘駐軍的軍事長官。巴丘在今湖南岳陽市西南。　偏將軍：官名。漢雜號將軍中地位較低者。三國沿置。

　　［11］都鄉侯：爵名。列侯食邑爲都鄉（近城之鄉）者，稱都鄉侯。位次於縣侯，高於鄉侯。

　　［12］武昌右部督：官名。孫權赤烏八年（245），分長江中下游之軍事防務爲兩部，置武昌左部督與右部督統領之。武昌左部督掌管武昌以下防務，右部督掌管武昌以上至蒲圻的軍務。職權頗重。武昌縣治所在今湖北鄂州市。蒲圻縣治所在今湖北蒲圻市西梁湖南岸競江口。

　　［13］壽春：縣名。治所在今安徽壽縣。

　　［14］盪魏綏遠將軍：即盪魏將軍與綏遠將軍。皆官名。爲孫

權所置。

[15] 征北將軍：官名。漢獻帝興平中置。曹操執政後，列爲四征將軍之一，多爲持節都督，出鎮方面，地位顯要，秩二千石。魏文帝黃初中，位次三公，第二品。孫權亦置。

[16] 豫州：魏此時之刺史治所在安成縣，在今河南正陽縣東北南汝河西南岸。按，豫州爲魏地，而孫權稱帝後，吳蜀曾結盟中分天下，豫州屬吳，故有此授，但僅空名遙領而已。

[17] 鎮西大將軍：官名。職掌與鎮西將軍同，唯資深者爲大將軍。孫吳亦置。

[18] 都督：官名。孫吳於瀕江要地皆置都督，爲該地駐軍之軍事長官。權輕者但稱督。有時都督可統領若干督。

[19] 荆州：吳荆州牧治所樂鄉城，在今湖北松滋市東北長江南岸涴市。（本吳增僅《三國郡縣表附考證》）

[20] 嘉興：縣名。治所在今浙江嘉興市南。

[21] 平：講和。

[22] 弋陽：郡名。治所弋陽縣，在今河南潢川縣西。

[23] 寶鼎：吳末帝孫晧年號（266—269）。

[24] 左丞相：官名。漢末建安十三年（208）曹操復置丞相，魏罷置。吳亦置丞相，又一度分置左、右。

[25] 精莫敢迕：殿本、盧弼《集解》本、校點本“精”字作“皆”，百衲本作“精”。盧弼《集解》云：“《通鑑》作‘莫敢舉目’。”趙幼文《校箋》謂《太平御覽》卷二〇四、《册府元龜》卷三二六引“精”字作“睛”，蕭常《續後漢書》同（按，郝經書亦同）。精即睛字，“精莫敢迕”謂不敢正視。按，趙説是，今從百衲本。《正字通·米部》：“精，目中黑粒有光者曰精。今通作睛。”

[26] 晧時：校點本無“時”字，百衲本、殿本、盧弼《集解》本皆有。今從百衲本等。

[27] 不久：校點本作“不樂”，百衲本、殿本、盧弼《集解》本、蕭常及郝經之《續後漢書》皆作“不久”。今從百衲本等。吳

金華《〈三國志集解〉箋記》謂"臣聞"以下三十字為《黃石公記》的内容。

[28] 桀紂：夏桀、商紂，爲夏朝、商朝的末代君主，皆殘暴無道，導致了國家的滅亡。（見《史記》卷二《夏本紀》及卷三《殷本紀》）

[29] 閉於：百衲本"閉"字作"閑"，殿本、盧弼《集解》本、校點本、蕭常及郝經之《續後漢書》皆作"閉"。今從殿本等。

[30] 辜：懲處。

[31] 使民不安：趙幼文《校箋》謂《建康實録》作"民吏不安"。

[32] 業業：危懼貌。

[33] 巖穴：指隱居之士。

[34] 危險：指險要之地。

[35] 爲晋所伐：按，伐蜀者爲魏非晋，雖當時魏政權在司馬氏手中，但司馬氏仍是魏臣。

[36] 寬盪：寬放，寬鬆。《漢書》卷七四《丙吉傳》："候伺組、徵卿，不得令晨夜去皇孫敖盪。"顏師古注："敖，游戲也。盪，放也。盪讀與蕩同。"

[37] 忽：周壽昌《注證遺》云："《詩·大雅》'是絶是忽'傳：'忽，滅也。'此'忽'字，即是除滅之意。"

[38] 塉（jí）确：亦作"塉埆"。土地貧瘠而多石。

[39] 童謡：胡三省云："此苦於溯流供給而爲是謡也。"（《通鑑》卷七九晋武帝泰始二年注）

[40] 翼星：星宿名。二十八宿之一。南方朱雀七宿中的第六宿，凡二十二星。《晋書·天文志上》："翼，二十二星，天之樂府，主俳倡戲樂。"故後世藝人所祀之神亦名"翼宿星"，又名"小兒星""老郎星"。

[41] 熒惑：星名。即火星。《漢書·天文志》云："惑爲亂爲

賊，爲疾爲喪，爲饑爲兵，所居之宿國受殃。"

〔42〕謂之非國：《禮記·王制》云："國無九年之蓄曰不足，無六年之蓄曰急，無三年之蓄曰國非其國也。"

〔43〕露根之漸：胡三省云："以木爲喻也。木之所以能生殖者，以有根本也。根漸露，則其本將撥。"（《通鑑》卷七九晋武帝泰始二年注）

〔44〕調賦：調，指户調，是政府對農户徵收的實物税。孫吳的具體徵收法，尚不清楚。晋平吳後製定的户調之式：丁男之户，歲輸絹三匹、綿三斤，女及次丁男爲户者半。其諸邊郡或三分之二，遠者三分之一。夷人輸賨布，户一匹，遠者或一丈。（見《晋書·食貨志》）這雖是西晋之制，但以歷代統治者的慣例觀之，凡新降附之民，統治者爲了籠絡民心，表示自己寬仁，總會降低賦税。故孫吳之户調，祇會比西晋重，不可能太輕。賦，指田租。孫吳之具體徵法，亦不清楚。

〔45〕長吏：指縣令、長。

〔46〕隱括：審度。

〔47〕監官：孫吳於各要地置以統兵的官，爲該地駐軍之將領。

〔48〕繦：背小兒的布帶。

〔49〕五音：我國古代五聲音階中的五個音級，即宫、商、角、徵、羽。故五音亦指音樂。《韓非子·十過》："不務治聽而好五音，則窮身之事也。"

〔50〕五色：指青、赤、白、黑、黄五種顏色。古代以此五色爲正色。五色亦指各種顏色。《老子》第十二章云："五色令人目盲，五音令人耳聾。"

〔51〕織絡：指宫中從事織紝的宫女。

〔52〕幼：指幼帝孫亮。　景：指景帝孫休。

〔53〕諸徒坐：指因親人犯罪而受牽連没入宫服雜役的女子。

〔54〕賦嫁：配嫁。

〔55〕殷湯取士：謂取伊尹。《鶡冠子》卷下云："伊尹酒保，

太公屠牛。"陸佃注:"保,傭保也。"(參盧弼《集解》)是伊尹曾為商賈之事。

[56] 齊桓:春秋時之齊桓公。《呂氏春秋·離俗覽·舉難》:"寧戚欲干齊桓公,窮困,無以自進,於是為商旅,將任車以至齊,暮宿於郭門之外。桓公郊迎客,夜開門,辟任車,爝火甚盛,從者甚衆。寧戚飯牛居車下,望桓公而悲,擊牛角疾歌。桓公聞之,撫其僕之手曰:'異哉!之歌者,非常人也。'命後車載之。桓公反至,從者以請,桓公賜之衣冠,將見之。寧戚見,説桓公以治境内;明日復見説桓公以為天下。桓公大説,將任之。"

[57] 周武:周武王。《太平御覽》卷八四引《呂氏春秋》曰:"旦所朝窮巷之中甕牖之士者七十人。文王造之而未遂,武王遂而未成。周公旦抱少主而成之,故曰成王。"

[58] 奴僕:漢高祖劉邦所用之人,除有屠狗、織薄(蠶具)、販繒等外,還有徒奴。如黥布,秦時本姓英,因犯法被黥(臉上刺黑字),輸驪山為徒。後聚衆起兵,初屬項梁、項羽,後又投劉邦。劉邦立布為淮南王。(見《史記》卷九一《黥布列傳》)再如季布,先在項羽部下領兵為將,曾數次逼困劉邦,項羽滅亡後,劉邦懸賞捉季布。季布被迫,由濮陽周氏引賣與魯朱家為奴。朱家後説劉邦,劉邦赦季布,並召拜季布為郎中。(見《史記》卷一〇〇《季布列傳》)

[59] 竹素:竹簡和素絹。多指史册、書籍。

[60] 康哉之歌:《尚書·皋陶謨》:"乃賡載歌曰:元首明哉!股肱良哉!庶事康哉!"後世因以"康哉"之歌泛指歌頌太平之歌。

[61] 刑錯:謂置刑法而不用。《史記·周本紀》:"故成康之際,天下安寧,刑錯四十餘年不用。"裴駰《集解》引應劭曰:"錯,置也。民不犯法,無所置刑。"

[62] 便辟:諂媚逢迎。

[63] 壽終者邪:趙幼文《校箋》謂《群書治要》卷二八引無

"邪"字，疑"邪"字衍文。按，郝經《續後漢書》亦有"邪"字，蕭常《續後漢書》"邪"字作"乎"，則"邪"字非衍文。

〔64〕佞邪：殿本、盧弼《集解》本作"姦邪"，百衲本、校點本作"佞邪"。今從百衲本等。

〔65〕建衡：吳末帝孫皓年號（269—271）。

〔66〕中書令：官名。孫吳仿西漢之制，置爲中書長官，主草擬詔令。

〔67〕浦里：塘堰名。孫休永安三年（260）都尉嚴密於丹陽湖興築，在今安徽當塗縣東南大官汙南部一帶。

〔68〕太子中庶子：官名。東漢時屬太子少傅，秩六百石，置五員，職如侍中。三國沿置，掌侍從、奏事、諫議等。

〔69〕右國史：官名。孫吳置，爲史官。與左國史同掌修國史。多以他官兼領。

〔70〕徙：百衲本、殿本、盧弼《集解》本皆作"徙"。校點本1959年12月第1版誤作"徒"，1982年7月第2版已改正。建安：郡名。治所建安縣，在今福建建甌市南松溪南岸。

〔71〕大司馬：官名。東漢初改大司馬爲太尉，爲三公之一。漢靈帝時，又與太尉並置，而位在三公上。三國因之，號上公，皆爲高級將帥，不預政務。吳一度分置左、右。　御史大夫：官名。西漢初，爲丞相副貳，丞相位缺，往往以御史大夫遞補。主要職掌爲監察、執法。東漢不置。漢末曹操置丞相，又復置御史大夫。魏文帝曹丕建立魏朝後又罷之。孫吳卻置，又分置左、右。

〔72〕太史郎：官名。孫吳置，屬太史令，掌觀測天文氣象，推算曆法。

〔73〕大將軍：官名。東漢時常兼録尚書事，與太傅、太尉等共同主持政務。漢末位在三公上。三國時權任稍減，但曹魏時仍爲上公，第一品。

〔74〕圖之：殿本、盧弼《集解》本、校點本"圖"上有"以"字，百衲本無，郝經《續後漢書》苟宗道注引亦無。今從百

衲本。

〔75〕選曹：尚書臺曹名。有選曹尚書和選曹郎。主管銓選官吏及其事務。

予連從荊、揚來者得凱所諫皓二十事，[1]博問吳人，多云不聞凱有此表。又按其文殊甚切直，恐非皓之所能容忍也。或以爲凱藏之篋笥，未敢宣行，病困，皓遣董朝省問欲言，因以付之。虛實難明，故不著于篇，然愛其指摘皓事，足爲後戒，故鈔列于凱傳左云。

皓遣親近趙欽口詔報凱前表曰："孤動必遵先帝，[2]有何不平？君所諫非也。又建業宮不利，故避之，而西宮室宇摧朽，[3]須謀移都，何以不可徙乎？"凱上疏曰：

臣竊見陛下執政以來，陰陽不調，五星失晷，[4]職司不忠，姦黨相扶，是陛下不遵先帝之所致。〔一〕[5]夫王者之興，受之於天，脩之由德，豈在宮乎？而陛下不諮之公輔，便盛意驅馳，六軍流離悲懼，[6]逆犯天地，天地以災，童歌其謠。縱令陛下一身得安，百姓愁勞，何以用治？此不遵先帝一也。

臣聞有國以賢爲本，夏殺龍逢，[7]殷獲伊摯，[8]斯前世之明效，今日之師表也。中常侍王蕃黄中通理，[9]處朝忠謇，斯社稷之重鎮，大吳之龍逢也，而陛下忿其苦辭，惡其直對，梟之殿堂，屍骸暴棄。邦内傷心，有識悲悼，咸以吳國夫差復存。[10]先帝親賢，陛下反之，是陛下不遵先帝二也。

　　臣聞宰相國之柱也，不可不彊，是故漢有蕭、曹之佐，[11] 先帝有顧、步之相。[12] 而萬或瑣才凡庸之質，昔從家隸，超步紫闥，[13] 於或已豐，於器已溢，而陛下愛其細介，不訪大趣，榮以尊輔，越尚舊臣。賢良憤惋，智士赫咤，是不遵先帝三也。

　　先帝愛民過於嬰孩，[14] 民無妻者以妾妻之，見單衣者以帛給之，枯骨不收而取埋之。[15] 而陛下反之，是不遵先帝四也。

　　昔桀、紂滅由妖婦，[16] 幽、厲亂在嬖妾，[17] 先帝鑒之，以爲身戒，故左右不置淫邪之色，後房無曠積之女。今中宮萬數，[18] 不備嬪嬙，[19] 外多鰥夫，女吟於中。風雨逆度，正由此起，是不遵先帝五也。

　　先帝憂勞萬機，猶懼有失。陛下臨阼以來，游戲後宮，眩惑婦女，乃令庶事多曠，下吏容姦，是不遵先帝六也。

　　先帝篤尚朴素，服不純麗，宮無高臺，物不彫飾，故國富民充，姦盜不作。而陛下徵調州郡，竭民財力，[20] 土被玄黃，宮有朱紫，是不遵先帝七也。

　　先帝外仗顧、陸、朱、張，[21] 内近胡綜、薛綜，是以庶績雍熙，[22] 邦内清肅。今者外非其任，内非其人，陳聲、曹輔，斗筲小吏，[23] 先帝之所棄，而陛下幸之，是不遵先帝八也。[24]

先帝每宴見羣臣，抑損醇醲，[25]臣下終日無失慢之尤，百寮庶尹，並展所陳。而陛下拘以視瞻之敬，懼以不盡之酒。夫酒以成禮，過則敗德，此無異商辛長夜之飲也，[26]是不遵先帝九也。

昔漢之桓、靈，[27]親近宦豎，大失民心。今高通、詹廉、羊度，黃門小人，[28]而陛下賞以重爵，權以戰兵。[29]若江渚有難，烽燧互起，則度等之武不能禦侮明也，[30]是不遵先帝十也。

今宮女曠積，而黃門復走州郡，條牒民女，[31]有錢則舍，無錢則取，怨呼道路，母子死訣，是不遵先帝十一也。

先帝在時，亦養諸王太子，[32]若取乳母，其夫復役，[33]賜與錢財，給其資糧，時遣歸來，視其弱息。[34]今則不然，夫婦生離，夫故作役，兒從後死，家爲空户，是不遵先帝十二也。

先帝歎曰："國以民爲本，民以食爲天，衣其次也，三者，孤存之於心。"今則不然，農桑並廢，是不遵先帝十三也。

先帝簡士，不拘卑賤，任之鄉閭，效之於事，舉者不虛，受者不妄。今則不然，浮華者登，[35]朋黨者進，是不遵先帝十四也。

先帝戰士，不給他役，使春惟知農，秋惟收稻，江渚有事，責其死效。今之戰士，供給衆役，廩賜不贍，是不遵先帝十五也。

夫賞以勸功，罰以禁邪，賞罰不中，則士民散失。[36]今江邊將士，死不見哀，勞不見賞，是不遵先帝十六也。

今在所監司，已爲煩猥，兼有內使，擾亂其中，一民十吏，何以堪命？昔景帝時，交阯反亂，[37]實由茲起，是爲遵景帝之闕，不遵先帝十七也。

夫校事，吏民之仇也。[38]先帝末年，雖有呂壹、錢欽，尋皆誅夷，以謝百姓。今復張立校曹，[39]縱吏言事，是不遵先帝十八也。

先帝時，居官者咸久於其位，然後考績黜陟。今州郡職司，[40]或蒞政無幾，便徵召遷轉，迎新送舊，紛紜道路，傷財害民，於是爲甚，是不遵先帝十九也。

先帝每察竟解之奏，[41]常留心推按，是以獄無冤囚，死者吞聲。今則違之，是不遵先帝二十也。

若臣言可錄，藏之盟府；[42]如其虛妄，治臣之罪。願陛下留意。〔二〕

〔一〕《江表傳》載凱此表曰："臣拜受明詔，心與氣結。陛下何心之難悟，意不聽之甚也！"

〔二〕《江表傳》曰：晧所行彌暴，凱知其將亡，上表曰："臣聞惡不可積，過不可長；積惡長過，喪亂之源也。是以古人懼不聞非，故設進善之旌，[43]立敢諫之鼓。武公九十，[44]思聞警戒，《詩》美其德，士悅其行。臣察陛下無思警戒之義，而有積惡之漸，臣深憂之，此禍兆見矣。故略陳其要，寫盡愚懷。陛下宜克己復禮，述履前德，[45]不可捐棄臣言，[46]而放奢意。意奢情至，[47]吏日欺民；民離則上不信下，下當疑上，骨肉相克，公子相奔。[48]臣雖愚，闇於天命，以心審之，敗不過二十稔也。臣常念亡國之人夏桀、殷紂，亦不可使後人復念陛下也。臣受國恩，奉朝三世，復以餘年，值遇陛下，不能循俗，與衆沈浮。若比干、伍員，[49]以忠見戮，以正見疑，自謂畢足，無所餘恨，灰身泉壤，無負先帝，願陛下九思，社稷存焉。”初，晧始起宮，凱上表諫，不聽，凱重表曰：“臣聞宮功當起，夙夜反側，是以頻煩上事，往往留中，不見省報，於邑歎息，企想應罷。昨食時，被詔曰：‘君所諫，[50]誠是大趣，然未合鄙意，如何？此宮殿不利，宜當避之，乃可以妨勞役，長坐不利宮乎？父之不安，子亦何倚？’臣拜紙詔，伏讀一周，不覺氣結於胸，而涕泣雨集也。臣年已六十九，榮祿已重，於臣過望，復何所冀？所以勤勤數進苦言者，[51]臣伏念大皇帝創基立業，勞苦勤至，白髮生於鬢膚，黃耇被於甲胄。[52]天下始靜，晏駕早崩，自含息之類，能言之倫，無不歔欷，如喪考妣。幼主嗣統，柄在臣下，軍有連征之費，民有彫殘之損。賊臣干政，公家空竭。今彊敵當塗，西州傾覆，[53]孤罷之民，[54]宜當畜養，廣力肆業，以備有虞。且始徙都，[55]屬有軍征，戰士流離，州郡騷擾，而大功復起，徵召四方，斯非保國致治之漸也。臣聞為人主者，禳災以德，[56]除咎以義。故湯遭大旱，[57]身禱桑林，熒惑守心，宋景退殿，[58]是以旱魃銷亡，妖星移舍。[59]今宮室之不利，但當克己復禮，篤湯、宋之至道，[60]愍黎庶之困苦，何憂宮之不安，災之不銷乎？陛下不務脩德，而務築宮室，若德之不脩，行之不貴，[61]雖殷辛之瑤臺，[62]秦皇之阿房，[63]何止而不喪身覆國，宗廟作墟乎？夫興土功，高臺榭，既致水旱，民又多疾，其不疑也。為父長安，使子無倚，[64]此乃子離於父，臣離於陛下之象也。臣子一離，雖念克骨，[65]茅茨不翦，[66]復何益焉？是以大皇帝居于南宮，自謂過於阿房。故先朝大臣，以為宮室宜厚，備衛非常，大皇帝曰：'逆虜游魂，當愛育百姓，何聊趣於不急?'然臣下懇惻，由不獲已，故裁調近郡，苟副眾心，比當就功，猶豫三年。當此之時，寇鈔懾威，不犯我境，師徒奔北，且西阻岷、漢，[67]南州無事，[68]尚猶沖讓，未肯築宮，況陛下危側之世，又乏大皇帝之德，可不慮哉?[69]願陛下留意，臣不虛言。"[70]

[1] 荆：州名。晋平吴後，刺史治所江陵縣，在今湖北荆州市江陵區。　揚：州名。晋平吴後，刺史治所建鄴縣，在今江蘇南京市。

[2] 動必遵：趙幼文《校箋》謂《群書治要》卷二八引無"必"字。按，蕭常《續後漢書》亦無"必"字，而郝經《續後漢書》又有。

[3] 而西宮室宇摧朽：趙幼文《校箋》謂《群書治要》引作"而宮室衰耗"，《建康實錄》作"而宮室衰耗"。按，《建康實錄》實作"而西宮衰耗"。郝經《續後漢書》又作"西宮室宇摧朽"。西宮，指武昌之皇宮。因武昌在建業之西，故稱西宮。

[4] 五星：指金、木、水、火、土五大行星。　晷（guǐ）：通"軌"。

[5] 所致：趙幼文《校箋》謂《群書治要》引"致"下有"也"字。

[6] 六軍：國家軍隊。周代天子有六軍，諸侯或三軍，或二軍，或一軍。

[7] 龍逢：即關龍逢，夏桀之臣。《韓詩外傳》卷四："桀爲酒池，可以運舟，糟丘足以望十里，而牛飲者三千人。關龍逢進諫曰：'古之人君，身行禮義，愛民節財，故國安而身壽。今君用財若無窮，殺人若恐弗勝，君若弗革，天殃必降，而誅必至矣。君其革之!'立而不去朝，桀因而殺之。"（參盧弼《集解》）

［8］伊摯：《史記》卷三《殷本紀》："或曰，伊尹處士，湯使人聘迎之，五反然後肯往從湯，言素王及九主之事。湯舉任以國政。"司馬貞《索隱》引《孫子兵書》："伊尹名摯。"

［9］中常侍：官名。東漢後期，以宦官充任。侍從皇帝左右，顧問應對，贊導宮内諸事，權力極大。三國沿置，魏初與散騎合并，改稱散騎常侍，用士人。吳稱散騎中常侍，簡稱中常侍，亦用士人。　黄中通理：《易·坤卦》文言之辭。孔穎達《正義》云："黄中通理者，以黄居中，兼四方之色，奉承臣職，是通曉物理也。"

［10］夫差：春秋吳國末代君主。夫差曾打敗鄰國越王勾踐。勾踐賄通吳太宰嚭，對夫差又卑詞厚禮以求和。伍子胥諫阻，夫差不聽，而聽太宰嚭之言與越媾和。後夫差北伐齊，子胥又諫阻，認爲吳之敵是越不是齊，不應伐齊。夫差又不聽，連續兩次伐齊。越王勾踐乘機率衆朝吳，厚獻吳王。夫差大喜。伍子胥又極諫，以爲越實腹心之患。夫差又不聽。子胥懼吳將亡，遂屬託其子於齊國鮑氏。夫差大怒，賜子胥劍令其自刎。數年後越果滅吳。（見《史記》卷三一《吳太伯世家》）

［11］蕭曹：指蕭何、曹參，皆漢高祖劉邦之大功臣。隨劉邦起兵後，屢建大功，劉邦建立漢朝後，二人又相繼擔任相國。（見《史記》卷五三《蕭相國世家》、卷五四《曹相國世家》）

［12］顧步：即顧雍、步騭，皆曾爲丞相。

［13］紫闥：指宮廷。

［14］愛民：殿本、盧弼《集解》本作"憂民"，百衲本、校點本作"愛民"。《建康實録》《群書治要》亦作"愛民"，今從百衲本等。

［15］而取埋之：各本皆作"而取埋之"。盧弼《集解》云："何焯校改作'取而埋之'。"按，《建康實録》卷四引此文作"取而埋之"，而《群書治要》、郝經《續後漢書》皆作"而取埋之"，故仍從百衲本等。

[16] 桀紂滅由妖婦：妖婦，指末喜與妲己。《荀子·解蔽》云：“昔人君之蔽者，夏桀、殷紂是也。桀蔽於末喜、斯觀而不知關龍逢，以惑其心而亂其行；紂蔽於妲己、飛廉而不知微子啓，以惑其心而亂其行。故群臣去忠而事私，百姓怨非而不用，賢良退處而隱逃，此其所以喪九牧之地而虛宗廟之國也。”（參盧弼《集解》）

[17] 幽厲亂在嬖妾：幽、厲，指周幽王與周厲王。周厲王爲周幽王之祖父。按，有關史籍所載，周厲王在位時寵任榮夷公，榮夷公好專利，損害了國人的利益；厲王又暴虐侈傲，國人有謗言，厲王又嚴厲鎮壓，故國人莫敢出言，但三年後，國人叛，襲擊厲王。厲王出奔，後亡於奔地。又幽王寵愛褒姒，褒姒生子伯服。幽王竟廢申后及太子宜臼，而立褒姒爲后、伯服爲太子，終致覆亡。（見《史記》卷四《周本紀》）

[18] 中宫：皇后宫。

[19] 嬪嬙：嬪和嬙皆宫中女官，爲天子諸侯之姬妾。

[20] 竭民財力：百衲本無“力”字，殿本、盧弼《集解》本、校點本有，《群書治要》《建康實錄》亦有。郝經《續後漢書》此句作“空竭民財”。今從殿本等。

[21] 顧陸朱張：各本皆作“顧陸朱張”。吳金華《校詁》謂顧雍、陸遜皆任過丞相，張昭亦任輔吳將軍。而孫權之文武大員中，朱姓者惟朱治、朱然、朱桓，堪稱創業功臣，而不足與顧陸張相提並論。《建安實錄》卷四引錄此文作“顧陸步張”。步，指步騭，亦任過丞相。宜據以改正。按，吳說雖然有理，而《群書治要》與郝經《續後漢書》皆作“顧、陸、朱、張”，且朱治、朱然之官階亦不低，朱治曾爲安國將軍，朱然曾爲車騎將軍、右護軍、左大司馬、右軍師等，頗爲孫權所寵任，《朱然傳》云：“諸葛瑾子融，步騭子協，雖各襲任，權特復使然總爲大督。又陸遜亦卒，功臣名將存者惟然，莫與比隆。”故仍從百衲本等。

[22] 雍熙：和諧興盛。

［23］斗筲：皆量器。十升爲一斗。筲爲竹器，一筲容一斗二升，因容量皆小，故用以比喻人之才識短淺，器量狹小。

［24］是不遵：百衲本"是"下有"陛下"二字，殿本、盧弼《集解》本、校點本無，《建康實錄》、《群書治要》、郝經《續後漢書》亦無。今從殿本等。

［25］醇醲：酒味濃厚的酒。

［26］商辛：即商紂。紂名辛，因其殘暴，天下人稱之爲紂。《史記·殷本紀》裴駰《集解》："《諡法》曰：殘義損善曰紂。"又《殷本紀》謂紂"以酒爲池，懸肉爲林，使男女倮，相逐其間，爲長夜之飲"。 長夜之飲也：《群書治要》《建康實錄》引皆無"也"字。

［27］漢之桓靈：即漢桓帝劉志、漢靈帝劉宏。桓、靈二帝皆寵信宦官，使其權力無限擴大。《後漢書》卷七八《宦者列傳序》謂宦官"手握王爵，口含天憲，非復掖廷永巷之職，閨牖房闥之任也"。

［28］黄門：指宦官。

［29］權以戰兵：吳金華《〈三國志集解〉箋記》謂日本鎌倉時代鈔本《群書治要》卷二八"權"字作"擁"。

［30］明也：趙幼文《校箋》謂《群書治要》引"也"字作"矣"，《建康實錄》同。按，郝經《續後漢書》亦作"矣"。

［31］條牒：通令；通告。

［32］先帝在時亦養諸王太子：趙幼文《校箋》謂《群書治要》引無"在"字、"亦"字。按，《群書治要》實有"在"字、"亦"字，郝經《續後漢書》亦有，《建康實錄》則無。

［33］復役：免除徭役。

［34］弱息：弱子。

［35］浮華：謂標榜交結。

［36］散失：趙幼文《校箋》謂《建康實錄》引無"失"字。按，《群書治要》與郝經《續後漢書》引亦有"失"字。

[37] 交阯反亂：指吳景帝孫休永安六年（263）交阯郡吏吕興等反叛。見本書卷四八《孫休傳》。

[38] 夫校事：趙幼文《校箋》謂《建康實録》“事”下有“之”字。按，《群書治要》、郝經《續後漢書》均無“之”字。

吏民之仇也：趙幼文《校箋》謂《群書治要》引無“也”字，《建康實録》“也”字作“讎”。按，郝經《續後漢書》“吏”字作“士”，“仇”下有“也”字。

[39] 校曹：官名。即典校，亦稱校事。

[40] 州郡：殿本、盧弼《集解》本作“州郡”，百衲本、校點本作“州縣”。《群書治要》引作“州郡”，郝經《續後漢書》又作“州縣”，蓋唐時作“州郡”。今從殿本等。

[41] 竟解：最後審定上報之文書。解，古代下級向上級行文的報告。

[42] 盟府：古代保存盟約文書的官府。

[43] 進善之旌：百衲本、殿本、盧弼《集解》本“旌”字作“旍”，校點本作“旌”。按，二字通，今從校點本。《史記》卷一〇《孝文本紀》：“古之治天下，朝有進善之旌。”裴駰《集解》：“應劭曰：‘旌，幡也。堯設之五達之道，令民進善也。’如淳曰：‘欲有進善者，立於旌下言之。’”又范仲淹《帝王好尚論》云：“堯設敢諫鼓，建進善旌。”

[44] 武公：指周代衛國國君。《國語·楚語上》謂楚國左史倚相曰：“昔衛武公年數九十有五矣，猶箴儆於國，曰：‘自卿以下至於師長士，苟在朝者，無謂我老耄而舍我，必恭恪于朝，朝夕以交戒我。’於是乎作《懿》戒以自儆也。”韋昭注：“《懿》，《詩·大雅·抑》之篇也。‘懿’，讀之曰‘抑’，《毛詩序》曰：‘《抑》，衛武公刺厲王，亦以自儆也。’”

[45] 述履：百衲本、校點本作“述脩”，殿本、盧弼《集解》本作“述履”，《群書治要》卷二八引此文亦作“述履”，《册府元龜》卷三二六引同。今從殿本等。述履，繼承履行。

[46] 捐棄：殿本“捐”字作“損”，百衲本、盧弼《集解》本、校點本作“捐”，郝經《續後漢書》亦作“捐”。今從百衲本等。

[47] “意奢情至”三句：《群書治要》卷二八引作“意日奢，情日至，吏日欺，民日離，則上下不信”。文義較明確通順。

[48] 公子相奔：趙幼文《校箋》謂《群書治要》引“相”字作“將”。按，郝經《續後漢書》引此句作“父子相奔”，較合文義。

[49] 比干：殷紂王之親屬。《史記》卷三八《宋微子世家》云：“王子比干者，亦紂之親戚也。見箕子諫不聽而爲奴，則曰：‘君有過而不以死爭，則百姓何辜！’乃直言諫紂。紂怒曰：‘吾聞聖人之心有七竅，信有諸乎？’乃遂殺王子比干，刳視其心。”　伍員：字子胥。事見前“夫差”注。

[50] 所諫：趙幼文《校箋》謂《群書治要》引“諫”字作“陳”。

[51] 勤勤：懇切至誠。

[52] 黃耇（gǒu）：年老。

[53] 西州：指蜀漢。

[54] 罷：通“疲”。

[55] 徙都：指甘露元年（265）孫晧遷都武昌縣。

[56] 禳災：百衲本、殿本作“攘災”，盧弼《集解》本、校點本作“禳災”。按，二字可通，今從《集解》本等。

[57] 湯遭大旱：《呂氏春秋·季秋紀·順民》：“昔者，湯克夏而正天下，大旱，五年不收。湯乃以身禱於桑林，曰：‘余一人有罪，無及萬夫；萬夫有罪，在余一人。無以一人之不敏，使上帝鬼神傷民之命。’於是翦其髮，酈（mó）其手，以身爲犧牲，用祈福於上帝，民乃説，雨乃大至。”（參盧弼《集解》）

[58] 宋景退殿：《呂氏春秋·季夏紀·制樂》：“宋景公之時，熒惑在心，公懼，召子韋而問焉，曰：‘熒惑在心何也？’子韋曰：

'熒惑者，天罰也。心者，宋之分野也。禍當於君。雖然，可移於宰相。'公曰：'宰相所與治國家也，而移死焉，不祥。'子韋曰：'可移於民。'公曰：'民死，寡人將誰爲君乎？寧獨死。'子韋曰：'可移於歲。'公曰：'歲害，則民饑，民饑必死。爲人君而殺其民以自活也，其誰以我爲君乎？是寡人之命固盡已，子無復言矣。'子韋還走北面，載拜曰：'臣敢賀君。天之處高而聽卑，君有至德之言三，天必三賞君。今昔熒惑其徙三舍，君延年二十一歲。'公曰：'子何以知之？'對曰：'有三善言，必有三賞，熒惑必三徙舍，舍行七星，星一徙當七年，三七二十一，臣故知君延二十一歲矣。臣請伏於陛下以伺候之，熒惑不徙，臣請死。'公曰：'可。'是夕熒惑果徙三舍。"（參盧弼《集解》）

［59］妖星：指熒惑星。

［60］湯宋：趙幼文《校箋》謂《群書治要》引作"祖宗"。按，此蓋《群書治要》節引所致，因《群書治要》未錄上文"湯遭大旱"與"宋景退殿"之事，於此不能突謂"篤湯、宋之至道"，故改"湯宋"爲"祖宗"。

［61］不貴：趙幼文《校箋》謂《册府元龜》卷三二六引"貴"字作"義"。

［62］瑶臺：玉石砌成之臺。《淮南子·本經訓》："晚世之時，帝有桀、紂，爲琁室、瑶臺、象廊、玉牀。"

［63］阿房：秦宮殿名。宮的前殿築於秦始皇三十五年（前212）。遺址在今西安市西阿房村。秦亡時全部工程尚未完成，故未正式命名。因作前殿阿房，時人稱之爲阿房宮。秦亡，爲項羽所焚毁。（見《史記》卷六《秦始皇本紀》）

［64］無倚：百衲本作"有倚"，殿本、盧弼《集解》本、校點本作"無倚"。今從殿本等。

［65］雖念克骨：趙幼文《校箋》謂《群書治要》引"念"下有"刮"字。按，《群書治要》此句作"雖念刮骨肉"。

［66］茅茨不翦：謂崇尚儉樸，不事修飾。《韓非子·五蠹》：

"堯之王天下也，茅茨不翦，采椽不斲。"茅茨，茅草蓋的屋頂。

[67] 岷：山名。岷山本在今四川松潘縣北，爲長江、黃河之分水嶺，嘉陵江之發源地。而其脈幹分爲二支，一爲岷山山脈，其南爲峨眉山；一爲巴山山脈，其東爲三峽。古代可總謂之岷山。漢：水名。此指漢水上游。

[68] 南州：指交州與廣州。

[69] 可不慮哉：趙幼文《校箋》謂《群書治要》引句上有"可不思哉"四字。

[70] 虛言：趙幼文《校箋》謂《群書治要》引"言"下有"也"字。

　　胤字敬宗，凱弟也。始爲御史、尚書選曹郎，[1]太子和聞其名，待以殊禮。會全寄、楊竺等阿附魯王霸，與和分爭，陰相譖構，胤坐收下獄，楚毒備至，終無他辭。〔一〕

　　〔一〕《吳録》曰：太子自懼黜廢，而魯王覬覦益甚。權時見楊竺，辟左右而論霸之才，竺深述霸有文武英姿，宜爲嫡嗣，於是權乃許立焉。有給使伏于牀下，[2]具聞之，以告太子。胤當至武昌，往辭太子。太子不見，而微服至其車上，與共密議，欲令陸遜表諫。既而遜有表極諫，權疑竺泄之，竺辭不服。權使竺出尋其由，竺白頃惟胤西行，必其所道。又遣問遜何由知之，遜言胤所述。召胤考問，胤爲太子隱曰："楊竺向臣道之。"遂共爲獄。竺不勝痛毒，服是所道。初權疑竺泄之，及服，以爲果然，乃斬竺。

　　[1] 御史：官名。三國兩晋時，侍御史、治書侍御史、督軍糧侍御史、殿中侍御史、監國御史等皆可稱御史。　尚書選曹郎：官名。蜀漢、孫吳所置尚書臺郎官，主管銓選官吏事務。

[2] 給使：供役使之人。

後爲衡陽督軍都尉。[1]赤烏十一年，交阯、九真夷賊攻没城邑，[2]交部騷動。[3]以胤爲交州刺史、安南校尉。[4]胤入南界，喻以恩信，務崇招納，高凉渠帥黄吴等支黨三千餘家皆出降。[5]引軍而南，重宣至誠，遺以財幣。賊帥百餘人，民五萬餘家，深幽不羈，莫不稽顙，[6]交域清泰。就加安南將軍。[7]復討蒼梧建陵賊，[8]破之，前後出兵八千餘人，以充軍用。

永安元年，[9]徵爲西陵督，[10]封都亭侯，[11]後轉（左）〔在〕虎林。[12]中書丞華覈表薦胤曰：[13]“胤天姿聰朗，才通行絜，昔歷選曹，遺迹可紀。還在交州，奉宣朝恩，流民歸附，海隅肅清。蒼梧、南海，[14]歲有（舊）〔暴〕風瘴氣之害，[15]風則折木，飛砂轉石，氣則霧鬱，飛鳥不經。自胤至州，風氣絕息，商旅平行，民無疾疫，田稼豐稔。州治臨海，海流秋鹹，[16]胤又畜水，民得甘食。惠風横被，化感人神，遂憑天威，招合遺散。至被詔書當出，民感其恩，以忘戀土，負老攜幼，甘心景從，衆無攜貳，不煩兵衛。自諸將合衆，皆脅之以威，未有如胤結以恩信者也。銜命在州，十有餘年，賓帶殊俗，寶玩所生，而内無粉黛附珠之妾，家無文甲犀象之珍，[17]方之今臣，實難多得。宜在輦轂，[18]股肱王室，以贊唐、虞康哉之頌。江邊任輕，不盡其才，虎林選督，堪之者衆。若召還都，寵以上司，則天工畢脩，[19]庶績咸熙矣。”

胤卒，子式嗣，爲柴桑督、揚武將軍。[20]天（策）

〔册〕元年，[21]與從兄禕俱徙建安。天紀二年，[22]召還建業，復將軍、侯。

　　[1]衡陽：郡名。治所湘南縣，在今湖南湘潭縣南。　督軍都尉：官名。孫吳置。爲郡武職，統率郡兵。

　　[2]交阯：郡名。治所龍編縣，在今越南河内東天德江北岸。九真：郡名。治所胥浦縣，在今越南清化省清化市西北東山縣陽舍村。

　　[3]交部：即交州。刺史治所番禺縣，在今廣東廣州市。

　　[4]安南校尉：官名。孫吳置，領兵。

　　[5]高涼：郡名。治所恩平縣，在今廣東恩平市北。

　　[6]稽顙：歸降、歸順。

　　[7]安南將軍：官名。漢獻帝建安初置，三國沿置，爲出鎮南方地區之軍事長官，或作爲刺史等地方官兼理軍務之加官。

　　[8]蒼梧：郡名。治所廣信縣，在今廣西梧州市。　建陵：縣名。治所在今廣西荔浦縣西南修仁鎮西。

　　[9]永安：吳景帝孫休年號（258—264）。

　　[10]西陵督：官名。西陵駐軍的長官。西陵縣在今湖北宜昌市東南。

　　[11]都亭侯：爵名。位在鄉侯下，食禄於都亭。都亭，城郭附近之亭。

　　[12]轉在：各本皆作“轉左”。陳景雲《辨誤》云：“案‘左’當作‘在’。如王昶從兖州轉在徐州，張飛從宜都轉在南郡是也。”校點本即從陳説改。今從之。　虎林：城名。孫吳置督於此。在今安徽貴池市西北長江南岸。

　　[13]中書丞：官名。孫吳置。爲中書令屬官，可參議國政，權任頗重。

　　[14]南海：郡名。治所即番禺縣。

　　［15］暴風：各本皆作“舊風”。盧弼《集解》引何焯説，謂“舊”字當從《册府元龜》作“暴”。校點本即從何焯説改。今從之。

　　［16］秋鹹：盧弼《集解》云：“或曰‘秋’字疑誤。”趙幼文《校箋》云：“《廣雅·釋詁四》‘秋，愁也。’‘秋’字不誤。”

　　［17］文甲：即瑇瑁。瑇瑁爲爬行動物，形似龜，甲殼黄褐色，有黑斑和光澤，可製裝飾品。此文甲，即指瑇瑁之甲殼。

　　［18］輦轂：皇帝的車輿。代指京城。

　　［19］天工：天的職任。古代以爲王者法天而建官，代天行職事。《尚書·皋陶謨》：“無曠庶官，天工人其代之。”

　　［20］柴桑督：官名。柴桑駐軍的軍事長官。柴桑，縣名。治所在今江西九江市西南。　揚武將軍：官名。東漢置，統兵出征。孫吳亦置。

　　［21］天册：各本皆作“天策”。錢大昕云：“《三嗣主傳》作‘天册’。”（《廿二史考異》卷一七）《建康實録》卷四亦作“天册”。今據《孫晧傳》改。天册爲吳末帝孫晧年號（275—276）。

　　［22］天紀：吳末帝孫晧年號（277—280）。

　　評曰：潘濬公清割斷，[1]陸凱忠壯質直，皆節概梗梗，有大丈夫格業[2]。胤身絜事濟，著稱南土，可謂良牧矣。

　　［1］割斷：專斷。
　　［2］格業：品格與功業。

三國志 卷六二

吳書十七

是儀胡綜傳第十七

是儀字子羽，北海營陵人也。[1]本姓氏，初爲縣吏，後仕郡，郡相孔融嘲儀，[2]言“氏”字“民”無上，可改爲“是”，乃遂改焉。〔一〕後依劉繇，避亂江東。[3]繇軍敗，儀徙會稽。[4]

〔一〕徐衆《評》曰：古之建姓，或以所生，或以官號，或以祖名，皆有義體，以明氏族。故曰胙之以土而命之氏，[5]此先王之典也，所以明本重始，彰示功德，子孫不忘也。今離文析字，橫生忌諱，使儀易姓，忘本誣祖，[6]不亦謬哉！教人易姓，從人改族，融既失之，儀又不得也。

[1] 北海：王國名。治所劇縣，在今山東昌樂縣西。　營陵：縣名。治所在今山東昌樂縣東南。

[2] 郡：北海自漢光武帝建武二十八年（52）徙封魯王興爲北海王後，至建安十一年（206）國除，一直是王國（見《後漢

書》卷一四《齊武王縯附北海靖王興傳》）。孔融爲北海相在建安元年前。盧弼《集解》云：“此書‘郡相’，似失之。” 相：官名。王國相由朝廷直接委派，執掌王國行政大權，相當於郡太守。

　　[3] 江東：地區名。指今長江以南的江蘇、浙江、安徽一帶。詳解見本書《武帝紀》興平元年注。

　　[4] 會稽：郡名。治所山陰縣，在今浙江紹興市。

　　[5] 胙之以土而命之氏：指古代天子封賜土地給諸侯，並因土地而命其氏。《左傳·隱公八年》：“公問族于衆仲。衆仲對曰：‘天子建德，因生以賜姓，胙之土而命之氏。’”

　　[6] 忘本誣祖：錢大昕云：“‘氏’、‘是’本一字，猶‘姒’與‘弋’，‘嬴’與‘盈’，‘姑’與‘郅’可以互用。徐衆譏其忘本誣祖，由於未通古文。”（《廿二史考異》卷一七）

　　孫權承攝大業，優文徵儀。到見親任，專典機密，拜騎都尉。[1]

　　呂蒙圖襲關羽，權以問儀，儀善其計，勸權聽之。從討羽，拜忠義校尉。[2] 儀陳謝，[3] 權令曰：“孤雖非趙簡子，[4] 卿安得不自屈爲周舍邪？”

　　既定荆州，[5] 都武昌，[6] 拜裨將軍，[7] 後封都亭侯，[8] 守侍中。[9] 欲復授兵，儀自以非材，固辭不受。黃武中，[10] 遣儀之皖就將軍劉邵，[11] 欲誘致曹休。休到，大破之，遷偏將軍，[12] 入闕省尚書事，[13] 外總平諸官，兼領辭訟，又令教諸公子書學。

　　大駕東遷，[14] 太子登留鎮武昌，使儀輔太子。太子敬之，事先諮詢，然後施行。進封都鄉侯。[15] 後從太子還建業，復拜侍中、中執法，[16] 平諸官事、領辭訟如舊。典校郎呂壹誣白故江夏太守刁嘉謗訕國政，[17]權怒，收嘉繫獄，悉驗問。時同坐人皆怖畏壹，並言聞之，儀獨云無聞。於是見窮詰累日，詔旨轉厲，羣臣爲之屏息。儀對曰："今刀鋸已在臣頸，臣何敢爲嘉隱諱，自取夷滅，爲不忠之鬼！顧以聞知當有本末。"據實答問，辭不傾移。權遂舍之，嘉亦得免。〔一〕

〔一〕徐衆《評》曰：是儀以羈旅異方，客仕吳朝，值讒邪殄行，[18]當嚴毅之威，命縣漏刻，禍急危機，不雷同以害人，不苟免以傷義，可謂忠勇公正之士，雖祁奚之免叔向，[19]慶忌之濟朱雲，[20]何以尚之？忠不諂君，[21]勇不懾聲，公不存私，正不黨邪，資此四德，[22]加之以文敏，崇之以謙約，履之以和順，保傅二宮，[23]存身愛名，不亦宜乎！

[1] 騎都尉：官名。東漢時屬光禄勳，掌羽林騎兵。

[2] 忠義校尉：官名。建安中孫權置。是儀爲之，專典機密。

[3] 儀陳謝：趙幼文《校箋》謂《太平御覽》卷二四二引"儀"下有"上表"二字。

[4] 趙簡子：春秋末晋國卿，戰國趙之奠基者。《史記》卷四三《趙世家》："趙簡子有臣曰周舍，好直諫。"裴駰《集解》引《韓詩外傳》："周舍立於門下三日三夜，簡子使問之曰：'子欲見寡人何事？'對曰：'願爲鄂鄂之臣，墨筆操牘，以君之過，而日有所記，月有所成，歲月有所效也。'"鄂鄂，同"諤諤"，直言争辯貌。

[5] 荆州：建安二十四年（219）吕蒙襲破關羽後，孫權得江南諸郡，於是與魏對置荆州，治所樂鄉城，在今湖北松滋市東北長江南岸涴市。（本吳增僅《三國郡縣表附考證》）

[6] 武昌：縣名。原名鄂縣，孫吳於黃初二年（221）遷都於此，改名武昌。治所在今湖北鄂州市。

[7] 裨將軍：官名。漢雜號將軍之低級者。

[8] 都亭侯：爵名。位在鄉侯下，食禄於都亭。都亭，城郭附近之亭。

[9] 侍中：官名。曹魏時爲門下侍中寺長官。職掌門下衆事，侍從左右，顧問應對，拾遺補闕，與散騎掌侍、黃門侍郎等共平尚書奏事。孫吳亦置。

[10] 黃武：吳王孫權年號（222—229）。

[11] 皖：縣名。治所在今安徽潛山縣。

[12] 偏將軍：官名。漢雜號將軍中地位較低者。

[13] 省尚書事：職銜名義。孫吳置。地位略低於録尚書事，亦參與評議審核軍國政務。

[14] 大駕東遷：指孫權從武昌遷都建業（今江蘇南京市。）

[15] 都鄉侯：爵名。列侯食邑爲都鄉（近城之鄉）者，稱都鄉侯。次位於縣侯，高於鄉侯。

[16] 中執法：官名。孫吳置中、左、右執法各一人，職掌類似御史。（本洪飴孫《三國職官表》）

[17] 典校郎：官名。孫權黃武中置，屬中書省，由中書郎充任，故亦稱中書典校郎或典校。負責審理諸官府及州郡文書，並監察群臣過失，後發展到控制大臣案件的刑訊及處理。　江夏：郡名。治所即武昌縣。

[18] 殄行：《尚書·舜典》：帝曰："龍，朕聖讒説殄行。"蔡沈《集傳》："聖，疾。殄，絶。殄行者，謂傷絶善人之事也。"

[19] 祁奚：春秋時晋國大夫。晋平公時，執政范宣子殺叔向弟羊舌虎，並囚禁叔向。此時祁奚已告老在家，得知此事後，即往見范宣子，謂叔向是國之柱石，應予赦免。范宣子遂與祁奚往見平公，叔向因得赦免。事後，祁奚未見叔向即歸家。（見《左傳·襄公二十一年》）

[20] 慶忌：即辛慶忌。漢成帝時，無官職的朱雲上書請斬帝師張禹，成帝大怒，當即命殺朱雲。左將軍辛慶忌叩頭流血，請求

赦免，朱雲因得免死。（見《漢書》卷六七《朱雲傳》）

［21］詔君：百衲本、殿本作"陷君"，盧弼《集解》本、校點本作"詔君"。今從盧弼《集解》本等。

［22］四德：百衲本"四"字作"之"，殿本、盧弼《集解》本、校點本作"四"。今從殿本等。

［23］二宮：指太子孫和、魯王孫霸。

蜀相諸葛亮卒，權垂心西州，[1]遣儀使蜀申固盟好。奉使稱意，後拜尚書僕射。[2]

南、魯二宮初立，[3]儀以本職領魯王傅。[4]儀嫌二宮相近切，乃上疏曰："臣竊以魯王天挺懿德，兼資文武，當今之宜，宜鎮四方，爲國藩輔。宣揚德美，廣耀威靈，乃國家之良規，海內所瞻望。但臣言辭鄙野，不能究盡其意。愚以二宮宜有降殺，[5]正上下之序，明教化之本。"書三四上。爲傅盡忠，動輒規諫；事上勤，與人恭。

不治產業，不受施惠，爲屋舍財足自容。[6]鄰家有起大宅者，權出望見，問起大室者誰，左右對曰："似是儀家也。"權曰："儀儉，必非也。"問果他家。其見知信如此。

服不精細，食不重膳，拯贍貧困，家無儲畜。權聞之，幸儀舍，求視蔬飯，親嘗之，對之歎息，即增俸賜，益田宅。儀累辭讓，以恩爲戚。

時時有所進達，未嘗言人之短。權常責儀以不言事，無所是非，儀對曰："聖主在上，臣下守職，懼於不稱，實不敢以愚管之言，[7]上干天聽。"

　　事國數十年，未嘗有過。呂壹歷白將相大臣，[8]或一人以罪聞者數四，獨無以白儀。權歎曰："使人盡如是儀，當安用科法爲？"

　　及寢疾，遺令素棺，斂以時服，務從省約，年八十一卒。

　　[1] 西州：指益州的蜀漢。

　　[2] 尚書僕射（yè）：官名。東漢爲尚書臺次官，秩六百石，職權重。若公爲之，增秩至二千石。職掌拆閱封緘章奏文書，參議政事，諫諍駁議，監察百官。令不在，則代理其職。漢獻帝建安四年（199）分置左右。

　　[3] 南魯二宮：吳稱太子宮爲南宮，魯王霸宮爲魯宮。

　　[4] 傅：官名。王國之屬官。爲諸王師，掌輔導事。

　　[5] 降殺：遞減。

　　[6] 財：通"纔"，僅僅。

　　[7] 愚管：潘眉《考證》："司馬貞云：愚陋管見也。"

　　[8] 歷白：百衲本無"歷"字，殿本、盧弼《集解》本、校點本有。今從殿本等。

　　胡綜字偉則，[1]汝南固始人也。[2]少孤，母將避難江東。[3]孫策領會稽太守，[4]綜年十四，爲門下循行，[5]留吳與孫權共讀書。[6]策薨，權爲討虜將軍，[7]以綜爲金曹從事，[8]從討黃祖，拜鄂長。[9]權爲車騎將軍，[10]都京，[11]召綜還，爲書部，[12]與是儀、徐詳俱典軍國密事。劉備下白帝，[13]權以見兵少，使綜料諸縣，得六千人，立解煩兩部，[14]詳領左部、綜領右部督。吳將晉宗叛歸魏，魏以宗爲蘄春太守，[15]去江數百里，數爲寇害。權使綜與賀齊輕行掩襲，生虜得宗，加建武中郎將。[16]魏拜權爲吳王，封綜、儀、詳皆爲亭侯。[17]

黃武八年夏，黃龍見舉口，[18]於是權稱尊號，因瑞改元。[19]又作黃龍大牙，[20]常在中軍，[21]諸軍進退，視其所向，命綜作賦，曰：

乾坤肇立，三才是生。[22]狼、弧垂象，[23]實惟兵精。聖人觀法，是效是營，始作器械，爰求厥成。黃、農創代，[24]拓定皇基，上順天心，下息民災。高辛誅共，[25]舜征有苗，[26]啓有甘師，[27]湯有鳴條。[28]周之牧野，[29]漢之垓下，[30]靡不由兵，克定厥緒。明明大吳，實天生德，神武是經，惟皇之極。乃自在昔，[31]黃、虞是祖，[32]越歷五代，繼世在下。應期受命，發迹南土，將恢大繇，[33]革我區夏。乃律天時，制爲神軍，取象太一，[34]五將三門；[35]疾則如電，遲則如雲，進止有度，約而不煩。四靈既布，[36]黃龍處中，[37]周制日月，實曰太常，[38]桀然特立，六軍所望。仙人在上，鑒觀四方，神實使之，[39]爲國休祥。軍欲轉向，黃龍先移，金鼓不鳴，寂然變施，闇謨若神，可謂秘奇。在昔周室，赤烏銜書，[40]今也大吳，黃龍吐符。合契河、洛，[41]動與道俱，天贊人和，僉曰惟休。

蜀聞權踐阼，遣使重申前好，綜爲盟文，文義甚美，語在權傳。

權下都建業，詳、綜並爲侍中，進封鄉侯，[42]兼左右領軍。[43]時魏降人或云魏都督河北振威將軍吳質，[44]頗見猜疑，綜乃僞爲質作降文三條：

其一曰：“天綱弛絕，[45]四海分崩，羣生憔悴，士人播越，[46]兵寇所加，邑無居民，風塵煙火，[47]往往而處，自三代以來，大亂之極，未有若今時者也。臣質志薄，處時無方，繫於土壤，不能翻飛，遂爲曹氏執事戎役，遠處河朔，天衢隔絕，雖望風慕義，思託大命，媿無因緣，得展其志。每往來者，竊聽風化，伏知陛下齊德乾坤，同明日月，神武之姿，受之自然，敷演皇極，[48]流化萬里，自江以南，戶受覆燾。[49]英雄俊傑，上達之士，莫不心歌腹詠，樂在歸附者也。今年六月末，奉聞吉日，龍興踐阼，恢弘大繇，[50]整理天綱，將使遺民，覿見定主。昔武王伐殷，殷民倒戈；[51]高祖誅項，四面楚歌。[52]方之今日，未足以喻。臣質不勝昊天至願，謹遣所親同郡黃定恭行奉表，及託降叛，閒關求達，其欲所陳，載列于左。”

其二曰：“昔伊尹去夏入商，[53]陳平委楚歸漢，[54]書功竹帛，遺名後世，世主不謂之背誕者，以爲知天命也。臣昔爲曹氏所見交接，[55]外託君臣，內如骨肉，恩義綢繆，[56]有合無離，遂受偏方之任，總河北之軍。當此之時，志望高大，[57]永與曹氏同死俱生，惟恐功之不建，事之不成耳。及曹氏之亡，後嗣繼立，幼沖統政，讒言彌興。同儕者以勢相害，[58]異趣者得閒其言，而臣受性簡略，素不下人，視彼數子，意實迫之，此亦臣之過也。遂爲邪議所見搆會，[59]招致猜疑，誣臣欲叛。雖識眞者保明其心，世亂讒勝，餘嫌猶在，常懼一旦橫受無辜，憂心孔疚，[60]如履冰炭。昔樂毅爲燕昭王立功於齊，[61]惠王即位，疑奪其任，遂去燕之趙，休烈不虧。[62]彼豈欲二三其德，[63]蓋畏功名不建，而懼禍之將及也。昔遣魏郡周光以賈販爲名，[64]託叛南詣，宣達密計。時以倉卒，未敢便有章表，[65]使光口傳而已。以爲天下大歸可見，天意所在，非吳復誰？此方之民，思爲臣妾，延頸舉踵，惟恐兵來之遲耳。若使聖恩少加信納，當以河北承望王師，款心赤實，[66]天日是鑒。而光去經年，不聞咳唾，未審此意竟得達不？瞻望長歎，日月以幾，[67]魯望高子，[68]何足以喻！又臣今日見待稍薄，蒼蠅之聲，[69]緜緜不絕，必受此禍，遲速事耳。臣私度陛下未垂明慰者，必以臣質貫穿仁義之道，不行若此之事，謂光所傳，多虛少實，或謂此中有他消息，不知臣質搆讒見疑，恐受大害也。且臣質若有罪之日，[70]自當奔赴鼎鑊，束身待罪，此蓋人臣之宜也。今日無罪，橫見譖毀，將有商鞅、白起之禍。[71]尋惟事勢，去亦宜也。死而弗義，不去何爲！樂毅之出，吳起之走，[72]君子傷其不遇，未有非之者也。願陛下推古況今，不疑怪於臣質也。又念人臣獲罪，當如伍員奉己自效，[73]不當徼幸因事爲利。然今與古，厥勢不同，南北悠遠，江湖隔絕，自不舉事，何得濟免！是以忘志士之節，而思立功之義也。且臣質又以曹氏之嗣，非天命所在，政弱刑亂，柄奪於臣，諸將專威於外，各自爲政，莫或同心，士卒衰耗，帑藏空虛，綱紀毀廢，上下並昏，想前後數得降叛，具聞此問。兼弱攻昧，宜應天時，此實陛下進取之秋，是以區區敢獻其計。今若内兵淮、泗，[74]據有下邳，[75]荆、揚二州，[76]聞聲響應，臣從河北席卷而南，形勢一連，根牙永固。關西之兵繫於所衞，[77]青、徐二州不敢徹守，[78]許、洛餘兵衆不滿萬，[79]誰能來東與陛下爭者？此誠千載一會之期，可不深思而熟計乎！及臣所在，既自多馬，加以羌、胡常以三四月中美草時，[80]驅馬來出，隱度今者，[81]可得三千餘匹。陛下出軍，當投此時，[82]多將騎士來就馬耳。此皆先定所一二知。凡兩軍不能相究虛實，今此間實羸，易可克定，陛下舉動，應者必多。上定洪業，使普天一統，下令臣質建非常之功，此乃天也。若不見納，此亦天也。願陛下思之，不復多陳。”

其三曰：“昔許子遠舍袁就曹，[83]規畫計較，應見納受，[84]遂破袁軍，以定曹業。向使曹氏不信子遠，懷疑猶豫，不決於心，則今天下袁氏有也。願陛下思之。閒聞界上將閻浮、趙楫欲歸大化，唱和不速，以取破亡。今臣款款，遠授其命，若復懷疑，不時舉動，令臣孤絶，受此厚禍，即恐天下雄夫烈士欲立功者，不敢復託命陛下矣。願陛下思之。皇天后土。實聞其言。”[85]此文既流行，而質已入爲侍中矣。

二年，[86]青州人隱蕃歸吳，上書曰：“臣聞紂爲無道，微子先出；[87]高祖寬明，陳平先入。臣年二十二，委棄封域，歸命有道，賴蒙天靈，得自全致。臣至止有日，而主者同之降人，[88]未見精別，使臣微言妙旨，不得上達。於邑三歎，[89]曷惟其已。[90]謹詣闕拜章，乞蒙引見。”權即召入。蕃謝答問，及陳時務，甚有辭觀。[91]綜時侍坐，權問何如，綜對曰：“蕃上書，大語有似東方朔，[92]巧捷詭辯有似禰衡，[93]而才皆不及。”權又問可堪何官，綜對曰：“未可以治民，且試以都輦小職。[94]”權以蕃盛論刑獄，用爲廷尉監。[95]左將軍朱據、廷尉郝普稱蕃有王佐之才，[96]普尤與之親善，常怨歎其屈。後蕃謀叛，事覺伏誅，〔一〕普見責自殺。據禁止，歷時乃解。拜綜偏將軍，兼左執法，[97]領辭訟。遼東之事，[98]輔吳將軍張昭以諫權言辭切至，[99]權亦大怒，其和協彼此，使之無隙，綜有力焉。

〔一〕《吳録》曰：蕃有口才，魏明帝使詐叛如吳，令求作廷尉職，重案大臣以離間之。既爲廷尉監，衆人以據、普與蕃親善，常車馬雲集，賓客盈堂。及至事覺，蕃亡走，捕得，考問黨與，蕃無所言。吳主使將入，謂曰：“何乃以肌肉爲人受毒乎？”蕃曰：“孫君，丈夫圖事，豈有無伴！[100]烈士死，不足相牽耳。”遂閉口而死。[101]

《吳歷》曰：權問普：“卿前盛稱蕃，又爲之怨望朝廷，使蕃反叛，皆卿之由。”

[1] 偉則：趙幼文《校箋》謂《建康實録》“偉”字作“緯”，疑當從之。按，蕭常及郝經之《續後漢書》、《册府元龜》卷七六五引皆作“偉”。

[2] 汝南：郡名。治所平輿縣，在今河南平輿縣北。　固始：

縣名。治所在今河南太康縣南。

　　[3] 母將避難江東：趙幼文《校箋》謂《建康實録》作“將母避亂江東”，蕭常《續後漢書》作“隨母”。疑此當從《建康實録》乙正。按，張忱石校點《建康實録》卷二《校勘記》引陶元珍《建康實録札記》云：“《吳志·胡綜傳》‘少孤，母將避難江東’，案《實録》‘將’字應在‘母’字之下。”按，陶説是，郝經《續後漢書》及《册府元龜》卷七六五引亦作“母將”。母將，謂其母帶領胡綜，非胡綜帶領其母。與蕭常《續後漢書》胡綜“隨母”義同。

　　[4] 會稽：郡名。治所山陰縣，在今浙江紹興市。

　　[5] 門下循行：吏名。東漢、三國皆置，爲郡府低級散吏，員數不定，類似門下客。亦稱循行。

　　[6] 吳：郡名。治所吳縣，在今江蘇蘇州市。

　　[7] 討虜將軍：官名。漢獻帝建安初置，爲雜號將軍。

　　[8] 金曹從事：官名。東漢三公府置有金曹，掌貨幣、鹽鐵事。郡國亦置，兼掌市政。以掾主其事。漢末州郡則置金曹從事。孫權爲討虜將軍亦置，但非定制。

　　[9] 鄂：縣名。治所在今湖北鄂州市。

　　[10] 車騎將軍：官名。東漢時位比三公，常以貴戚充任。出掌征伐，入參朝政，漢靈帝時作加官或作贈官。

　　[11] 京：城名。即京口。在今江蘇鎮江市。趙幼文《校箋》謂《册府元龜》卷七六五引“京”下有“口”字。

　　[12] 書部：官名。孫權置。爲車騎將軍府之幕僚。

　　[13] 白帝：城名。在今重慶市奉節縣東白帝山上。

　　[14] 解煩兩部：孫權建制的侍衛及征戰、直屬最高統治者的精鋭部隊，分爲兩部，置左部督與右部督統之。

　　[15] 蘄春：郡名。治所蘄春縣，在今湖北蘄春縣西南。

　　[16] 建武中郎將：官名。孫權置，領兵。

　　[17] 亭侯：爵名。漢制列侯大者食縣邑，小者食鄉、亭。東漢後期遂以食鄉、亭者稱爲鄉侯、亭侯。

［18］舉口：百衲本、盧弼《集解》本作“舉口”，殿本、校點本作“夏口”，今從百衲本等。盧弼《集解》云：“趙一清曰：‘舉口，《宋書·符瑞志》作樊口，非也。舉口，舉水入江之口，春秋之柏舉也。字亦作洰，見《水經注》三十五。’弼按《孫權傳》云‘夏口、武昌並言黃龍、鳳皇見’，是所見者不止夏口一地，不必改作‘夏口’也。‘舉’‘樊’二字形相似，故有誤作‘樊口’者。《一統志》‘舉水今名岐亭河，出麻城縣東北，西南流，至黃岡縣西三十里，團風鎮入江。’謝鍾英曰：‘舉口，即團風鎮。’”按，團風鎮在今湖北黃州市西北長江北岸。

［19］改元：改元爲黃龍元年（229）。

［20］黃龍大牙：彩繪黃龍的大牙旗。

［21］中軍：趙幼文《校箋》謂《北堂書鈔》卷一二〇、《藝文類聚》卷六〇、《初學記》卷二二、《廣韻·麻韻》引俱作“軍中”，當乙正。按，蕭常及郝經之《續後漢書》《建康實錄》亦作“中軍”，作“中軍”不誤。中軍，即統帥或主將所在之軍，亦即後世所稱的指揮部，故下云“諸軍進退，視其所向”。《左傳·桓公五年》：“秋，王以諸侯伐鄭，鄭伯御之。王爲中軍。”又《左傳·成公十六年》：“欒書將中軍，士燮佐之。”

［22］三才：天、地、人。

［23］狼弧：皆星名。《史記·天官書》：“其東有大星曰狼。狼角變色，多盜賊。下有四星曰弧，直狼。”又《晋書·天文志上》：“狼一星，在東井東南。狼爲野將，主侵掠。色有常，不欲動也。北七星曰天狗，主守財。弧九星，在狼東南，天弓也，主備盜賊，常向於狼。” 垂象：趙幼文《校箋》謂《太平御覽》卷三三九引“象”字作“曜”。按，郝經《續後漢書》及《初學記》卷二二引亦作“象”，《藝文類聚》卷六〇引則作“蒙”。

［24］黃農：指黃帝與神農氏。《史記》卷一《五帝本紀》謂黃帝名軒轅，當時“神農氏衰。諸侯相侵伐，暴虐百姓，而神農氏弗能征。於是軒轅乃習用干戈，以征不享，諸侯咸來賓從”。

[25] 高辛:《史記·五帝本紀》謂高辛即帝嚳,"黃帝之曾孫也"。 共:指共工。載籍對共工之記叙不盡相同。《淮南子·原道訓》云:"昔者共工之力觸不周之山,使地東南傾,與高辛爭爲帝,遂潜於淵,宗族殘滅,繼嗣絶祀。"

[26] 舜征有苗:《太平御覽》卷八一引《帝王世紀》:"舜年八十即真,八十三而薦禹,九十五而使禹攝政,攝五年有苗氏叛,南征,崩於鳴條,年百歲。"

[27] 啓有甘師:啓,夏禹之子,繼禹位。《史記》卷二《夏本紀》云:"有扈氏不服,啓伐之,大戰於甘,將戰,作《甘誓》,乃召六卿申之。"裴駰《集解》引馬融曰: "甘,有扈氏南郊地名。"

[28] 湯有鳴條:《史記·夏本紀》云:"湯修德,諸侯皆歸湯。湯遂率兵以伐夏桀。桀走鳴條,遂放而死。"鳴條,在今山西運城市東北。

[29] 周之牧野:《史記》卷四《周本紀》謂周武王於"二月甲子昧爽,武王朝至於商郊牧野,乃誓。武王左杖黃鉞,右秉白旄,以麾"。"誓已,諸侯兵會者車四千乘,陳師牧野。"牧野,指今河南淇縣以南、衛輝市以北地區。

[30] 漢之垓下:《史記》卷八《高祖本紀》謂"高祖與諸侯兵共擊楚軍,與項羽決勝垓下"。楚軍"大敗垓下。項羽卒聞漢軍之楚歌,以爲漢盡得楚地,項羽乃敗而走,是以兵大敗"。垓下,在今安徽靈璧縣南沱河北岸。

[31] 乃自:殿本《考證》云:"元本作'乃聞'。"按,郝經《續後漢書》亦作"乃自"。

[32] 黃虞是祖:按,《史記·五帝本紀》言顓頊乃黃帝之孫,而舜爲顓頊七世孫。又《史記》卷三六《陳杞世家》云:"昔舜爲庶人時,堯妻之二女居於嬀汭,其後因爲氏姓,姓嬀氏。"《通志·氏族略三》則謂"又有孫氏,嬀姓,齊陳敬仲四世孫桓子無宇之後也"。"桓子曾孫武,以齊之田、鮑四族謀爲亂,奔吳,爲將。武

之子明，食邑於富春，自是世爲富春人”。而孫堅乃吳郡富春人，故此云“黃、虞是祖”。

〔33〕大繇（yóu）：大道。《漢書》卷一〇〇上《叙傳上》載《幽通之賦》“謨先聖之大繇兮”，顏師古注：“謨，謀也。繇，道也。”

〔34〕太一：百衲本作“太乙”，殿本、盧弼《集解》本、校點本作“太一”。按，“太乙”同“太一”，今從殿本等。太一，星名。即帝星。又名北極二。因離北極星最近，故隋唐以前文獻多以之爲北極星。《史記·天官書》云：“中宮天極星，其一明者，太一常居也。”

〔35〕五將三門：古代稱北極星周圍的五個星座爲五將。《後漢書》卷八〇下《高彪傳》：“天有太一，五將三門。”李賢注：“《太一式》：‘凡舉事皆欲發三門，順五將。’發三門者，開門、休門、生門。五將者，天目、文昌等。”

〔36〕四靈：《禮記·禮運》：“何謂四靈？麟、鳳、龜、龍謂之四靈。”孔穎達疏：“以此四獸皆有神靈，異於他物，故謂之靈。”

〔37〕處中：趙幼文《校箋》謂《建康實錄》作“中央”。按，郝經《續後漢書》亦作“處中”。

〔38〕太常：旗名。畫有日月的旌旗稱太常。《周禮·春官·司常》：“王建太常，諸侯建旗。”鄭玄注：“旗畫成物之象，王畫日月，象天明也。”又《續漢書·輿服志上》謂天子“建太常，十有二斿，九刃曳地，日月升龍，象天明也”。劉昭注引鄭衆曰：“太常，九旗之畫日月者。”

〔39〕神實使之：百衲本、盧弼《集解》本“實”字作“寔”，殿本、校點本作“實”。按，二字通，今從殿本等。

〔40〕赤烏銜書：《吕氏春秋·有始覽·應同》：“文王之時，天先見火，赤烏銜書集於周社。”（參盧弼《集解》）

〔41〕河洛：指河圖洛書。《易·繫辭上》：“河出圖，洛出書，聖人則之。”河，黃河。洛，洛水。據《尚書·顧命》《尚書·洪

範》孔安國之注解及《漢書·藝文志》引劉歆之説，謂伏羲時有龍馬出於黃河，馬背上有文點，故稱河圖，伏羲因取法以畫八卦。夏禹治水時有神龜出於洛水，龜背之裂紋有如文字，故稱洛書，夏禹取法而作《尚書·洪範》之"九疇"。

[42] 鄉侯：爵名。漢制列侯大者食縣邑，小者食鄉、亭。東漢後期，遂以食鄉、亭者稱爲鄉侯、亭侯。三國因之。

[43] 左右領軍：皆官名。即左領軍與右領軍。漢獻帝建安中，曹操置領軍，統領禁衛軍，屬丞相府。孫吳又置左、右領軍。

[44] 都督河北：即都督河北諸軍事。魏文帝黃初中置都督諸州軍事，或兼領刺史，或統領所督州之軍事，無固定品級，多帶將軍名號。河北，指黃河以北地區。 振威將軍：官名。東漢爲雜號將軍，統兵出征。魏、晉沿之，第四品。

[45] 天綱：王朝的綱紀。

[46] 播越：流亡。

[47] 煙火：趙幼文《校箋》謂《册府元龜》卷四一一引"煙"字作"土"。按，宋本《册府元龜》亦作"煙"。

[48] 敷演：傳布發揮。 皇極：帝王統治天下的準則。

[49] 覆燾：猶覆被。謂施恩，加惠。

[50] 大鬴：趙幼文《校箋》謂《册府元龜》卷四一一引"鬴"字作"猷"。按，二字義通，而宋本《册府元龜》亦作"鬴"。

[51] 殷民倒戈：《史記·周本紀》："帝紂聞武王來，亦發兵七十萬人距武王。武王使師尚父與百夫致師，以大卒馳帝紂師。紂師雖衆，皆無戰之心，心欲武王亟入。紂師皆倒兵以戰，以開武王。"

[52] 四面楚歌：《史記》卷七《項羽本紀》："項王軍壁垓下，兵少食盡，漢軍及諸侯兵圍之數重。夜聞漢軍四面皆楚歌，項王乃大驚曰：'漢軍已得楚乎？是何楚人之多也！'"

[53] 伊尹去夏入商：《史記》卷三《殷本紀》謂商湯得伊尹

後，即任以國政。而"伊尹去湯適夏。既醜有夏，復歸於亳。入自北門，遇女鳩、女房，作《女鳩女房》"。裴駰《集解》引孔安國曰："鳩、房二人，湯之賢臣也。二篇言所以醜夏而還之意也。"

[54] 陳平委楚歸漢：《史記》卷五六《陳丞相世家》謂秦末陳涉起兵爲陳王後，陳平投歸魏王咎。後因魏王不聽其言，又有人讒之，平因亡去而投楚王項羽。項羽以平爲信武君、都尉。又因漢王劉邦攻下陳平所擊降的殷地，項羽怒，將誅定殷之將吏。陳平懼誅，遂去楚而投漢，後爲漢出謀劃策，屢建大功。

[55] 曹氏：指魏文帝曹丕。曹丕與吳質情誼甚篤。

[56] 綢繆：深厚。《莊子・則陽》"聖人綢繆"陸德明音義："綢繆，猶纏綿也。又云，深奧也。"

[57] 志望高大：趙幼文《校箋》謂《册府元龜》卷四一一引作"志高遠大"。按，宋本《册府元龜》亦作"志望高大"。

[58] 同儕者：百衲本"儕"字作"濟"，殿本、盧弼《集解》本、校點本作"儕"，郝經《續後漢書》亦作"儕"。今從殿本等。

[59] 搆會：進讒言陷害。

[60] 孔疚：極其痛苦。

[61] 樂毅：戰國燕將。燕昭王時任亞卿。後率軍擊破齊國，先後攻下七十餘城，以功封爲昌國君。及燕昭王死，惠王即位，中齊反間計，使騎劫代樂毅爲將。樂毅畏懼，遂西投趙。趙封樂毅於觀津，號望諸君。（《史記》卷八〇《樂毅列傳》）

[62] 休烈：盛美的事業。

[63] 二三其德：謂不專一，反復無定。

[64] 魏郡：治所鄴縣，在今河北臨漳縣西南鄴鎮東一里半。

[65] 章表：殿本作"章奏"，百衲本、盧弼《集解》本、校點本作"章表"。今從百衲本等。

[66] 款心：百衲本、盧弼《集解》本作"疑心"，殿本作"款心"，校點本從何焯説據《册府元龜》改作"款心"。今從殿本。款心，誠心。《廣雅・釋詁一》："款，誠也。"

　　[67] 幾（jì）：通"冀"。期待，希望。《左傳·哀公十六年》："國人望君，如望歲焉，日日以幾。"杜預注："冀君來。"陸德明釋文："幾，音冀，本或作冀。"

　　[68] 高子：春秋齊國大夫。當時魯國莊公病死，其子子般繼位，而莊公弟慶父卻使人刺死子般而立閔公。閔公二年（前660）秋八月，慶父又使人刺殺閔公而出奔莒。冬，齊桓公即遣高子入魯助立新君。《春秋》閔公二年："冬，齊高子來盟。"《公羊傳》謂"莊公死，子般弒，閔公弒。此三君死，曠年無君，設以齊取魯，曾不興師，徒以言而已矣。桓公使高子將南陽之甲，立僖公而城魯"。"魯人至今以爲美談，曰猶望高子也"。（參郝經《續後漢書》荀宗道注）

　　[69] 蒼蠅：即青蠅。比喻進讒言的小人。《詩·小雅·青蠅》："營營青蠅，止于樊。豈弟君子，無信讒言。"

　　[70] 有罪之日：百衲本"日"字作"且"，殿本、盧弼《集解》本、校點本作"日"。今從殿本等。

　　[71] 商鞅：戰國時衛國人。公孫氏，名鞅。爲秦孝公所用，實行變法，獎勵耕織，生産多者可免徭役；以軍功大小給予爵位等級；廢除貴族世襲特權；等等。亦因戰功封商（今陝西商州市東南）十五邑，號商君，故稱商鞅。商鞅之變法，奠定了秦國富强的基礎。但秦孝公死後，商鞅被貴族陷害，車裂而死。（見《史記》卷六八《商君列傳》）　白起：戰國秦名將。秦昭王時曾爲左更、國尉、大良造。屢戰屢勝，奪得韓、趙、魏、楚不少土地。楚昭王二十九年攻克楚郢都，因功封武安君。長平之戰大破趙軍，坑殺俘虜四十多萬人。後爲相國范睢所妒忌，被賜死。（見《史記》卷七三《白起列傳》）

　　[72] 吳起：戰國時衛國人。初爲魯將，攻齊，大破之。後被人讒毀，魯君疑之。吳起遂入魏。魏文侯以之爲將，擊秦，拔五城。魏文侯以吳起善用兵，廉平，能得士卒心，乃以爲西河守。魏文侯死後，吳起遭陷害，遂離魏奔楚。（見《史記》卷六五《吳起

列傳》）

[73] 伍員：字子胥，春秋楚大夫伍奢之次子。伍奢及其長子伍尚遭讒毀被楚平王所殺。伍員逃至吳國，助吳王闔廬取得王位，又佐吳王伐楚，攻入楚郢都，時楚平王已死數年，伍員乃掘楚平王墓，出其屍，鞭之三百，以報殺父兄之仇。其後，吳以伍員、孫武之謀，西破强楚，北威齊、晋，南服越人，盛極一時。但吳王闔廬死後，其子吳王夫差不聽伍員等之善謀，伍員反被疑賜死，吳國也終於滅亡。（見《史記》卷六六《伍子胥列傳》）

[74] 淮泗：此指流經今江蘇北部之淮水與泗水。

[75] 下邳：郡名。治所下邳縣，在今江蘇睢寧縣西北。

[76] 荊：州名。魏刺史治所宛縣，在今河南南陽市。 揚：州名。魏刺史治所壽春縣，在今安徽壽縣。

[77] 關西：地區名。指函谷關以西之地。

[78] 青：州名。刺史治所臨菑縣，在今山東淄博市東北臨淄鎮北。 徐：州名。刺史治所彭城縣，在今江蘇徐州市。

[79] 許：縣名。治所在今河南許昌縣東。爲漢獻帝之都城，魏於此有駐軍。 洛：指洛陽縣。治所在今河南洛陽市東北白馬寺東。

[80] 加以：殿本、盧弼《集解》本作“加諸”，百衲本、校點本作“加以”。今從百衲本等。

[81] 隱度：吳金華《校詁》謂“隱度”乃同義之字平列，隱亦度也。“隱度”猶言揣摩，乃漢末常語。

[82] 投此時：吳金華《校詁》云：“猶言趁此時機。”

[83] 許子遠：許攸字子遠。原爲袁紹謀士，官渡之戰中離袁紹而投曹操。事迹主要見本書卷六《袁紹傳》、卷一二《崔琰傳》裴注引《魏略》。

[84] 應見：劉淇《助字辨略》卷四：“應，猶即也。”

[85] 實聞其言：吳金華《〈三國志〉待質錄》謂易培基《補注》說：“‘實聞其言’《通志》作‘實聞斯言’。”抽繹文理，作

"斯"近是。

［86］二年：指黃龍二年。

［87］微子：殷紂王之庶兄。紂暴虐無道，微子數諫，紂不聽。微子遂出亡。（見《史記》卷三八《宋微子世家》）

［88］主者：主管之官。

［89］於（wū）邑：亦作"於悒"。憂鬱煩悶。

［90］曷惟其已：《詩·邶風·綠衣》："心之憂矣，曷維其已。"曷，何。維，語助詞。已，停止。

［91］辭觀：言辭與儀容。

［92］東方朔：字曼倩。漢武帝時爲常侍郎、太中大夫。性詼諧滑稽，善於辭賦。（見《漢書》卷六五《東方朔傳》）

［93］禰衡：字正平。東漢末避難至荆州，建安初曾至許都。善言辯，有文才。事迹主要見本書卷一○《荀彧傳》裴注引《平原禰衡傳》。

［94］都輦：京都。

［95］廷尉監：官名。掌拘捕，參議案例、律條，審理疑獄。與廷尉正、平通署公牘，互相監督。稱爲廷尉三官。魏、晋第六品。孫吳亦置。

［96］左將軍：官名。東漢時位如上卿，與前、後、右將軍掌京師兵衛和邊防屯警。魏、晋亦置，第三品。權位漸低，略高於一般雜號將軍，不典禁兵，不與朝政，僅領兵征戰。孫吳亦置。 廷尉：官名。東漢時爲列卿之一，秩中二千石，掌司法刑獄。三國沿置。

［97］左執法：官名。孫吳置。左、右、中執法各一員，共平諸官事。

［98］遼東之事：指孫權將遣張彌、許晏至遼東拜公孫淵爲燕王。張昭等大臣諫阻未果。詳見本書卷五二《張昭傳》、卷四七《吳主傳》嘉禾二年。

［99］輔吳將軍：官名。孫吳置，位次三公。

［100］豈有無伴：郝經《續後漢書》引作“豈無儔伴”。

［101］閉口：百衲本“閉”字作“圍”，殿本、盧弼《集解》本、校點本、郝經《續後漢書》作“閉”。今從殿本等。

性嗜酒，酒後歡呼極意，或推引杯觴，搏擊左右。權愛其才，弗之責也。[1]

凡自權統事，諸文誥策命，鄰國書符，略皆綜之所造也。初以內外多事，特立科，長吏遭喪，[2]皆不得去，而數有犯者。權患之，使朝臣下議。綜議以爲宜定科文，示以大辟，[3]行之一人，其後必絶。遂用綜言，由是奔喪乃斷。

赤烏六年卒，[4]子沖嗣。沖平和有文幹，天紀中爲中書令。[5]〔一〕

〔一〕《吳録》曰：沖後仕晉尚書郎、吳郡太守。[6]

［1］弗之責也：趙幼文《校箋》謂《太平御覽》卷八四六引作“不備責也”。

［2］遭喪：指遭父母之喪。

［3］大辟：死刑。

［4］赤烏：吳大帝孫權年號（238—251）。

［5］天紀：吳末帝孫晧年號（277—280）。 中書令：官名。孫吳仿西漢之制，置爲中書長官，主草擬詔令。

［6］尚書郎：官名。東漢之制，取孝廉之有才能者入尚書臺，初入臺稱守尚書郎中，滿一年稱尚書郎，三年稱侍郎，統稱尚書郎，秩四百石。凡置三十六員，分隸六曹尚書治事，主要掌文書起草。

徐詳者字子明[1]，吳郡烏程人也，[2]先綜死。

[1] 徐詳：趙幼文《校箋》謂《太平御覽》卷六九引“詳”字作“祥”，《建康實錄》同。按，本書《吳主傳》、《顧譚傳》裴注引《吳書》、《諸葛恪傳》裴注引《江表傳》皆作“徐詳”，蕭常及郝經之《續後漢書》、《通鑑》卷六八亦作“徐詳”。

[2] 烏程：縣名。治所在今浙江湖州市南下菰城。

評曰：是儀、徐詳、胡綜，[1]皆孫權之時幹興事業者也。儀清恪貞素，詳數通使命，綜文采才用，各見信任，辟之廣夏，其榱椽之佐乎！

[1] 徐詳：陳景雲《辨誤》與潘眉《考證》均謂陳壽評語中有徐詳，則此傳當有徐詳之傳，而僅於傳末叙徐詳之字、里，係後人之附益，詳傳已佚。潘眉《考證》還據本書各傳增補了徐詳之行事。劉咸炘《知意》則云：“此本以綜、詳合傳，此等正是圓神之遺，非無傳也，固非附見，亦不勞補。傳末乃書詳字、里，亦行文之宜，非後人附益。”按，劉説在理。

三國志 卷六三

吳書十八

吳範劉惇趙達傳第十八

　　吳範字文則，會稽上虞人也。[1]以治曆數，[2]知風氣，聞於郡中。[3]舉有道，[4]詣京都，[5]世亂不行。會孫權起於東南，範委身服事，每有災祥，輒推數言狀，其術多效，遂以顯名。

　　初，權在吳，[6]欲討黃祖，範曰：“今茲少利，不如明年。明年戊子，[7]荆州劉表亦身死國亡。”[8]權遂征祖，卒不能克。明年，軍出，行及尋陽，[9]範見風氣，因詣船賀，催兵急行，至即破祖，祖得夜亡。權恐失之，範曰：“未遠，必生禽祖。”至五更中，[10]果得之。劉表竟死，荆州分割。

　　及壬辰歲，[11]範又白言：“歲在甲午，[12]劉備當得益州。”[13]後吕岱從蜀還，[14]遇之白帝，[15]説備部衆離落，死亡且半，事必不克。權以難範，範曰：“臣所言者天道也，而岱所見者人事耳。”備卒得蜀。

權與呂蒙謀襲關羽，議之近臣，多曰不可。權以問範，範曰：“得之。”後羽在麥城，[16]使使請降。權問範曰：“竟當降否？”範曰：“彼有走氣，言降詐耳。”權使潘璋邀其徑路，覘候者還，[17]白羽已去。範曰：“雖去不免。”問其期，曰：“明日日中。”權立表下漏以待之。[18]及中不至，[19]權問其故，範曰：“時尚未正中也。”頃之，有風動帷，範拊手曰：[20]“羽至矣。”須臾，外稱萬歲，傳言得羽。

後權與魏爲好，範曰：“以風氣言之，彼以貌來，其實有謀，宜爲之備。”劉備盛兵西陵，[21]範曰：“後當和親。”終皆如言。其占驗明審如此。

權以範爲騎都尉，[22]領太史令，[23]數從訪問，欲知其決。[24]範祕惜其術，不以至要語權。權由是恨之。〔一〕

〔一〕《吳錄》曰：範獨心計，所以見重者術，術亡則身棄矣，故終不言。

[1] 會稽：郡名。治所山陰縣，在今浙江紹興市。　上虞：縣名。治所在今浙江上虞市。

[2] 曆數：猶曆法。觀測天象以推算年時節候的方法。

[3] 郡中：趙幼文《校箋》謂《文選》陸士衡《辨亡論》李善注引“郡”字作“部”。

[4] 有道：東漢選舉人才科目之一。

[5] 京都：百衲本“都”字作“師”，殿本、盧弼《集解》本、校點本作“都”。今從殿本等。

[6] 吳：郡名。治所吳縣，在今江蘇蘇州市。

［7］戊子：爲漢獻帝建安十三年（208）。

［8］荆州：劉表爲州牧治所襄陽縣，在今湖北襄陽市。

［9］尋陽：縣名。治所在今湖北黃梅縣西南。

［10］五更：古代將夜間分爲五個時段，稱一更、二更、三更、四更、五更。每一更約今兩小時。

［11］壬辰：爲建安十七年（212）。

［12］甲午：爲建安十九年（214）。

［13］益州：刺史治所成都縣，在今四川成都市舊東西城區。

［14］蜀：地區名。指今四川成都平原一帶。戰國以前爲蜀國地。

［15］白帝：城名。在今重慶市奉節縣東白帝山上。何焯云：“先主入蜀。自葭萌還攻璋，無緣復在白帝與岱相遇。”（《義門讀書記》卷二八《三國志‧吳志》）趙幼文《校箋》則云：“《吕岱傳》注引《吳書》：‘建安十六年，岱督郎將尹異等，以兵二千人西，誘漢中賊帥張魯到漢興寋城，魯嫌疑斷道，事計不立，權遂召岱還。’竊疑吕岱欲與張魯交通，時曹魏據有襄樊，勢不得過。或假道於巴，與魯相聞。及權召岱還，先主方溯江西上，相遇於白帝，非無因也。”

［16］麥城：舊城名。在今湖北當陽市東南沮、漳水之間。

［17］覘候者：偵察者。

［18］表：指晷表。晷即日晷，是測度日影以確定時刻的儀器。晷表則是日晷上測量日影的標竿。　漏：古代計時器。即漏壺，亦即利用滴水多寡來計量時間的一種儀器。

［19］及中：趙幼文《校箋》謂《建康實録》“及”下有“日”字。

［20］拊手：百衲本作“柎手”，殿本、盧弼《集解》本、校點本作“拊手”。今從殿本等。拊手，拍手。

［21］西陵：縣名。即夷陵縣，孫吳改稱西陵。治所在今湖北宜昌市東南。

[22] 騎都尉：官名。孫吳時統羽林兵，宿衞左右。

[23] 太史令：官名。東漢時秩六百石，屬太常。掌天時、星曆、歲終奏新曆，國祭、喪、嫁娶奏良日及時節禁忌，有瑞應、灾異則記之。孫吳沿置，並兼撰史。

[24] 決：殿本《考證》云“《太平御覽》作‘訣’。”趙幼文《校箋》謂《太平御覽》卷二三五引作“訣”。考《說文新附》：“訣，一曰法也。”按，“決”通“訣”。《列子·說符》：“衞人有善數者，臨死，以決喻其子。”楊伯峻注謂《道藏》白文本等“決”皆作“訣”。“此決即訣，法也”。

　　初，權爲將軍時，範嘗白言江南有王氣，亥子之間有大福慶。[1]權曰：“若終如言，以君爲侯。”及立爲吳王，範時侍宴，曰：“昔在吳中，嘗言此事，大王識之邪？”權曰：“有之。”因呼左右，以侯綬帶範。範知權欲以厭當前言，輒手推不受。及後論功行封，以範爲都亭侯。[2]詔臨當出，權恚其愛道於己也。削除其名。

　　範爲人剛直，頗好自稱，然與親故交接有終始。素與魏滕同邑相善。滕嘗有罪，權責怒甚嚴，敢有諫者死，範謂滕曰：“與汝偕死。”滕曰：“死而無益，何用死爲？”範曰：“安能慮此，坐觀汝邪！”乃髠頭自縛詣門下，[3]使鈴下以聞。[4]鈴下不敢，曰：“必死，不敢白。”[5]範曰：“汝有子邪？”曰：“有。”曰：“使汝爲吳範死，子以屬我。”鈴下曰：“諾。”乃排閤入。言未卒，權大怒，欲便投以戟。[6]逡巡走出，[7]範因突入，叩頭流血，言與涕並。良久，權意釋，乃免滕。

滕見範謝曰："父母能生長我，不能免我於死。丈夫相知，如汝足矣，何用多爲！"〔一〕

〔一〕《會稽典録》曰：滕字周林，祖父河内太守朗，[8]字少英，列在八俊。[9]滕性剛直，行不苟合，雖遭困偪，終不迴撓。初亦迮策，幾殆，賴太妃救得免，語見妃嬪傳。[10]歷（歷山）〔歷陽〕、（潘陽）〔鄱陽〕、山陰三縣令，[11]鄱陽太守。[12]

[1] 亥子：建安二十四年爲己亥，二十五年（延康元年）爲庚子。據本書卷四七《吳主傳》，建安二十四年曹操表孫權爲驃騎將軍，假節領荆州牧，封南昌侯。延康元年（220）魏文帝曹丕策封孫權爲吳王。

[2] 都亭侯：爵名。位在鄉侯下，食禄於都亭。都亭，城郭附近之亭。

[3] 髡頭：剃去頭髮。　門下：趙幼文《校箋》謂《太平御覽》卷六四九引《會稽典録》作"閣下"，是也。按，《太平御覽》卷四〇七引《吳志》亦作"門下"。

[4] 鈴下：吏名。漢朝官府的侍從小吏，因其在鈴閣之下，有警則掣鈴以呼，故名。魏、晋或作爲門史之代稱。

[5] 必死不敢白：趙幼文《校箋》謂《太平御覽》卷四〇七、卷六四九引作"必死不可"，無"敢白"二字。

[6] 欲便：趙幼文《校箋》謂《太平御覽》引"欲"下無"便"字。

[7] 逡巡：退避。《爾雅·釋言》："逡，退也。"郝懿行《義疏》："《玉篇》：'逡，巡也，退也，卻也。'《廣韻》：'逡巡，退也。'"

[8] 河内：郡名。治所懷縣，在今河南武陟縣西南。

[9] 八俊：《後漢書》卷六七《黨錮列傳序》云："李膺、荀

翌、杜密、王暢、劉祐、魏朗、趙典、朱寓爲'八俊'。俊者，言人之英也。"

［10］語見妃嬪傳：吳金華《〈三國志集解〉箋記》謂"見"當作"在"。"語在某某紀"或"語在某某傳"是史家的慣用模式，《史記》《漢書》《三國志》皆如此。裴松之在注中沿用這套術語二十餘次，這一例外，應是傳寫的錯誤。

［11］歷陽鄱陽：各本皆作"歷山""潘陽"。潘眉《考證》云："'歷山'當爲'歷陽'，'潘陽'當爲'鄱陽'。"梁章鉅《旁證》亦云："吳時無歷山縣、潘陽縣也。"校點本即從潘眉說改。今從之，歷陽縣治所在今安徽和縣。鄱陽縣治所在今江西鄱陽縣東北。

［12］鄱陽：郡名。治所即鄱陽縣。

黃武五年，[1]範病卒。長子先死，少子尚幼，於是業絕。權追思之，募三州有能舉知術數如吳範、趙達者，[2]封千户侯，卒無所得。〔一〕

〔一〕《吳録》曰：範先知其死日，謂權曰："陛下某日當喪軍師。[3]"權曰："吾無軍師，焉得喪之？"範曰："陛下出軍臨敵，須臣言而後行，臣乃陛下之軍師也。"至其日果卒。

臣松之案，範死時，權未稱帝，此云陛下，非也。

［1］黃武：吳王孫權年號（222—229）。

［2］三州：荆、揚、交三州。

［3］軍師：官名。漢末建安中曹操丞相府置，有中、前、後、左、右軍師及軍師祭酒等名目，爲丞相府高級幕僚。三國時，各國皆置，而名目隸屬各有不同。孫吳有軍師、副軍師、左右軍師，不隸相府，地位甚高，或以丞相、左右大司馬兼任。但孫權爲吳王時

尚未置。

劉惇字子仁，平原人也。[1]遭亂避地，客遊廬陵，[2]事孫輔，以明天官達占數顯於南土。[3]每有水旱寇賊，皆先時處期，[4]無不中者。輔異焉，以爲軍師，軍中咸敬事之，號曰神明。

建安中，[5]孫權在豫章，[6]時有星變，以問惇，惇曰："災在丹楊。[7]"權曰："何如？"曰："客勝主人，到某日當得問。"[8]是時邊鴻作亂，卒如惇言。

惇於諸術皆善，尤明太乙，[9]皆能推演其事，窮盡要妙，著書百餘篇，名儒刁玄稱以爲奇。惇亦寶愛其術，不以告人，故世莫得而明也。

［1］平原：郡名。治所平原縣，在今山東平原縣西南。

［2］廬陵：郡名。治所廬陵縣，在今江西吉安市西南。

［3］天官：天文。　占數：占卜。

［4］處期：斷定日期。

［5］建安：漢獻帝劉協年號（196—220）。

［6］豫章：郡名。治所南昌縣，在今江西南昌市。

［7］丹楊：郡名。治所宛陵縣，在今安徽宣州市。

［8］某日：百衲本作"其日"，殿本、盧弼《集解》本、校點本、蕭常及郝經之《續後漢書》皆作"某日"。今從殿本等。

［9］太乙：潘眉《考證》云："太乙，緯書也。以一爲太極，因之生二目，二目生四輔；又有計神，與太乙合之爲八將。其以歲月日時爲綱，而以八將爲緯，三臺五福十精之類爲經。"又云："占家以爲聖書，私相傳習。"

趙達，河南人也。[1]少從漢侍中單甫受學，[2]用思精密，謂東南有王者氣，可以避難，故脫身渡江。治九宮一算之術，[3]究其微旨，是以能應機立成，對問若神，至計飛蝗，射隱伏，[4]無不中效。或難達曰：“飛者固不可校，誰知其然，此殆妄耳。”達使其人取小豆數斗，[5]播之席上，立處其數，驗覆果信。嘗過知故，[6]知故爲之具食。食畢，謂曰：“倉卒乏酒，又無嘉肴，無以敍意，[7]如何？”達因取盤中隻箸，再三從橫之，乃言：“卿東壁下有美酒一斛，又有鹿肉三斤，何以辭無？”時坐有他賓，內得主人情，主人慙曰：“以卿善射有無，[8]欲相試耳，竟效如此。”遂出酒酤飲。又有書簡上作千萬數，著空倉中封之，令達算之。達處如數，云：“但有名無實。”其精微若是。

達寶惜其術，自闞澤、殷禮皆名儒善士，親屈節就學，達秘而不告。太史丞公孫滕少師事達，[9]勤苦累年，達許教之者有年數矣，臨當喻語而輒復止。滕他日齎酒具，候顔色，拜跪而請，達曰：“吾先人得此術，欲圖爲帝王師，至仕來三世，不過太史郎，[10]誠不欲復傳之。且此術微妙，頭乘尾除，一算之法，父子不相語。然以子篤好不倦，今真以相授矣。”[11]飲酒數行，達起取素書兩卷，大如手指，達曰：“當寫讀此，則自解也。吾久廢，不復省之，今欲思論一過，數日當以相與。”滕如期往，至乃陽求索書，[12]驚言失之，云：“女壻昨來，必是渠所竊。[13]”遂從此絶。

初，孫權行師征伐，每令達有所推步，[14]皆如其

言。權問其法，達終不語，由此見薄，禄位不至。〔一〕

〔一〕《吳書》曰：初，權即尊號，令達算作天子之後，當復幾年？達曰：“高祖建元十二年，[15]陛下倍之。”權大喜，左右稱萬歲。果如達言。[16]

[1]河南：即河南尹，治所洛陽縣，在今河南洛陽市東北白馬寺東。

[2]侍中：官名。東漢時秩比二千石。掌門下眾事，侍從左右，應對顧問。漢靈帝時置侍中寺，不再隸屬少府。

[3]九宮一算：古代算法名。漢代徐岳《數術記遺》：“九宮算，五行參數，猶如循環。”甄鸞注：“九宮者，即二四爲肩，六八爲足，左三右七，戴九履一，五居中央。”

[4]射隱伏：即射覆。猜測藏匿之物。

[5]斗：趙幼文《校箋》謂《藝文類聚》卷八五引作“升”，《太平御覽》卷八四七（當作八四一）引亦作“升”。

[6]過：拜訪。

[7]敍意：表達心意。

[8]善射有無：趙幼文《校箋》謂《太平御覽》卷七五〇引無“有無”二字，蕭常《續後漢書》同。

[9]太史丞：官名。爲太史令之副貳。

[10]至仕：蕭常《續後漢書》“至”字作“自”，郝經《續後漢書》又作“至”。　太史郎：官名。孫吳置。屬太史令，掌觀測天文氣象，推算曆法。

[11]今真：趙幼文《校箋》謂《册府元龜》卷八七六引“真”字作“直”。按，宋本《册府元龜》亦作“真”。

[12]陽：假裝。

[13]渠：他。

［14］推步：此謂推算天象，預測吉凶。

［15］高祖：漢高祖劉邦。

［16］果如達言：孫權自黃龍元年（229）至太元二年（252）爲帝，實二十四周年。

　　達常笑謂諸星氣風術者曰：“當迴算帷幕，不出戶牖以知天道，而反晝夜暴露以望（氣）〔氛〕祥，[1]不亦難乎！”閒居無爲，引算自校，乃歎曰：“吾算訖盡某年月日，其終矣。”達妻數見達效，聞而哭泣。達欲弭妻意，[2]乃更步算，言：“向者謬誤耳，尚未也。”後如期死。權聞達有書，求之不得，乃録問其女，及發棺無所得，[3]法術絕焉。〔一〕

　　〔一〕《吳録》曰：皇象字休明，廣陵江都人。[4]幼工書。[5]時有張子並、陳梁甫能書。[6]甫恨逋，並恨峻，象斟酌其間，甚得其妙，中國善書者不能及也。嚴武字子卿，衛尉畯再從子也，[7]圍棊莫與爲輩。宋壽占夢，十不失一。曹不興善畫，[8]權使畫屏風，誤落筆點素，因就以作蠅。既進御，權以爲生蠅，舉手彈之。孤城鄭嫗能相人，[9]及範、悖、達八人，世皆稱妙，謂之八絕云。

　　《晉陽秋》曰：吳有葛衡字思真，[10]明達天官，能爲機巧，作渾天，[11]使地居于中，以機動之，天轉而地止，以上應晷度。[12]

　　［1］氛祥：各本皆作“氣祥”。盧弼《集解》云：“氣，疑作氛。”趙幼文《校箋》謂錢儀吉曰：“何焯校改‘氣’作‘氛’。”是也。《國語·晉語》“見翟柤之氛”韋昭注：“凶曰氛，吉曰祥。”

《太平御覽》卷七五〇引正作“氛”，郝經《續後漢書》同。今從趙説改。

[2] 欲玬：百衲本“欲”上還有一“欲”字，殿本、盧弼《集解》本、校點本、郝經《續後漢書》皆無。今從殿本等。玬，安定。

[3] 發棺：殿本、盧弼《集解》本作“發達棺”，百衲本、校點本作“發棺”，郝經《續後漢書》同。今從百衲本等。

[4] 廣陵：郡名。東漢治所廣陵縣，在今江蘇揚州市西北蜀岡上。 江都：縣名。治所在今江蘇揚州市西南。

[5] 書：書法。侯康《補注續》云：“王僧虔《能書人名録》曰：吳人皇象能草書，世稱沈著痛快。”

[6] 張子並：《後漢書》卷八〇下《張超傳》謂張超字子並，“善於草書，妙絶時人，世共傳之”。 陳梁甫：侯康《補注續》云：“陳梁甫無考，《書斷》作‘良甫’。”

[7] 衛尉：官名。漢九卿之一，秩中二千石。掌宮門警衛。

[8] 善畫：侯康《補注續》云：“謝赫《古畫品録》：不興之迹，殆莫獲得，秘閣之内，一龍而已，觀其風骨，名豈虛成?”

[9] 孤城：即“菰城”。烏程城之別稱，在今浙江湖州市南下菰城。

[10] 葛衡：百衲本作“葛衟”，殿本、盧弼《集解》本、校點本作“葛衡”。今從殿本等。潘眉《考證》云：“《太平御覽》二引《晉陽秋》作‘葛衟字思真’。‘衟’古‘道’字，字曰思真，似當爲‘衟’字。此‘衡’字誤。”按，《太平御覽》卷七五二引《晉陽秋》又作“吳葛衡字思直”，則裴注之“字思真”當作“字思直”。

[11] 作渾天：趙幼文《校箋》謂《太平御覽》卷七五二引作“故作渾天儀”。按，《太平御覽》卷二引又作“改作渾天”。渾天亦指渾天儀。古代觀測天體位置的儀器。

[12] 晷度：在日晷儀上投射的日影長短的度數。

　　評曰：三子各於其術精矣，其用思妙矣，然君子等役心神，[1]宜於大者遠者，是以有識之士，舍彼而取此也。〔一〕

　　〔一〕孫盛曰：夫玄覽未然，逆鑒來事，雖裨竈、梓慎其猶病諸，[2]況術之下此者乎？吳史書達知東南當有王氣，故輕舉濟江。魏承漢緒，受命中讖，達不能豫覩兆萌，而流竄吳越。[3]又不知咎術之鄙，見薄於時，安在其能逆覩天道而審帝王之符瑞哉？昔聖王觀天地之文，[4]以畫八卦之象，故豐豐成於著策，[5]變化形乎六爻，[6]是以三《易》雖殊，[7]卦繇理一，安有迴轉一籌，可以鈎深測隱，意對逆占，而能遂知來物者乎？流俗好異，妄設神奇，不幸之中，仲尼所棄，[8]是以君子志其大者，無所取諸。

　　臣松之以爲盛云“君子志其大者，無所取諸”，故評家之旨，非新聲也。其餘所譏，則皆爲非理。自中原酷亂，至于建安，數十年閒，生民殆盡，比至小康，皆百死之餘耳。江左雖有兵革，[9]不能如中國之甚也，[10]焉知達不算其安危，知禍有多少，利在東南，以全其身乎？而責不知魏氏將興，流播吳越，在京房之疇，[11]猶不能自免刑戮，況達但以秘術見薄，在悔吝之閒乎！古之道術，蓋非一方，探賾之功，豈惟六爻，苟得其要，則可以易而知之矣，迴轉一籌，胡足怪哉？達之推算，窮其要妙以知幽測隱，何愧於古！而以裨、梓限之，謂達爲妄，非篤論也。

　　《抱朴子》曰：時有葛仙公者，每飲酒醉，常入人家門前陂水中臥，竟日乃出。曾從吳主別，到洌州，[12]還遇大風，百官船多沒，仙公船亦沉淪，[13]吳主甚悵恨。明日使人鈎求公船，而登高以望焉。久之，見公步從水上來，衣履不沾，而有酒色。既見而言曰：“臣昨侍從而伍子胥見請，暫過設酒，忽忽不得，即委之。”又有姚光者，有火術。吳主身臨試之，積荻數千束，使光坐其上，又以數千束荻裹之，因猛風而燔之。荻了盡，謂光當以化爲燼，而光端坐灰中，振衣而起，把一卷書。吳主取其書視之，不能解也。

又曰：吳景帝有疾，求覡視者，[14]得一人。景帝欲試之，乃殺鵝而埋於苑中，架小屋，[15]施牀几，以婦人屐履服物著其上，乃使覡視之。告曰：“若能説此家中鬼婦人形狀者，[16]當加賞而即信矣。”竟日盡夕無言，帝推問之急，乃曰：“實不見有鬼，但見一頭白鵝立墓上，所以不即白之，疑是鬼神變化作此相，[17]當候其真形而定。[18]無復移易，不知何故，不敢不以實上聞。”景帝乃厚賜之。然則鵝死亦有鬼也。

葛洪《神仙傳》曰：仙人介象，字元則，會稽人，有諸方術。吳主聞之，徵象到武昌，[19]甚敬貴之，稱爲介君，爲起宅，以御帳給之，賜遺前後累千金，從象學蔽形之術。試還後宮，及出殿門，莫有見者。又使象作變化，種瓜菜百果，皆立生可食。吳主共論鱠魚何者最美，[20]象曰：“鯔魚爲上。”[21]吳主曰：“論近道魚耳，此出海中，安可得邪？”象曰：“可得耳。”乃令人於殿庭中作方埳，[22]汲水滿之，并求鈎。象起餌之，垂綸於埳中。[23]須臾，果得鯔魚。吳主驚喜，問象曰：“可食不？”象曰：“故爲陛下取以作生鱠，安敢取不可食之物！”乃使厨下切之。吳主曰：“聞蜀使來，得蜀薑作虀甚好，[24]恨爾時無此。”象曰：“蜀薑豈不易得，願差所使者，并付直。”[25]吳主指左右一人，以錢五十付之。象書一符，以著青竹杖中，使行人閉目騎杖，杖止，便買薑，訖復閉目。此人承其言騎杖，須臾止，已至成都，不知是何處，問人，人言是蜀市中，乃買薑。于時吳使張溫先在蜀，既於市中相識，甚驚，便作書寄其家。此人買薑畢，捉書負薑，騎杖閉目，須臾已還吳，厨下切鱠適了。

臣松之以爲葛洪所記，近爲惑衆，其書文頗行世，故撮取數事，載之篇末也。神仙之術，詎可測量，臣之臆斷，以爲惑衆，所謂夏蟲不知冷冰耳。[26]

〔1〕等役：殿本、盧弼《集解》本作“算役”，百衲本、校點本作“等役”。梁章鉅《旁證》云：“何焯曰：‘算役’宜從宋本作‘等役’。”今從百衲本等。

〔2〕裨竈：春秋鄭國大夫。　梓慎：春秋魯國大夫。二人皆善推災祥，但亦有不準之時，時人亦有不信之者。《左傳·昭公十七年》謂冬天慧星在大火星旁邊出現，光芒西達銀河。梓慎即預測明年五月宋國、衛國、陳國、鄭國將發生火災。鄭國的裨竈也向執政子産曰：“宋、衛、陳、鄭將同日火。若我用瓘斝玉瓚，鄭必不火。”子産弗與。《左傳·昭公十八年》又謂夏五月，大火星開始在黃昏出現。初七，刮風。初九，風刮得厲害。十四日，更加厲害。宋國、衛國、陳國、鄭國都發生了火災。梓慎登上大庭氏的庫房瞭望。裨竈又曰：“不用吾言，鄭又將火。”鄭人請求采納裨竈之言，子産仍不同意。子太叔曰：“寶以保民也，若有火，國幾亡。可以救亡，子何愛焉？”子産曰：“天道遠，人道邇，非所及也，何以知之？竈焉知於道？是亦多言矣，豈不或信？”終於不給，結果火災亦未發生。

〔3〕吳越：指今長江以南江浙一帶，古爲吳國、越國之地。

〔4〕聖王：指伏羲氏。

〔5〕亹亹（wěi）：勤勉不倦貌。　蓍策：卜筮所用的蓍草。代指卜筮。

〔6〕六爻：《周易》之六十四卦，每卦均由爻自下而上重叠而成，共六爻。爻分爲陰爻（﹣﹣）和陽爻（一）兩類。

〔7〕三易：指《連山》《歸藏》《周易》。相傳《連山》《歸藏》爲夏、商之《易》，早已失傳。

〔8〕仲尼所棄：《論語·述而》謂孔子“不語怪、力、亂、神”。

〔9〕江左：地區名。即江東，指今長江以南的江蘇、浙江、安徽一帶。詳解見本書卷一《武帝紀》興平元年注。

［10］中國：指中原地區。

［11］京房：西漢之《易》學大家。早年學《易》於焦延壽，長於災變之推占。漢元帝時爲郎官，所言災變徵兆，皆有應驗。後被中書令石顯陷害，下獄而死。（見《漢書》卷七五《京房傳》） 疇：殿本、盧弼《集解》本、校點本作「籌」，百衲本作「疇」，郝經《續後漢書》苟宗道注引作「儔」。按，「疇」同「儔」。《荀子・勸學》：「草木疇生，禽獸群焉。」楊倞注：「疇與儔同，類也。」今從百衲本。

［12］洌州：江中島名。一作溧州。在今江蘇南京市西南江寧鎮西長江中。

［13］沉淪：百衲本「沉」字作「没」，殿本、盧弼《集解》本、校點本作「沉」。今從殿本等。

［14］求覡（xí）視者：趙幼文《校箋》謂《太平御覽》卷七三四引作「求視鬼者」，卷九一九引作「使巫視鬼」。按，《太平御覽》所引皆題曰《吳志》。覡，本指爲人禱祝鬼神的男巫。後亦泛指巫師。

［15］架小屋：殿本作「築小屋」，百衲本、盧弼《集解》本、校點本作「架小屋」。今從百衲本等。

［16］鬼婦人：趙幼文《校箋》謂《太平御覽》卷七三四引無「婦人」二字。

［17］白之：趙幼文《校箋》謂《太平御覽》卷七三四引「之」下有「者」字。按，《太平御覽》卷九一九引又無「之者」二字。作此相：趙幼文《校箋》謂《太平御覽》卷七三四引「相」字作「想」。按，若作「想」，則屬下句。

［18］定：決定，確定。《字彙・宀部》：「定，決也。」

［19］武昌：縣名。治所在今湖北鄂州市。當時爲吳之都城。

［20］鱠（kuài）魚：「鱠」通「膾」。《論語・鄉黨》：「食不厭精，膾不厭細。」陸德明釋文：「膾又作鱠。」鱠魚，細切的魚肉。亦泛指魚肉。

〔21〕鯔（zī）魚：體延長，前部略成圓筒形，後部側扁。頭部平，吻寬而短，眼大。鱗片圓形，無側綫。生活於淺海及河口咸水、淡水交界處。是常見的食用魚。

〔22〕埳（kǎn）：坑穴。

〔23〕綸：釣絲。

〔24〕齏（jī）：碎末。謂調料。　其好：趙幼文《校箋》謂《太平御覽》卷九七七引作"至佳"。下有"此間薑永不及也"七字。

〔25〕并付直：殿本作"可付值"，盧弼《集解》本作"可付直"，百衲本、校點本作"并付直"。今從百衲本等。

〔26〕夏蟲不知冷冰：吳金華《〈三國志集解〉箋記》謂此語源出《莊子·秋水》："夏蟲不可語於冰者，篤於時也。"

三國志 卷六四

吳書十九

諸葛滕二孫濮陽傳第十九

諸葛恪字元遜，瑾長子也。少知名。[一]弱冠拜騎都尉，[1]與顧譚、張休等侍太子登講論道藝，[2]並為賓友。從中庶子轉為左輔都尉。[3]

〔一〕《江表傳》曰：恪少有才名，發藻岐嶷，[4]辯論應機，莫與為對。權見而奇之，謂瑾曰："藍田生玉，[5]真不虛也。"

《吳錄》曰：恪長七尺六寸，少鬚眉，折頞廣額，[6]大口高聲。

[1] 弱冠：古時男子二十歲束髮加冠，稱弱冠。《禮記‧曲禮》："二十曰弱，冠。" 騎都尉：官名。孫吳時，統羽林兵，宿衛左右。

[2] 道藝：指道德、學問與技能。《周禮‧天官‧宮正》："會其什伍而教之道藝。"鄭玄注："道謂先王所以教道民者，藝謂禮、樂、射、御、書、數。"

[3] 中庶子：官名。即太子中庶子。為太子侍從，東漢時秩六

百石，置五員，職如侍中，屬太子少傅。曹魏沿置。掌侍從、奏事、諫議等。蜀漢、孫吳亦置。　　左輔都尉：官名。孫權稱帝後，爲太子登置左輔、右弼、輔正、翼正四都尉，以輔佐之，稱爲四友。

[4] 發藻岐嶷：謂少年聰慧而有才華。《詩・大雅・生民》：“誕實匍匐，克岐克嶷。”毛傳：“岐，知意也。嶷，識也。”後多以“岐嶷”形容幼年聰慧。

[5] 藍田生玉：比喻名門出賢子弟。藍田，縣名。治所在今陝西藍田縣西灞河西岸。以産美玉著稱。

[6] 折頞（è）：彎鼻梁。《説文・頁部》：“頞，鼻莖也。”揚雄《解嘲》謂蔡澤“顄頤折頞”，《史記》卷七九《蔡澤列傳》唐舉謂蔡澤“曷鼻”，司馬貞《索隱》：“曷鼻，謂鼻如蝎蟲也。”

　　恪父瑾面長似驢，孫權大會羣臣，使人牽一驢入，長檢其面，[1] 題曰諸葛子瑜。恪跪曰：“乞請筆益兩字。”因聽與筆。恪續其下曰“之驢”。舉座歡笑，乃以驢賜恪。他日復見，權問恪曰：“卿父與叔父孰賢？”[2] 對曰：“臣父爲優。”權問其故，對曰：“臣父知所事，叔父不知，是以爲優。”權又大噱。命恪行酒，至張昭前，昭先有酒色，不肯飲，[3] 曰：“此非養老之禮也。”權曰：“卿其能令張公辭屈，乃當飲之耳。”恪難昭曰：“昔師尚父九十，[4] 秉旄仗鉞，[5] 猶未告老也。今軍旅之事，將軍在後，[6] 酒食之事，將軍在先，何謂不養老也？”昭卒無辭，遂爲盡爵。後蜀使至，羣臣並會，權謂使曰：“此諸葛恪雅好騎乘，還告丞相，[7] 爲致好馬。”恪因下謝，權曰：“馬未至而謝何也？”恪對曰：“夫蜀者陛下之外廐，今有恩詔，馬必至也，安敢不謝？”恪之才捷，皆此類也。[一] 權甚異

之，欲試以事。令守節度。[8]節度掌軍糧穀，文書繁猥，非其好也。〔二〕

〔一〕恪《別傳》曰：[9]權嘗饗蜀使費禕，先逆敕羣臣：[10]“使至，伏食勿起。”禕至，權爲輟食，而羣下不起。禕嘲之曰：[11]“鳳皇來翔，騏驎吐哺，[12]驢騾無知，伏食如故。”恪答曰：“爰植梧桐，以待鳳皇，有何燕雀，自稱來翔？何不彈射，使還故鄉！”禕停食餅，索筆作麥賦，恪亦請筆作磨賦，咸稱善焉。權嘗問恪：“頃何以自娛，而更肥澤？”恪對曰：“臣聞富潤屋，德潤身，[13]臣非敢自娛，脩己而已。”又問：“卿何如滕胤？”恪答曰：“登階躡履，臣不如胤；迴籌轉策，胤不如臣。”恪嘗獻權馬，先鈒其耳。[14]范慎時在坐，嘲恪曰：“馬雖六畜，[15]稟氣於天，今殘其耳，豈不傷仁？”恪答曰：“母之於女，恩愛至矣，[16]穿耳附珠，何傷於仁？”太子嘗嘲恪：“諸葛元遜可食馬矢。”恪曰：“願太子食雞卵。”權曰：“人令卿食馬矢，卿使人食雞卵何也？”恪曰：“所出同耳。”權大笑。

《江表傳》曰：曾有白頭鳥集殿前，[17]權曰：“此何鳥也？”[18]恪曰：“白頭翁也。”[19]張昭自以坐中最老，疑恪以鳥戲之，[20]因曰：“恪欺陛下，未嘗聞鳥名白頭翁者，試使恪復求白頭母。”[21]恪曰：“鳥名鸚母，[22]未必有對，試使輔吳復求鸚父。”[23]昭不能答，坐中皆歡笑。

〔二〕《江表傳》曰：權爲吳王，初置節度官，使典掌軍糧，非漢制也。初用侍中、偏將軍徐詳，[24]詳死，將用恪。[25]諸葛亮聞恪代詳，書與陸遜曰：“家兄年老，而恪性疎，今使典主糧穀，糧穀軍之要最，僕雖在遠，竊用不安。足下特爲啓至尊轉之。”遜以白權，即轉恪領兵。

[1] 長檢：長標簽。檢，書之封簽。

　　［2］叔父：指諸葛亮。

　　［3］不肯飲：趙幼文《校箋》謂《太平御覽》卷四六三引"飲"上有"復"字。按，宋本《册府元龜》卷八〇〇引無"復"字。

　　［4］師尚父：即吕尚。《史記》卷三二《齊太公世家》謂吕尚年已老始遇周西伯（文王），西伯與語大悦，曰："吾太公望子久矣。"故號之曰"太公望"，立爲師。周文王死後，武王即位，稱之爲尚父。武王率師伐紂，"師行，師尚父左杖黄鉞，右把白旄以誓"。裴駰《集解》引劉向《别録》曰："師之，尚之，父之，故曰師尚父。父亦男子之美號也。"

　　［5］旄：以牦牛尾爲飾的旗子。　鉞：大斧。

　　［6］將軍：指張昭。張昭爲輔吴將軍。

　　［7］丞相：指諸葛亮。諸葛亮時爲蜀漢丞相。

　　［8］節度：官名。孫吴置，主管軍糧。

　　［9］恪别傳：沈家本《三國志注所引書目》云："《諸葛恪别傳》隋唐《志》皆不著録。"

　　［10］先逆：預先。

　　［11］嘈（tiáo）：殿本、盧弼《集解》本作"嘲"，百衲本、校點本作"嘈"。按，二字相通，今從百衲本等。

　　［12］騏驎：即麒麟。古代傳説的一種獸。形狀像鹿，頭上有角，全身有鱗甲，尾像牛尾。古人以爲仁獸、瑞獸。

　　［13］富潤屋德潤身：見《禮記·大學》，乃曾子之言。

　　［14］鏴：《字彙補·金部》："鏴，音未詳，刺也。"

　　［15］六畜：殿本、盧弼《集解》本、校點本作"大畜"，百衲本作"六畜"。盧弼《集解》云："何焯校改'大'作'六'。"趙幼文《校箋》又謂《册府元龜》卷八〇〇引亦作"六"。今從百衲本。

　　［16］恩愛至矣：趙幼文《校箋》謂《太平御覽》卷七一八引作"天下至親"。

［17］曾有白頭鳥集殿前：趙幼文《校箋》謂《北户錄》卷一引作"孫權曾大會，有白頭鳥集殿前"。疑今本有奪文。

［18］此何鳥也：趙幼文《校箋》謂《北户錄》、《太平御覽》卷九二四引無"也"字。

［19］白頭翁：鳥名。身間青，腦上暈深團，老時頭部毛變白，故名。

［20］以鳥戲之：趙幼文《校箋》謂《太平御覽》卷九二四引"鳥"下有"名"字。

［21］試使恪復求：趙幼文《校箋》謂《北户錄》卷一引"試"字作"請"，"求"字作"索"，《太平御覽》引亦作"索"。

［22］鸚母：即鸚鵡。陸德明《經典釋文·曲禮上》"嬰母"："嬰，本或作鸚。母，本或作鵡。"

［23］試：趙幼文《校箋》謂《北户錄》卷一引作"請"。

［24］侍中：官名。曹魏時爲門下侍中寺長官。職掌門下衆事，侍從左右，顧問應對，拾遺補闕，與散騎常侍、黄門侍郎等共平尚書奏事。孫吴亦置。　偏將軍：官名。雜號將軍中地位較低者。

［25］將用恪：趙幼文《校箋》謂《建康實録》"將"字作"特"。

恪以丹楊山險，[1]民多果勁，雖前發兵，徒得外縣平民而已，其餘深遠，莫能禽盡，屢自求乞爲官出之，三年可得甲士四萬。衆議咸以丹楊地勢險阻，與吴郡、會稽、新都、鄱陽四郡鄰接，[2]周旋數千里，山谷萬重，其幽邃民人，未嘗入城邑，對長吏，[3]皆仗兵野逸，白首於林莽。[4]逋亡宿惡，咸共逃竄。山出銅鐵，自鑄甲兵。俗好武習戰，高尚氣力，其升山赴險，抵突叢棘，[5]若魚之走淵，[6]猿狖之騰木也。[7]時觀閒隙，出爲寇盜，每致兵征伐，尋其窟藏。其戰則蠭至，[8]敗則鳥竄，自前世以來，不能羈也。皆以爲難。恪父瑾聞之，亦以事終不逮，歎曰：“恪不大興吾家，將大赤吾族也。”恪盛陳其必捷。權拜恪撫越將軍，[9]領丹楊太守，授棨戟武騎三百。[10]拜畢，命恪備威儀，作鼓吹，[11]導引歸家，時年三十二。

恪到府，[12]乃移書四郡屬城長吏，[13]令各保其疆界，明立部伍，其從化平民，悉令屯居。乃分内諸將，[14]羅兵幽阻，但繕藩籬，不與交鋒，候其穀稼將熟，輒縱兵芟刈，使無遺種。舊穀既盡，新田不收，平民屯居，略無所入，於是山民飢窮，漸出降首。恪乃復敕下曰：“山民去惡從化，皆當撫慰，徙出外縣，不得嫌疑，有所執拘。”臼陽長胡伉得降民周遺，[15]遺舊惡民，困迫暫出，内圖叛逆，伉縛送言府。[16]恪以伉違教，遂斬以徇，以狀表上。民聞伉坐執人被戮，知官惟欲出之而已，於是老幼相攜而出，歲期，人數皆如本規。[17]恪自領萬人，餘分給諸將。

權嘉其功，遣尚書僕射薛綜勞軍。[18]綜先移恪等曰：[19]“山越恃阻，不賓歷世，緩則首鼠，急則狼顧。皇帝赫然，命將西征，神策内授，武師外震。兵不染鍔，[20]甲不沾汗。元惡既梟，種黨歸義，蕩滌山藪，獻戎十萬。野無遺寇，邑罔殘姦。既埽凶慝，又充軍用。藜蓧稂莠，[21]化爲善草。魑魅魍魎，更成虎士。雖實國家威靈之所加，亦信元帥臨履之所致也。雖《詩》美執訊，[22]《易》嘉折首，[23]周之方、召，[24]漢

之衛、霍，[25]豈足以談？功軼古人，勳超前世。主上
歡然，遙用歎息。感《四牡》之遺典，[26]思飲至之舊
章。[27]故遣中臺近官，[28]迎致犒賜，以旌茂功，以慰
劬勞。"拜恪威北將軍，[29]封都鄉侯。[30]恪乞率衆佃廬
江、皖口，[31]因輕兵襲舒，[32]掩得其民而還。復遠遣
斥候，[33]觀相徑要，欲圖壽春，[34]權以爲不可。

赤烏中，[35]魏司馬宣王謀欲攻恪，[36]權方發兵應
之，望氣者以爲不利，於是徙恪屯於柴桑。[37]與丞相
陸遜書曰："楊敬叔傳述清論，以爲方今人物彫盡，守
德業者不能復幾，宜相左右，[38]更爲輔車，[39]上熙國
事，[40]下相珍惜。又疾世俗好相謗毀，使已成之器，
中有損累；將進之徒，意不歡笑。聞此喟然，誠獨擊
節。[41]愚以爲君子不求備於一人，[42]自孔氏門徒大數
三千，[43]其見異者七十二人，[44]至于子張、子路、子
貢等七十之徒，亞聖之德，[45]然猶各有所短，師辟由
喭，[46]賜不受命，[47]豈況下此而無所闕？且仲尼不以
數子之不備而引以爲友，不以人所短棄其所長也。加
以當今取士，宜寬於往古，何者？時務從橫，而善人
單少，國家職司，常苦不充。苟令性不邪惡，志在陳
力，便可獎就，騁其所任。若於小小宜適，私行不
足，[48]皆宜闊略，不足繩責。[49]且士誠不可纖論苛
克，[50]苛克則彼賢聖猶將不全，況其出入者邪？故曰
以道望人則難，以人望人則易，賢愚可知。自漢末以
來，中國士大夫如許子將輩，[51]所以更相謗訕，或至
爲禍，[52]原其本起，非爲大讎，惟坐克己不能盡如禮，

而責人專以正義。夫〔克〕己不如禮，[53]則人不服。責人以正義，則人不堪。內不服其行，外不堪其責，則不得不相怨。相怨一生，則小人得容其間。得容其間，則三至之言，[54]浸潤之譖，[55]紛錯交至，雖使至明至親者處之，猶難以自定，況已爲隙，[56]且未能明者乎？是故張、陳至於血刃，[57]蕭、朱不終其好，[58]本由於此而已。夫不舍小過，纖微相責，久乃至於家戶爲怨，[59]一國無復全行之士也。"恪知遜以此嫌己，故遂廣其理而贊其旨也。會遜卒，恪遷大將軍，[60]假節，[61]駐武昌，[62]代遜領荊州事。[63]

久之，權不豫，而太子少，乃徵恪以大將軍領太子太傅，[64]中書令孫弘領少傅。[65]權疾困，召恪、弘及太常滕胤、將軍吕據、侍中孫峻，[66]屬以後事。〔一〕

〔一〕《吳書》曰：權寢疾，議所付託。時朝臣咸皆注意於恪，而孫峻表恪器任輔政，可付大事。權嫌恪剛很自用，[67]峻以當今朝臣皆莫及，遂固保之，乃徵恪。後引恪等見臥內，受詔牀下，權詔曰："吾疾困矣，恐不復相見，諸事一以相委。"恪歔欷流涕曰："臣等皆受厚恩，當以死奉詔，願陛下安精神，損思慮，無以外事爲念。"權詔有司諸事一統於恪，惟殺生大事然後以聞。爲治第館，設陪衞。羣官百司拜揖之儀，各有品敍。諸法令有不便者，條列以聞，權輒聽之。中外翕然，[68]人懷歡欣。

[1] 丹楊：郡名。治所宛陵縣，在今安徽宣州市。
[2] 吳郡：治所吳縣，在今江蘇蘇州市。　會稽：郡名。治所山陰縣，在今浙江紹興市。　新都：郡名。治所始新縣，在今浙江淳安縣西北。　鄱陽：郡名。治所鄱陽縣，在今江西鄱陽縣東北。

［3］長吏：指縣令、長。

［4］林莽：林木雜草叢生之地。

［5］抵突：衝撞。

［6］魚：趙幼文《校箋》謂蕭常《續後漢書》作“獺”。按，
郝經《續後漢書》亦作“魚”。

［7］猿狖（yòu）：泛指猿猴。狖，長尾猿。

［8］其戰則蠭至：趙幼文《校箋》謂《册府元龜》卷四二六
引“則”上有“勝”字。蠭，“蜂”之異體字。

［9］撫越將軍：官名。孫吳置。諸葛恪爲之，以招撫山越。山
越乃漢末三國時期居於南方山區的土著人民。因其秦漢時係越人，
雖經漢代三百餘年已與漢族相融合，但時人仍稱之爲越。

［10］棨戟：有繒衣或油漆的木戟。爲官員所用的儀仗，出門
時作爲前導，後亦列於門庭。

［11］作鼓吹：奏樂曲。

［12］府：指丹楊太守府。

［13］四郡：百衲本、殿本、盧弼《集解》本作“四部”，《通
鑑》亦作“四部”。胡三省云：“‘四部’當作‘四郡’，謂吳郡、
會稽、新都、鄱陽，皆與丹陽鄰接，山越依阻出没，故令各保其疆
界也。”（《通鑑》卷七三魏明帝景初元年注）校點本正作“四郡”。
今從之。

［14］分内諸將：胡三省云：“使諸將入扼幽阻之地，故謂之
内。内，讀曰納。”（《通鑑》卷七三魏明帝景初元年注）趙幼文
《校箋》則謂蕭常《續後漢書》“内”字作“部”。

［15］臼陽：吳增僅《三國郡縣表附表證》云：“《漢志》無，
疑皆漢末孫氏立。”楊守敬補正則云：“蕭常《續漢書》作‘丹
陽’，或蕭見古善本如是。”趙幼文《校箋》則謂《册府元龜》卷
六九一引作“越陽”。按，宋本《册府元龜》亦作“臼陽”。《中國
歷史地名大辭典》謂臼陽，縣名。孫吳置，西晋廢。治所疑在今江
蘇、安徽交界之石臼湖以北一帶。

[16] 言府：百衲本、殿本、盧弼《集解》本皆作“言府”，校點本據郝經《續後漢書》卷六三改作“諸府”。錢劍夫則云：“考漢制，以下白上，稱‘敢言之’，亦簡稱‘言’。本書以下白上稱‘言’的地方很多，並非獨出。所以，‘言府’就是禀白太守府。胡伉爲白陽縣長，對太守諸葛恪正應禀白；且‘違教’縛送必須叙明緣由，亦當有公文呈報。則此‘言’字尤不可改。”（《〈三國志〉標點本商榷》）按，錢説有理，蕭常《續後漢書》作“言於府”。今仍從百衲本等。趙幼文《校箋》則謂《册府元龜》卷六九一引無“言”字，“伉縛送府”語意顯明，疑是也。

[17] 本規：指諸葛恪原本之規劃。即“三年可得甲士四萬”。

[18] 尚書僕射（yè）：官名。東漢爲尚書臺次官，秩六百石，職權重，若公爲之，增秩至二千石。職掌拆閱封緘章奏文書，參議政事，諫諍駁議，監察百官。令不在，則代理其職。漢獻帝建安四年（199）分置左右。

[19] 移：古代文體之一種。與牒相類，多用於不相統屬的官署之間。

[20] 鍔（è）：刀劍之刃。

[21] 藜蓧：兩種可食用的低級野菜。　稂莠：兩種形似禾苗的雜草，對禾苗有害無益。

[22] 執訊：謂對所獲敵人加以訊問。《詩・小雅・出車》：“執訊獲醜，薄言還歸。”鄭箋：“執其可言問所獲之衆。”陳奐疏：“謂所生得敵人，而聽斷其辭也。”

[23] 折首：懲罰首惡。《易・離卦》上九：“王用出征，有嘉折首。”（本金景芳《周易講座》）

[24] 方：指方叔。周宣王之卿士，曾北伐獫狁，南征荆蠻，有功周室。《詩・小雅・采芑》：“顯允方權，征伐獫狁，蠻荆來威。”　召：指召虎。亦即召穆公，召公奭之後代。周宣王時，淮夷不服。召虎奉命沿江漢征之。《詩・大雅・江漢》云：“江漢浮浮，武夫滔滔。匪安匪游，淮夷來求。”又云：“江漢之滸，王命召虎：

式辟四方，徹我疆土。”

［25］衞霍：指衞青、霍去病。皆漢武帝時征討匈奴之名將。事見《漢書》卷五五《衞青傳》《霍去病傳》。

［26］四牡：《詩·小雅》之一篇。《詩序》云：“四牡，勞使臣之來也。有功而見知則説矣。”

［27］飲至：古代國君出外，行時必告於宗廟，還時亦必告於宗廟。還告之時，對隨行者有所犒勞，稱爲飲至，《左傳·桓公二年》：“凡公行，告于宗廟；反行，飲至、舍爵、策勳焉，禮也。”

［28］中臺：即尚書臺。

［29］威北將軍：官名。吳置。領兵。諸葛恪以招撫山越之功爲此官。

［30］都鄉侯：爵名。列侯食邑爲都鄉（近城之鄉）者，稱都鄉侯。位次於縣侯，高於鄉侯。

［31］廬江：郡名。治所皖縣，在今安徽潛山縣。　皖口：地名。在今安徽安慶市西南，皖水入江處。

［32］舒：縣名。治所在今安徽廬江縣西南。

［33］斥候：偵察兵。

［34］壽春：縣名。治所在今安徽壽縣。

［35］赤烏：吳大帝孫權年號（238—251）。

［36］司馬宣王：即司馬懿。其子司馬昭於魏末封晉王後，追尊他爲宣王。

［37］柴桑：縣名。治所在今江西九江市西南。

［38］相：選擇。《周禮·考工記·矢人》：“凡相笴，欲生而搏。”鄭玄注：“相，猶擇也。”

［39］輔車：《左傳·僖公五年》：“諺所謂‘輔車相依，脣亡齒寒’者。”楊伯峻注：“輔，車兩旁之板。大車載物必用輔支持，故輔與車有相依之關係。”

［40］熙：興盛。

［41］擊節：指拍手。

　　[42] 不求備於一人：《論語·微子》：周公謂魯公（周公子伯禽）曰：“君子不施其親，不使大臣怨乎不以。故舊無大故，則不棄也。無求備於一人！”

　　[43] 孔氏門徒：《史記》卷四七《孔子世家》云：“孔子以詩書禮樂教，弟子蓋三千焉，身通六藝者七十有二人。”

　　[44] 其見：百衲本作“見其”，殿本、盧弼《集解》本、校點本作“其見”，郝經《續後漢書》亦作“其見”。今從殿本等。

　　[45] 亞聖：錢大昕云：“今人稱孟子爲亞聖，蓋本於趙岐題辭，不知子張、子路、子貢諸賢當時皆有亞聖之目也。”（《廿二史考異》卷一七）

　　[46] 師：即子張。顓孫師字子張。　由：即子路。仲由字子路。《論語·先進》：“師也辟，由也喭。”楊伯峻譯：“顓孫師偏激，仲由鹵莽。”

　　[47] 賜：即子貢。端木賜字子貢。《論語·先進》：“賜不受命，而貨殖焉。”楊伯峻譯：“端木賜不安本分，去囤積投機。”

　　[48] 私行：趙幼文《校箋》謂蕭常《續後漢書》“私”字作“細”。

　　[49] 縷責：一一苛責。

　　[50] 且士誠不可纖論苛克：趙幼文《校箋》云：“蕭書作‘且士誠不可以苛刻論’，無‘纖’字，‘苛刻’乙在‘論’字上。”

　　[51] 許子將：許劭字子將。善於評論人物，爲漢末汝南“月旦評”之主持者。《後漢書》卷六八有傳。

　　[52] 爲禍：殿本、盧弼《集解》本、校點本“爲”字作“於”，百衲本作“爲”，郝經《續後漢書》亦作“爲”。今從百衲本。

　　[53] 克己：各本無“克”字。趙幼文《校箋》云：“蕭書、郝書‘己’上俱有‘克’字。考此承上文‘克己’言，與‘責人’對舉。應據補。”按，趙説有理，今據二書補“克”字。

　　[54] 三至之言：《史記》卷七一《甘茂列傳》：“昔曾參之處費，魯人有與曾參同姓名者殺人，人告其母曰‘曾參殺人’，其母織自若也。頃之，一人又告之曰‘曾參殺人’，其母尚織自若也。頃又一人告之曰‘曾參殺人’，其母投杼下機，逾墻而走。夫以曾參之賢與其母信之也，三人疑之，其母懼焉。”

　　[55] 浸潤之譖：《論語·顏淵》：“浸潤之譖，膚受之訴，不行焉，可謂明也已矣。”何晏《集解》引鄭玄曰：“譖人之言，如水之浸潤，漸以成之。”

　　[56] 已：百衲本、殿本、盧弼《集解》本、校點本 1982 年 7 月第 2 版皆作“已”，校點本 1959 年 12 月第 1 版作“己”。今從百衲本等。

　　[57] 張陳：指張耳、陳餘。二人皆爲秦末大梁（今河南開封）人，張耳年長，陳餘年少，但兩人相與爲刎頸交。陳勝起兵後，二人往投奔，遂隨武臣北定趙地。武臣爲趙王，張耳爲右丞相，陳餘爲大將軍。武臣死後，又立趙歇爲趙王，當秦軍王離圍趙王、張耳於鉅鹿時，張耳與陳餘發生了矛盾。後項羽立諸侯王，以張耳爲常山王，陳餘不得封王，張、陳之矛盾更深。陳餘乃起兵攻張耳，張耳敗，往投漢王劉邦。其後張耳與韓信斬陳餘於泜水上。（見《史記》卷八九《張耳陳餘列傳》）

　　[58] 蕭朱：指蕭育、朱博。蕭育乃蕭望之子，漢元帝時曾爲司隸校尉、大鴻臚等，後因事免官。漢哀帝時又任光祿大夫、執金吾等。《漢書》卷七八《蕭望之附育傳》云：“育爲人嚴猛尚威，居官數免，稀遷。少與陳咸、朱博爲友，著聞當世。往者有王陽、貢公，故長安語曰‘蕭、朱結綬，王、貢彈冠’，言其相薦達也。始育與陳咸俱以公卿子顯名，咸最先進，年十八爲左曹，二十餘御史中丞。時朱博尚爲杜陵亭長，爲咸、育所攀援，入王氏。後遂並歷刺史、郡守、相，及爲九卿，而博先至將軍上卿，歷位多於咸、育，遂至丞相。育與博後有隙，不能終，故世以交爲難。”（參郝經《續後漢書》苟宗道注）

[59] 久乃：百衲本"乃"字作"久"，殿本、盧弼《集解》本、校點本作"乃"。今從殿本等。

[60] 大將軍：官名。東漢時常兼録尚書事，與太傅、太尉等共同主持政務。漢末位在三公上。三國時權任稍減。吳又別置上大將軍居其上。

[61] 假節：漢末三國時期，皇帝賜予臣下的一種權力。至晉代，此種權力明確爲因軍事可殺犯軍令者。

[62] 武昌：縣名。治所在今湖北鄂州市。曾爲孫吳京都。

[63] 荆州：孫吳之刺史治所本在樂鄉城，在今湖北松滋市東北長江南岸浣市。諸葛恪兼領刺史，則駐武昌。

[64] 太子太傅：官名。東漢時秩中二千石，掌輔導太子，不領東宮官屬及庶務，諸屬官由太子少傅主之。太子對太傅執弟子禮，太傅不稱臣。孫吳亦置。

[65] 中書令：官名。孫吳仿西漢之制，置爲中書長官，主草擬詔令。　少傅：即太子少傅。官名。與太子太傅並稱太子二傅。東漢時秩中二千石，掌輔導太子及東宮衆務。曹魏以二傅並攝東宮事務，與尚書東曹並掌太子、諸侯官屬之選舉。孫吳亦置。

[66] 太常：官名。東漢時仍爲列卿之首，秩中二千石。掌禮儀祭祀，選試博士等。三國沿置。

[67] 剛很自用：百衲本"很"字作"佷"，殿本作"狠"，盧弼《集解》本、校點本作"很"。按，三字同，今從盧弼《集解》本等。剛很自用，猶剛愎自用。倔强固執，自以爲是。《廣雅·釋詁三》："愎，很也。"《左傳·哀公二十六年》"君愎而虛"，杜預注："愎，很也。"

[68] 中外：朝廷内外。　翕然：協調一致。

　　翌日，權薨。弘素與恪不平，懼爲恪所治，秘權死問，欲矯詔除恪。峻以告恪，恪請弘咨事，於坐中誅之，乃發喪制服。與弟公安督融書曰：[1]“今月〔二〕十六日乙未，[2]大行皇帝委棄萬國，[3]羣下大小，莫不傷悼。至吾父子兄弟，並受殊恩，非徒凡庸之隸，是以悲慟，肝心圮裂。[4]皇太子以丁酉踐尊號，哀喜交并，不知所措。吾身受顧命，[5]輔相幼主，竊自揆度，才非博陸而受姬公負圖之託，[6]懼忝丞相輔漢之效，[7]恐損先帝委付之明，是以憂慚惶惶，所慮萬端。且民惡其上，動見瞻觀，何時易哉？今以頑鈍之姿，處保傅之位，[8]艱多智寡，任重謀淺，誰爲脣齒？近漢之世，燕、蓋交遘，[9]有上官之變，以身值此，何敢怡豫邪？又弟所在，與賊犬牙相錯，[10]當於今時整頓軍具，率屬將士，警備過常，念出萬死，無顧一生，以報朝廷，無忝爾先。又諸將備守各有境界，猶恐賊虜聞諱，恣睢寇竊。[11]邊邑諸曹，已別下約敕，所部督將，不得妄委所戍，徑來奔赴。雖懷愴怛不忍之心，[12]公義奪私，伯禽服戎，[13]若苟違戾，非徒小故。以親正疏，古人明戒也。”恪更拜太傅。[14]於是罷視聽，[15]息校官，[16]原逋責，除關稅，事崇恩澤，衆莫不悅。恪每出入，百姓延頸，思見其狀。

初，權黃龍元年遷都建業，[17]二年築東興隄遏湖水。[18]後征淮南，[19]敗以內船，[20]由是廢不復脩。恪以建興元年十月會衆於東興，[21]更作大隄，左右結山俠築兩城，[22]各留千人，使全端、留略守之，引軍而還。魏以吳軍入其疆土，恥於受侮，命大將胡遵、諸葛誕等率衆七萬，欲攻圍兩塢，圖壞隄遏。恪興軍四萬，晨夜赴救。遵等敕其諸軍作浮橋度，[23] 陣於隄上，分兵攻兩城。城在高峻，不可卒拔。恪遣將軍留贊、呂據、唐咨、丁奉爲前部。時天寒雪，魏諸將會飲，見贊等兵少，而解置鎧甲，不持矛戟，但兜鍪刀楯，倮身緣遏，[24] 大笑之，不即嚴兵。兵得上，便鼓譟亂斫。魏軍驚擾散走，爭渡浮橋，橋壞絶，自投於水，更相蹈藉。樂安太守桓嘉等同時并没，[25] 死者數萬。故叛將韓綜爲魏前軍督，[26] 亦斬之。獲車乘牛馬驢騾各數千，資器山積，振旅而歸。進封恪陽都侯，[27] 加荊、揚州牧，[28] 督中外諸軍事，[29] 賜金一百斤，馬二百匹，繒布各萬匹。[30]

　　恪遂有輕敵之心，以十二月戰克，明年春，[31] 復欲出軍。[一] 諸大臣以爲數出罷勞，[32] 同辭諫恪，恪不聽。中散大夫蔣延或以固爭，[33] 扶出。

　　〔一〕《漢晉春秋》曰：恪使司馬李衡往蜀説姜維，[34] 令同舉，曰：“古人有言，聖人不能爲時，[35] 時至亦不可失也。今敵政在私門，[36] 外内猜隔，兵挫於外，而民怨於内，自曹操以來，彼之亡形未有如今者也。若大舉伐之，使吳攻其東，漢入其西，彼救西則東虛，重東則西輕，以練實之軍，乘虛輕之敵，破之必矣。”維從之。

　　[1] 公安督：官名。公安駐軍的長官。公安縣治所在今湖北公安縣西。

　　[2] 二十六日：各本皆作“十六日”。潘眉《考證》云：“吳主以四月薨，推神鳳元年四月乙未，乃二十六日。傳文脱‘二’字也。”今從潘説增“二”字。

〔3〕大行皇帝：《後漢書》卷五《安帝紀》：“大行皇帝不永天年。”李賢注引韋昭云：“大行者，不反之辭也。天子崩，未有謚，故稱大行也。”

〔4〕圮（pǐ）裂：破碎。

〔5〕顧命：帝王臨終之遺命。《尚書·顧命序》“作顧命”，孔傳：“臨終之命曰顧命。”

〔6〕博陸：指霍光。漢武帝遺詔封霍光爲博陸侯。 姬公：即周公旦。周人姬姓，故秦漢以後人偶有此稱。但春秋以前，貴族男子稱氏不稱姓，唯有女子稱姓。秦漢以後姓氏混淆，遂偶有誤稱。《漢書》卷六八《霍光傳》云：“征和二年，衛太子爲江充所敗，而燕王旦、廣陵王胥皆多過失。是時上年老，寵姬鈎弋趙婕仔有男，上心欲以爲嗣，命大臣輔之。察群臣唯光任大重，可屬社稷。上乃使黃門畫者畫周公負成王朝諸侯以賜光。後元二年春，上游五柞宮，病篤，光涕泣問曰：‘如有不諱，誰當嗣者？’上曰：‘君未諭前畫意邪？立少子，君行周公之事。’光頓首讓曰：‘臣不如金日磾。’日磾亦曰：‘臣外國人，不如光。’上以光爲大司馬、大將軍，日磾爲車騎將軍，太僕上官桀爲左將軍，搜粟都尉桑弘羊爲御史大夫，皆拜臥內牀下，受遺詔輔少主。明日，武帝崩，太子襲尊號，是爲孝昭皇帝。帝年八歲，政事壹決於光。”

〔7〕丞相輔漢：指諸葛亮輔佐蜀漢後主劉禪。

〔8〕保傅：指輔佐國君之重臣。古文《尚書·周官》：“立太師、太傅、太保。兹惟三公，論道經邦，燮理陰陽。”

〔9〕燕蓋：燕，指燕王劉旦，漢昭帝兄。蓋，指鄂邑蓋主，漢昭帝姊。上官桀本與霍光同受漢武帝顧命輔佐昭帝，而上官桀原先的官位高於霍光，昭帝即位後，霍光之官位卻高於上官桀，故桀不滿。上官桀之子安，本爲霍光女婿，其女因鄂邑蓋主立爲昭帝皇后。而蓋主有近幸丁外人，上官桀、安爲丁外人求官、爵，均爲光所拒，故上官桀、安與蓋主大不滿霍光。又燕王旦自以爲昭帝兄，而未得立，常懷不滿。於是上官桀、安、蓋主與燕王旦通謀，詐令

人爲燕王上書，欲執退霍光，其謀被昭帝識破而未得逞。上官桀等又謀刺殺霍光，廢昭帝而立燕王旦。事被發覺，霍光誅上官桀、安等。燕王旦、蓋主皆自殺。（見《漢書》卷六八《霍光傳》）

[10] 賊：指曹魏。公安與魏接境。

[11] 恣睢：放縱暴戾。

[12] 愴怛：悲痛。

[13] 伯禽服戎：《禮記·曾子問》載子夏與孔子討論父母三年之喪事，子夏曰："金革之事無辟也者，非與？"孔子曰"吾聞諸老聃曰：昔者魯公伯禽，有爲爲之也。"鄭玄注："伯禽，周公子，封於魯。有徐戎作難，喪卒哭而征之，急王事也。"

[14] 太傅：官名。東漢時爲上公，如兼録尚書事，則行宰相職權。三國沿置，仍爲上公。

[15] 視聽：周壽昌《注證遺》云："視聽，即聲色。"

[16] 息校官：胡三省則云："吳主權置校官，典校諸官府及州郡文書，專任以爲耳目，今息校官，即所謂罷視聽也。"（《通鑑》卷七五魏邵陵厲公嘉平四年注）

[17] 黃龍：吳大帝孫權年號（229—231）。 建業：縣名。在今江蘇南京市。

[18] 東興隄：在今安徽巢湖市東南裕溪河東岸。 湖：潘眉《考證》云："湖，巢湖也。"

[19] 淮南：郡名。治所壽春縣，在今安徽壽縣。征淮南之事，指孫權赤烏四年（241）四月"遣衛將軍全琮略淮南，決芍陂，燒安城邸閣，收其人民"。（見本書卷四七《吳主傳》）

[20] 內（nà）："納"本字。

[21] 建興：吳會稽王孫亮年號（252—253）。

[22] 結山：依山（本《通鑑地理通釋》）。山，指濡須山與七寶山。胡三省云："今柵江口有兩山，濡須山在和州界，謂之東關，七寶山在無爲軍界，謂之西關。兩山對峙，中爲石梁，鑿石通水。《唐志》廬州巢縣東南四十里有故東關俠。"（《通鑑》卷七五魏邵

陵属公嘉平四年注）

［23］敕其諸軍：趙幼文《校箋》謂《建康實録》無"其"字。按，郝經《續後漢書》亦無"其"字。

［24］俾身緣遏：趙幼文《校箋》謂蕭常《續後漢書》"遏"下有"而上"二字。

［25］樂安：郡名。治所高苑縣，在今山東鄒平縣東北苑城鎮。

［26］前軍督：官名。前部軍隊之將領。

［27］陽都：縣名。治所在今山東沂南市南。按，諸葛氏乃琅邪陽都人，此以其本縣封之，但其地屬魏，乃遥封。

［28］揚州：孫吳揚州牧治所即建業。

［29］督中外諸軍事：官名。總督禁衛軍、地方軍在内的内外諸軍，爲全國軍事總帥，而多以他官兼任。

［30］繒：絲織品的總稱。

［31］明年春：殿本無"年"字，百衲本、盧弼《集解》本、校點本皆有。今從百衲本等。

［32］罷：通"疲"。

［33］中散大夫：官名。東漢時隸屬光禄勳，秩六百石，掌應對顧問，無常事。三國、兩晋沿置，多養老疾，無職事。

［34］司馬：官名。東漢末至三國，爲公府之高級幕僚，參贊軍務，位次長史。　李衡：百衲本作"季無"，殿本、盧弼《集解》本、校點本作"李衡"，蕭常及郝經之《續後漢書》、《册府元龜》卷八九一亦作"李衡"。今從殿本等。

［35］爲時：趙幼文《校箋》謂《册府元龜》卷八九一引"爲"字作"違"。按，宋本《册府元龜》亦作"爲"。

［36］私門：指司馬氏。

恪乃著論諭衆意曰："夫天無二日，土無二王，王者不務兼并天下而欲垂祚後世，古今未之有也。昔戰國之時，諸侯自恃兵彊地廣，互有救援，謂此足以傳世，人莫能危。恣情從懷，憚於勞苦，使秦漸得自大，遂以并之，此既然矣。近者劉景升在荆州，[1]有衆十萬，財穀如山，不及曹操尚微，與之力競，坐觀其彊大，吞滅諸袁。北方都定之後，操率三十萬衆來向荆州，當時雖有智者，不能復爲畫計，於是景升兒子，交臂請降，遂爲囚虜。凡敵國欲相吞，即仇讎欲相除也。有讎而長之，禍不在己，則在後人，不可不爲遠慮也。[2]昔伍子胥曰：[3]‘越十年生聚，十年教訓，二十年之外，吳其爲沼乎？’[4]夫差自恃彊大，聞此邈然，[5]是以誅子胥而無備越之心，至於臨敗悔之，[6]豈有及乎？越小於吳，尚爲吳禍，況其彊大者邪？昔秦但得關西耳，[7]尚以并吞六國，今賊皆得秦、趙、韓、魏、燕、齊九州之地，[8]地悉戎馬之鄉，士林之藪。今以魏比古之秦，土地數倍；以吳與蜀比古六國，不能半之。然今所以能敵之，但以操時兵衆，於今適盡，而後生者未悉長大，正是賊衰少未盛之時。加司馬懿先誅王淩，續自隕斃，其子幼弱，[9]而專彼大任，雖有智計之士，未得施用。當今伐之，是其厄會。聖人急於趨時，誠謂今日。若順衆人之情，懷偷安之計，以爲長江之險可以傳世，不論魏之終始，而以今日遂輕其後，此吾所以長歎息者也。自（本）〔古〕以來，[10]務在産育，今者賊民歲月繁滋，但以尚小，未可得用耳。若復十數年後，其衆必倍於今，而國家勁兵之地，皆已空盡，唯有此見衆可以定事。若不早用之，端坐使老，復十數年，略當損半，而見子弟數不足言。若賊眾一倍，而我兵損半，雖復使伊、管圖之，[11]未可如何。今不達遠慮者，必以此言爲迂。夫禍難未至而豫憂慮，此固眾人之所迂也。及於難至，然後頓顙，[12]雖有智者，又不能圖。此乃古今所病，非獨一時。昔吳始以伍員爲迂，故難至而不可救。劉景升不能慮十年之後，故無以詒其子孫。今恪無具臣之才，[13]而受大吳蕭、霍之任，[14]智與眾同，思不經遠，若不及今日爲國斥境，俛仰年老，而讎敵更彊，欲刎頸謝責，[15]寧有補邪？今聞眾人或以百姓尚貧，欲務閒息，此不知慮其大危，而愛其小勤者也。昔漢祖幸已自有三秦之地，[16]何不閉關守險，以自娛樂，空出攻楚，身被創痍，介冑生蟣蝨，將士厭困苦，豈甘鋒刃而忘安寧哉？慮於長久不得兩存者耳！[17]每覽荊邯說公孫述以進取之圖，[18]近見家叔父表陳與賊爭競之計，[19]未嘗不喟然歎息也。夙夜反側，所慮如此，故聊疏愚言，以達二三君子之末。[20]若一朝隕歿，志畫不立，[21]貴令來世知我所憂，可思於後。”眾皆以恪此論欲必爲之辭，然莫敢復難。

丹楊太守聶友素與恪善，書諫恪曰：“大行皇帝本有過東關之計，[22]計未施行。今公輔贊大業，成先帝之志，寇遠自送，將士憑賴威德，出身用命，一旦有非常之功，豈非宗廟神靈社稷之福邪！宜且案兵養銳，[23]觀釁而動。今乘此勢，欲復大出，天時未可。而苟任盛意，私心以爲不安。”恪題論後，爲書答友曰："足下雖有自然之理，然未見大數。熟省此論，可以開悟矣。"於是違衆出軍，大發州郡二十萬衆，百姓騷動，始失人心。

恪意欲曜威淮南，驅略民人，而諸將或難之曰："今引軍深入，疆埸之民，必相率遠遁，恐兵勞而功少，不如止圍新城。新城困，[24]救必至，至而圖之，乃可大獲。"恪從其計，迴軍還圍新城。攻守連月，城不拔。士卒疲勞，因暑飲水，泄下流腫，[25]病者大半，死傷塗地。諸營吏日白病者多，恪以爲詐，欲斬之，自是莫敢言。恪内惟失計，而恥城不下，忿形於色。將軍朱異有所是非，恪怒，立奪其兵。都尉蔡林數陳軍計，[26]恪不能用，策馬奔魏。魏知戰士罷病，乃進救兵。恪引軍而去。士卒傷病，流曳道路，[27]或頓仆坑壑，或見略獲，存亡忿痛，大小呼嗟。而恪晏然自若。出住江渚一月，[28]圖起田於潯陽，[29]詔召相銜，[30]徐乃旋師。由此衆庶失望，而怨黷興矣。[31]

秋八月軍還，陳兵導從，歸入府館。即召中書令孫嘿，厲聲謂曰："卿等何敢妄數作詔？"[32]嘿惶懼辭出，因病還家。恪征行之後，曹所奏署令長職司，[33]一罷更選，愈治威嚴，多所罪責，當進見者，[34]無不竦息。又改易宿衞，用其親近，復敕兵嚴，欲向青、徐。[35]

孫峻因民之多怨，衆之所嫌，搆恪欲爲變，與亮謀，置酒請恪。恪將見之夜，精爽擾動，[36]通夕不寐。明將盥漱，聞水腥臭，侍者授衣，衣服亦臭。恪怪其故，易衣易水，其臭如初，意惆悵不悦。嚴畢趨出，犬銜引其衣，恪曰：“犬不欲我行乎？”還坐，頃刻乃復起，犬又銜其衣，恪令從者逐犬，遂升車。

初，恪將征淮南，有孝子著縗衣入其閤中，[37]從者白之，令外詰問，孝子曰：“不自覺入。”時中外守備，亦悉不見，衆皆異之。出行之後，所坐廳事屋棟中折。[38]自新城出住東興，[39]有白虹見其船；[40]還拜蔣陵，[41]白虹復繞其車。

及將見，駐車宮門，峻已伏兵於帷中，恐恪不時入，事泄，自出見恪曰：“使君若尊體不安，[42]自可須後，峻當具白主上。”欲以嘗知恪。[43]恪答曰：“當自力入。”散騎常侍張約、朱恩等密書與恪曰：[44]“今日張設非常，疑有他故。”恪省書而去。未出路門，[45]逢太常滕胤，恪曰：“卒腹痛，不任入。”胤不知峻陰計，謂恪曰：“君自行旋未見〔上〕，[46]今上置酒請君，君已至門，宜當力進。”恪躊躇而還，劍履上殿，謝亮，還坐。設酒，恪疑未飲，峻因曰：“使君病未善平，當有常服藥酒，自可取之。”恪意乃安，別飲所齎酒。〔一〕酒數行，亮還內。峻起如厠，解長衣，著短服，出曰：“有詔收諸葛恪！”〔二〕恪驚起，拔劍未得，而峻刀交下。張約從旁斫峻，裁傷左手，峻應手斫約，斷右臂。武衛之士皆趨上殿，峻云：“所取者恪也，今已死。”悉令復刃，[47]乃除地更飲。〔三〕

〔一〕《吳歷》曰：張約、朱恩密疏告恪，恪以示滕胤，胤勸恪還，恪曰：“峻小子何能爲邪！但恐因酒食中人耳。”乃以藥酒入。

　　孫盛《評》曰：恪與胤親厚，約等疏，非常大事，勢應示胤，共謀安危。然恪性强梁，加素侮峻，自不信，故入，豈胤微勸，便爲之冒禍乎？《吳歷》爲長。[48]

　　〔二〕《吳録》曰：峻持刀稱詔收恪，[49]亮起立曰："非我所爲！非我所爲！"乳母引亮還内。

　　《吳歷》云：峻先引亮入，然後出稱詔。與本傳同。

　　臣松之以爲峻欲稱詔，宜如本傳及《吳歷》，不得如《吳録》所言。

　　〔三〕《搜神記》曰：恪入，已被殺，其妻在室，〔語〕使婢（語）曰：[50]"汝何故血臭？"婢曰："不也。"有頃愈劇，又問婢曰："汝眼目視瞻，何以不常？"婢蹶然起躍，頭至于棟，攘臂切齒而言曰："諸葛公乃爲孫峻所殺！"於是大小知恪死矣，而吏兵尋至。

　　《志林》曰：初權病篤，召恪輔政。臨去，大司馬呂岱戒之曰：[51]"世方多難，子每事必十思。"恪答曰："昔季文子三思而後行，[52]夫子曰'再思可矣'，今君令恪十思，明恪之劣也。"岱無以答，當時咸謂之失言。虞喜曰：[53]夫託以天下至重也，以人臣行主威至難也，兼二至而管萬機，能勝之者鮮矣。自非採納羣謀，詢于芻蕘，[54]虛己受人，恒若不足，[55]則功名不成，勳績莫著。況呂侯國之元耆，[56]智度經遠，（而）甫以十思戒之，[57]而便以示劣見拒，此元遜之疎，乃機神不俱者也。[58]若因十思之義，廣諮當世之務，聞善速於雷動，從諫急於風移，豈得隕首殿堂，死凶豎之刃？世人奇其英辯，造次可觀，[59]而哂呂侯無對爲陋，不思安危終始之慮，是樂春藻之繁華，而忘秋實之甘口也。昔魏人伐蜀，蜀人御之，精嚴垂發，[60]六軍雲擾，士馬擐甲，羽檄交馳，費禕時爲元帥，荷國任重，而與來敏圍棊，意無厭倦。敏臨別謂禕："君必能辦賊者也。"言其明略内定，貌無憂色，況長寧以爲君子臨事而懼,[61]好謀而成者。且蜀爲蕞爾之國,[62]而方向大敵,所規所圖,唯守與戰,何可矜己有餘,晏然無戚?[63]斯乃性之寬簡,不防細微,卒爲降人郭脩所害,豈非兆見於彼而禍成於此哉?往聞長寧之甄文偉,[64]今觀元遜之逆呂侯,二事體同,故並而載之,可以鏡誡于後,[65]永爲世鑒。

[1] 劉景升:劉表字景升。

[2] 不可不爲:百衲本"爲"字作"謂",殿本、盧弼《集解》本、校點本作"爲",郝經《續後漢書》亦作"爲"。今從殿本等。

[3] 伍子胥:即伍員。春秋楚國人。其父兄被楚平王枉殺,子胥逃至吳國,助吳王闔閭取得王位,爲大夫。因闔閭采納子胥、孫武之言,吳國强盛一時。吳王夫差時,信任太宰嚭而疏遠子胥等。吳國在戰勝越國後,夫差不聽子胥諫阻,與越媾和,後又繼續受越蒙騙,不采納子胥良言,反而賜死子胥,終於被越滅亡。(見《史記》卷六四《伍子胥列傳》)以下伍子胥之言,見《左傳·哀公元年》。

[4] 吳其爲沼:杜預注:"謂吳宮廢壞,當爲污池。"

[5] 邈然:通"藐然"。輕視貌。

[6] 臨敗悔之:《史記》卷三一《吳太伯世家》謂越王句踐後來伐吳,吳敗。句踐欲遷吳王夫差於甬東,予百家居之。夫差曰:"孤老矣,不能事君王也。吾悔不用伍子胥之言,自令陷此。"遂自刎而死。

[7] 關西:胡三省云:"謂函谷關以西也。"(《通鑑》卷七六魏邵陵厲公嘉平五年注)

[8] 九州之地:大體而言,戰國時秦、趙、韓、魏、燕、齊等六國之地,約相當於三國時的司州、雍州、冀州、并州、豫州、兗州、徐州、青州、幽州。

[9] 幼弱：此乃輕蔑之言。當時諸葛恪五十一歲，僅長司馬師（四十六歲）、司馬昭（四十三歲）數歲。

[10] 自古：各本皆作"自本"。梁章鉅《旁證》云："下文云'今者賊民'，則'本'字疑是'古'字之誤。"校點本據《通志》改作"古"。郝經《續後漢書》亦作"古"。今從校點本。吳金華《〈三國志〉斠議》則疑"本"字似宜校定爲"丕"，指曹丕。

[11] 伊管：指伊尹、管仲。

[12] 頓顙：屈膝下拜，以額觸地。

[13] 具臣：備位充數之臣。《論語·先進》"今由與求也，可謂具臣矣"，何晏《集解》引孔安國曰："言備臣數而已也。"

[14] 蕭：指蕭望之。《漢書》卷七八《蕭望之傳》謂漢宣帝時，望之曾爲太子太傅，"及宣帝寢疾，選大臣可屬者，引外屬侍中樂陵侯史高、太子太傅望之、少傅周堪至禁中，拜高爲大司馬、車騎將軍，望之爲前將軍、光禄勳，堪爲光禄大夫，皆受遺詔輔政，領尚書事。宣帝崩，太子襲尊號，是爲孝元皇帝"。　霍：指霍光。

[15] 刎頸：盧弼《集解》引何焯曰："此用沈尹戌事。"沈尹戌，即春秋楚國左司馬沈尹戌。楚昭王十年（前506）吳軍攻入郢都，楚昭王逃走。楚左司馬沈尹戌到達息（今河南息縣西南）即返還，並敗吳軍於雍澨（今湖北京山縣西南一帶），但受了傷。沈尹戌以前曾在吳王闔閭下爲臣，不願爲吳軍所俘，因對其部下説："誰能使吾頭不落入吳人之手？"句卑説："下臣卑賤，行嗎？"沈尹戌同意了，之後連續三次戰鬥，又負了傷。沈尹戌説："我不行了。"句卑便割下沈尹戌之頭，以裙裹之，並掩藏屍體，帶其頭逃去。（見《左傳·定公四年》）

[16] 三秦：地區名。即關中地區。秦末項羽破秦入關，三分秦關中之地以封秦降將：章邯爲雍王，領咸陽以西之地；司馬欣爲塞王，領咸陽以東至黃河之地；董翳爲翟王，領上郡之地。合稱三秦。

　　[17] 慮於：百衲本"於"字作"其"，殿本、盧弼《集解》本、校點本作"於"。今從殿本等。

　　[18] 荊邯：公孫述之部下。公孫述稱帝後，荊邯爲騎都尉，曾建議公孫述曰："臣之愚計，以爲宜及天下之望未絶，豪傑尚可召誘，急以此時發國内精兵，令田戎據江陵，臨江南之會，倚巫山之固，築壘堅守，傳檄吳、楚，長沙以南必隨風而靡。令延岑出漢中，定三輔，天水、隴西拱手自服。如此，海内震摇，冀有大利。"（見《後漢書》卷一三《公孫述傳》）

　　[19] 家叔父：指諸葛亮。　表：當指本書卷三五《諸葛亮傳》建興六年裴注引《漢晉春秋》所載諸葛亮之上表，即一般所説的《後出師表》，但此表之真僞尚有爭論。

　　[20] 二三君子：猶言諸君。

　　[21] 志畫：趙幼《校箋》謂《册府元龜》卷四三七"畫"字作"或"。

　　[22] 東關：地名。在今安徽巢湖市東南裕溪河東岸。孫吳於此築有東興堤。

　　[23] 宜且：殿本"且"字作"自"，百衲本、盧弼《集解》本、校點本作"且"。今從百衲本等。

　　[24] 新城：指合肥新城。在今安徽合肥市西北。

　　[25] 泄下：腹瀉。　流腫：脚氣病。謂毒氣下流，足爲之腫。

　　[26] 都尉：官名。略低於校尉的帶兵武官。

　　[27] 流曳道路：胡三省云："流者，放而不能自收也。曳者，羸困不能自扶，相牽引而行。"（《通鑑》卷七六魏邵陵厲公嘉平五年注）

　　[28] 渚：胡三省云："渚，水中洲也。"（《通鑑》卷七六魏邵陵厲公嘉平五年注）

　　[29] 潯陽：縣名。即尋陽。治所在今湖北黄梅縣西南。

　　[30] 詔召相銜：胡三省云："言召命相繼也。舟行以舳艫不絶爲相銜，陸行以馬首尾相接爲相銜。"（《通鑑》卷七六魏邵陵厲公

公嘉平五年注）

　　［31］怨黷：怨恨誹謗。

　　［32］卿等：趙幼文《校箋》謂《建康實錄》無“等”字。按，《通鑑》卷七六、郝經《續後漢書》亦有“等”字。

　　［33］曹：指主持選用官員的選曹。

　　［34］當：盧弼《集解》本作“常”，百衲本、殿本、校點本作“當”。今從百衲本等。

　　［35］青：州名。刺史治所臨菑縣，在今山東淄博市東北臨淄鎮北。　徐：州名。刺史治所彭城縣，在今江蘇徐州市。

　　［36］精爽：精神。

　　［37］縗衣：粗麻布喪服。

　　［38］廳事：官署視事問案的廳堂。

　　［39］出住：趙幼文《校箋》謂《太平御覽》卷一五（當作一四）、《册府元龜》卷九五〇引“住”字俱作“往”。《太平御覽》卷七六八引“住”字作“征”。《建康實錄》卷三“出住”作“往來”。

　　［40］白虹：本爲日月周圍的白色暈圈。空氣中水氣凝聚、日光照射，亦可形成白色暈圈。

　　［41］蔣陵：潘眉《考證》云：“《藝文類聚》引山謙之《丹陽記》，孫權葬蔣山南，因山爲名，號曰蔣陵。蔣山即鍾山。”鍾山，在今南京市東面中山門外。

　　［42］使君：對州郡長官之尊稱。時諸葛恪加荆、揚二州牧，故孫峻如此稱之。

　　［43］嘗：試探。《小爾雅·廣言》：“嘗，試也。”　知恪：盧弼《集解》云：“《通鑑》‘恪’下有‘意’字。”趙幼文《校箋》謂《太平御覽》卷四九四引“恪”下亦有“意”字。疑今本奪。

　　［44］散騎常侍：官名。秩比二千石，第三品，爲門下重職，侍從皇帝左右，諫諍得失，應對顧問，與侍中等共平尚書奏事，有異議得駁奏。　朱恩：趙幼文《校箋》謂《太平御覽》卷四九四

引"恩"字作"思"，《建康實録》同。按，《通鑑》卷七六及郝經《續後漢書》亦作"恩"。

[45] 路門：路寢門。古代天子宫室有五門，最裏層的正門稱路門，門最小，不容車馬。

[46] 未見上：各本皆無"上"字。趙幼文《校箋》謂《通鑑考異》"見"下有"上"字，是。當據補。今從趙説補。

[47] 令復刃：胡三省云："令内刃於鞘也。"（《通鑑》卷七六魏邵陵厲公嘉平五年注）

[48] 吳歷爲長：《通鑑》即從孫盛之説，以《吳歷》所載爲實。

[49] 持刀：殿本、盧弼《集解》本、校點本"持"字作"提"，百衲本作"持"，郝經《續後漢書》荀宗道注引作"持"，《建康實録》卷三亦作"持"。今從百衲本。

[50] 語使婢：各本皆作"使婢語"。盧弼《集解》云："疑作'語使婢'。"校點本則從楊通説改爲"語使婢"。今從之。趙幼文《校箋》則謂《藝文類聚》卷三五、《太平御覽》卷五〇〇引作"問婢"，無"使""語"二字。

[51] 大司馬：官名。東漢初改大司馬爲太尉，爲三公之一。漢靈帝時，又與太尉並置，而位在三公上。三國因之，號上公，皆爲高級將帥，不預政務。吳一度分置左、右。

[52] 季文子：即春秋時魯國大夫季孫行父，歷仕魯文公、宣公、成公、襄公諸代。日本正平本《論語集解》之《公冶長》："季文子三思而後行。子聞之，曰：'再思，斯可矣。'"

[53] 虞喜：《志林》之作者，晋人。《晋書》卷九一有傳。

[54] 芻蕘：割草采薪之人。

[55] 恒若：百衲本"恒"字作"常"，殿本、盧弼《集解》本、校點本作"恒"。今從殿本等。

[56] 呂侯：即呂岱。呂岱封番禺侯。　元耆：元老。

[57] 甫："甫"上各本皆有"而"字。吳金華《校詁》謂下

句亦有"而"字，兩"而"字當有一衍。《通鑑》卷七五魏邵陵厲
公正始三年引虞喜之論，"甫"上無"而"字。今據《通鑑》删。

[58] 機神：機靈。

[59] 造次：謂善辯。

[60] 精嚴：謂精良整齊的軍隊。

[61] 長寧：梁章鉅《旁證》引王應麟説，謂"長寧未詳其
人，蓋蜀人也"。

[62] 蕞爾：形容小。

[63] 晏然：百衲本無"然"字，殿本、盧弼《集解》本、校
點本有。今從殿本等。

[64] 甄：勸勉。《集韻·仙韻》："甄，勉也。"　文偉：費禕
字文偉。

[65] 鏡誡：百衲本、盧弼《集解》本作"鏡讖"，殿本、校
點本作"鏡誡"。郝經《續後漢書》苟宗道注引亦作"鏡誡"。今
從殿本等。

　　先是，童謠曰：[1]"諸葛恪，蘆葦單衣篾鈎落，於
何相求成子閣。"成子閣者，反語石子岡也。[2]建業南
有長陵，名曰石子岡，葬者依焉。鈎落者，校飾革
帶，[3]世謂之鈎絡帶。恪果以葦席裹其身而篾束其
腰，[4]投之於此岡。〔一〕

〔一〕《吴録》曰：恪時年五十一。

[1] 童謠：此童謠《晋書·五行志》、《宋書·五行志》、《建
康實録》卷三皆有記載，但文字不盡相同，難於判斷是非。梁章鉅
《旁證》云："蓋童謠但取音同，本無正字耳。"現將三書所載鈔録
於下，以備參考。《晋書》："吁汝恪，何若若，蘆葦單衣篾鈎絡，

於何相求常子閣。”《宋書》：“吁汝恪，何若若，蘆葦單衣篾鈎絡，於何相求成子閣。”《建康實録》：“諸葛恪，何弱弱，蘆葦單衣篾鈎絡，何處求城子閣。”潘眉《考證》謂古“成”“常”字同音。

　　[2] 石子岡：在今江蘇南京市南雨花臺。

　　[3] 校飾革帶：有裝飾的束衣皮帶。王國維《胡服考》：“古大帶、革帶皆無飾，有飾者胡帶也。後世以其飾名之，或謂之校飾革帶。”

　　[4] 恪：趙幼文《校箋》謂《册府元龜》卷八九四引作“及恪死”，此脱“及”“死”二字，當據補。按，此緊接上文孫峻殺諸葛恪之事而言，無“及”“死”二字亦通。郝經《續後漢書》亦無“及”“死”二字。如單録童謡及解釋童謡之文，不加“及恪死”，則文不通。

　　恪長子綽，騎都尉，以交關魯王事，[1]權遣付恪，令更教誨，恪鴆殺之。中子竦，長水校尉。[2]少子建，步兵校尉。[3]聞恪誅，車載其母而走。峻遣騎督劉承追斬竦於白都。[4]建得渡江，欲北走魏，行數十里，爲追兵所逮。恪外甥都鄉侯張震及常侍朱恩等，[5]皆夷三族。[6]

　　初，竦數諫恪，恪不從，常憂懼禍。及亡，臨淮臧均表乞收葬恪曰：[7]“臣聞震雷電激，不崇一朝，[8]大風衝發，希有極日，然猶繼以雲雨，因以潤物，是則天地之威，不可經日浹辰，[9]帝王之怒，不宜訖情盡意。臣以狂愚，不知忌諱，敢冒破滅之罪，[10]以邀風雨之會。伏念故太傅諸葛恪得承祖考風流之烈，[11]伯叔諸父遭漢祚盡，九州鼎立，分託三方，[12]並履忠勤，熙隆世業。爰及於恪，生長王國，陶育聖化，致名英偉，服事累紀，禍心未萌，先帝委以伊、周之任，[13]屬以萬機之事。恪素性剛愎，矜己陵人，不能敬守神器，穆静邦内，興功暴師，未期三出，虚耗士民，空竭府藏，專擅國憲，廢易由意，假刑劫衆，大小屏息。侍中、武衛將軍、都鄉侯俱受先帝囑寄之詔，[14]見其姦虐，日月滋甚，將恐蕩摇宇宙，傾危社稷，奮其威怒，精貫昊天，計慮先於神明，智勇百於荆、聶，[15]躬持白刃，梟恪殿堂，勳超朱虚，[16]功越東牟。國之元害，一朝大除，馳首徇示，六軍喜踊，日月增光，風塵不動，斯實宗廟之神靈，天人之同驗也。今恪父子三首，縣市積日，[17]觀者數萬，詈聲成風。[18]國之大刑，無所不震，長老孩幼，無不畢見。人情之於品物，[19]樂極則哀生，見恪貴盛，世莫與貳，身處台輔，[20]中閒歷年，今之誅夷，無異禽獸，觀訖情反，能不憯然！且已死之人，與土壤同域，鑿掘斫刺，無所復加。願聖朝稽則乾坤，[21]怒不極旬，使其鄉邑若故吏民，收以士伍之服，[22]惠以三寸之棺。[23]昔項籍受殯葬之施，[24]韓信獲收斂之恩，[25]斯則漢高發神明之譽也。惟陛下敦三皇之仁，[26]垂哀矜之心，使國澤加於辜戮之骸，[27]復受不已之恩，於以揚聲遐方，沮勸天下，豈不弘哉！昔欒布矯命彭越，[28]臣竊恨之，不先請主上，而專名以肆情，其得不誅，實爲幸耳。今臣不敢章宣愚情，以露天恩，謹伏手書，冒昧陳聞，乞聖朝哀察。”於是亮、峻聽恪故吏斂葬，遂求之於石子岡。[一]

　〔一〕《江表傳》曰：朝臣有乞爲恪立碑以銘其勳績者，博士盛沖以爲不應。[29]孫休曰：“盛夏出軍，士卒傷損，無尺寸之功，不可謂能；受託孤之任，死於豎子之手，不可謂智。沖議爲是。”遂寢。

　[1] 交關：串通勾結。

　[2] 長水校尉：官名。東漢時秩比二千石，掌京師宿衛兵。三國沿置，職位略輕。

　[3] 步兵校尉：官名。東漢時秩比二千石，掌京師宿衛兵之一。三國沿置。

　[4] 騎督：軍中統帥騎兵的中級軍官。　白都：山名。在今江蘇南京市西南。

　[5] 常侍：官名。東漢、魏、晋時期，中常侍、散騎常侍、員外散騎常侍皆可省稱常侍。按上文，朱恩爲散騎常侍。

　[6] 三族：指父族、母族、妻族。

　[7] 臨淮：西漢郡名。治所徐縣，在今江蘇泗洪縣南大徐臺子。東漢明帝永平十五年（72）改爲下邳國，治所下邳縣，在今江蘇睢寧縣西北。此稱臨淮，係用舊名。

　[8] 震雷電激：趙幼文《校箋》謂《太平御覽》卷三主四引作“雷震奮激”。按，郝經《續後漢書》亦作“震雷電激”。　崇：通“終”。《詩·鄘風·蝃蝀》：“朝隮于西，崇朝其雨。”毛傳：“崇，終也。從旦至食時爲終朝。”

　[9] 浹辰：古代以干支紀日，稱自子至亥一周十二日爲浹辰。《左傳·成公九年》：“浹辰之間，而楚克其三都。”杜預注：“浹辰，十二日也。”

　[10] 破滅之罪：盧弼《集解》云：“謂破家滅身之罪。”

　[11] 風流之烈：遺風流傳之功業。《爾雅·釋詁下》：“烈，業也。”郭璞注：“謂功業也。”

［12］分託三方：指諸葛瑾在吳，諸葛亮在蜀，諸葛誕在魏。

［13］伊周：指伊尹、周公。

［14］武衛將軍：官名。漢獻帝建安中曹操置武衛中郎將，曹丕代漢後改爲武衛將軍。掌禁軍，第四品，權任甚重。孫吳亦置，權任亦重。　都鄉侯：指孫峻。孫峻時爲侍中、武衛將軍，封都鄉侯。

［15］荆：指荆軻。戰國衛國人。遊歷至燕國，被燕太子丹尊爲上卿。後由太子丹派出刺殺秦王政。荆軻至秦後，向秦王獻上秦亡將樊於期之頭及燕之督亢地圖。獻圖時，圖窮匕首見，刺秦王不中，因而被殺。（見《史記》卷八六《荆軻列傳》）　聶：指聶政。戰國魏地軹邑人，因殺人避仇，與母、姊入齊國，以屠宰爲業。韓國大夫嚴仲子，爲韓哀侯所重，而與韓相俠累有怨仇。嚴仲子至齊以重金禮請聶政爲其報仇，聶政以老母尚在不許。至聶政母死，葬畢除服，聶往見嚴仲子，問其怨仇，遂杖劍至韓，直入俠累府刺殺俠累。聶政刺殺俠累後，又自毀其面容剖腹而死。（見《史記》卷八六《聶政列傳》）

［16］朱虛：指朱虛侯劉章。下“東牟”，指劉章弟東牟侯劉興居。西漢初，吕后違漢高帝劉邦之約，大封諸吕。及吕后病重，又以趙王吕禄爲上將軍，駐北軍；吕王吕產駐南軍，完全控制了中央軍。吕后死，吕產又爲相國。諸吕因謀爲亂。朱虛侯劉章知其謀，乃遣人告其兄齊王，使發兵而西以誅諸吕。後朱虛侯劉章配合太尉周勃、丞相陳平等，誅除諸吕，迎立文帝。在文帝入宫前，東牟侯劉興居説：“誅吕氏吾無功，請得除宫。”遂與太僕滕公入宫，遷出少帝，迎入文帝。（見《史記》卷九《吕太后本紀》）

［17］縣市：趙幼文《校箋》謂《太平御覽》卷三六四、卷四六六引“市”字作“示”。按，郝經《續後漢書》亦作“市”。

［18］詈聲：殿本“詈”字作“罵”，百衲本、盧弼《集解》本、校點本作“詈”，郝經《續後漢書》同。今從百衲本等。

［19］品物：衆物。

[20] 台輔：三公宰輔之位。

[21] 稽則乾坤：效法天地。

[22] 士伍之服：胡三省云：“秦漢之制，奪官爵者爲士伍。”（《通鑑》卷七六魏邵陵厲公嘉平五年注）

[23] 三寸之棺：三寸厚之棺木。《荀子·禮論》：“刑餘罪人之喪，不得合族黨，獨屬妻子，棺椁三寸，衣衾三領，不得飾棺。”

[24] 項籍受殯葬：《史記》卷七《項羽本紀》云：“始，楚懷王初封項籍爲魯公，及其死，魯最後下，故以魯公禮葬項王穀城。漢王爲發哀，泣之而去。”

[25] 韓信獲收斂：《史記》卷九二《淮陰侯列傳》謂吕后誅殺韓信後，“高祖已從豨軍來，至，見信死，且喜且憐之”。胡三省云：“斂韓信事，今史無所考。史云帝聞信死，且喜且憐之，是必收斂之也。”（《通鑑》卷七六魏邵陵厲公嘉平五年注）

[26] 三皇：《世本》以伏羲、神農、黄帝爲三皇。《易·繫辭下》云：“古之葬者，厚衣之以薪，葬之中野，不封不樹，喪期無數。後世聖人易之以棺椁，蓋取諸大過。”胡三省云：“此所謂三皇之仁也。”（《通鑑》卷七六魏邵陵厲公嘉平五年注）

[27] 辜戮：百衲本、盧弼《集解》本“辜戮”下還有“辜戮”二字，殿本、校點本無。郝經《續後漢書》亦無。今從殿本等。

[28] 欒布矯命彭越：《史記》卷一〇〇《欒布列傳》謂西漢初欒布爲梁王彭越之大夫，奉命使齊，未還，彭越被責以謀反，梟首於洛陽。朝廷詔曰：“有敢收視者，輒捕之。”欒布從齊還，於彭越頭下祭而哭之。官吏捕欒布送朝廷。漢高帝罵欒布與彭越反，將烹之。欒布曰：“願一言而死。”高帝曰：“何言？”欒布曰：“方上之困彭城，敗滎陽、成皋間，項王所以不能遂西，徒以彭王居梁地，與漢合從苦楚也。當是之時，彭王一顧，與楚則漢破，與漢而楚破。且垓下之會，微彭王，項氏不亡。天下已定，彭王剖符受封，亦欲傳之萬世。今陛下一徵兵於梁，梁王病不行，而陛下疑以

爲反，反形未見，以苛小案誅滅之，臣恐功臣人人自危也。今彭王已死，臣生不如死，請就亨。"高帝乃免布罪，拜爲都尉。

　　[29]　博士：官名。掌經學教授。

　　始恪退軍還，[1]聶友知其將敗，書與滕胤曰："當人彊盛，河山可拔，[2]一朝羸縮，人情萬端，言之悲歎。"恪誅後，孫峻忌友，欲以爲鬱林太守，[3]友發病憂死。友字文悌，豫章人也。[4]〔一〕

　　〔一〕《吳錄》曰：友有脣吻，[5]少爲縣吏。虞翻徙交州，[6]縣令使友送之，翻與語而奇焉，爲書與豫章太守謝斐，令以爲功曹。[7]郡時見有功曹，斐見之，問曰："縣吏聶友，可堪何職？"對曰："此人縣閒小吏耳，猶可堪曹佐。"[8]斐曰："論者以爲宜作功曹，君其避之。"乃用爲功曹。使至都，諸葛恪友之。時論謂顧子嘿、子直，[9]其閒無所復容，恪欲以友居其閒，由是知名。後爲將，討儋耳，[10]還拜丹楊太守，年五十三卒。[11]

　　[1]　始恪退軍還：盧弼《集解》本作"始恪軍退還"，百衲本、殿本、校點本作"始恪退軍還"。今從百衲本等。

　　[2]　河山：趙幼文《校箋》謂蕭常《續後漢書》"河"字作"丘"，是也，河不可拔。按，郝經《續後漢書》亦作"河"。

　　[3]　鬱林：郡名。治所布山縣，在今廣西桂平縣西南古城。

　　[4]　豫章：郡名。治所南昌縣，在今江西南昌市。

　　[5]　有脣吻：謂善於言辭論辯。

　　[6]　交州：刺史治所番禺縣，在今廣東廣州市。

　　[7]　功曹：官名。漢代郡太守下設功曹史，簡稱功曹，爲郡太守之佐吏，除分掌人事外，得參與一郡之政務。三國沿置。

　　[8]　曹佐：謂功曹之佐吏。盧弼《集解》云："何焯校本

'佐'上《御覽》有'吏'字。"趙幼文《校箋》謂見《太平御覽》卷二六四。

[9] 顧子嘿子直：顧譚字子默，顧承字子直，皆顧雍之孫。按，殿本"直"字作"真"誤，百衲本、盧弼《集解》本、校點本皆作"直"。

[10] 儋耳：郡名。治所儋耳縣，在今海南儋州市西北南灘。

[11] 五十三：殿本作"三十二"，百衲本、盧弼《集解》、校點本本作"三十三"。盧弼云："虞翻徙交州在魏黃初二年（221），是時矗友已爲縣吏，年約二十，至吳建興二年（253），當年五十三。此文上'三'字，決爲'五'字之誤。若年三十三則在黃武前一年（221）方爲初生小兒，決不能爲縣吏。"今從之。校點本第2版1994年10月第12次印刷作"五十三"。

　　滕胤字承嗣，北海劇人也。[1]伯父耽，父胄，與劉繇州里通家，[2]以世擾亂，渡江依繇。孫權爲車騎將軍，[3]拜耽右司馬，[4]以寬厚稱，早卒，無嗣。胄善屬文，權待以賓禮，軍國書疏，常令損益潤色之，亦不幸短命。權爲吳王，追録舊恩，封胤都亭侯。[5]少有節操，美容儀。〔一〕弱冠尚公主。年三十，起家爲丹楊太守，徙吳郡、會稽，所在見稱。〔二〕

　　〔一〕《吳書》曰：[6]胤年十二，而孤單寓立，能治身屬行。爲人白皙，威儀可觀。每正朔朝賀脩勤，[7]在位大臣見者，莫不歎賞。[8]

　　〔二〕《吳書》曰：胤上表陳及時宜，及民間優劣，多所匡弼。權以胤故，增重公主之賜，屢加存問。胤每聽辭訟，斷罪法，察言觀色，務盡情理。人有窮冤悲苦之言，對之流涕。

　　[1] 北海：郡名。治所劇縣，在今山東昌樂縣西北。

　　[2] 州里：劉繇爲東萊牟平人，與北海俱屬青州，故曰州里。
通家：世代相交之家，亦即世交。

　　[3] 車騎將軍：官名。東漢時位比三公，常以貴戚充任。出掌
征伐，入參朝政，漢靈帝時作加官或作贈官。

　　[4] 右司馬：官名。此爲車騎將軍府之幕僚，掌參贊軍務，管
理府内武職，位次於長史。

　　[5] 都亭侯：爵名。位在鄉侯下，食禄於都亭。都亭，城郭附
近之亭。

　　[6] 吳書：趙幼文《校箋》謂《太平御覽》卷三九八（當作
三八九）引作“吳録”。

　　[7] 正朔：農曆的正月初一。

　　[8] 莫不：殿本、盧弼《集解》本、校點本“莫”字作
“無”，百衲本作“莫”，《太平御覽》卷三八九引及郝經《續後漢
書》皆作“莫”。今從百衲本。

　　太元元年，[1]權寢疾，詣都，留爲太常，與諸葛恪
等俱受遺詔輔政。孫亮即位，加衛將軍。[2]

　　恪將悉衆伐魏，胤諫恪曰：“君以喪代之際，受
伊、霍之託，[3]入安本朝，出摧强敵，名聲振於海内，
天下莫不震動，萬姓之心，冀得蒙君而息。今猥以勞
役之後，[4]興師出征，民疲力屈，遠主有備。若攻城不
克，野略無獲，是喪前勞而招後責也。不如案甲息師，
觀隙而動。且兵者大事，[5]事以衆濟，衆苟不悦，君獨
安之？”恪曰：“諸云不可者，皆不見計算，懷居苟安
者也，而子復以爲然，吾何望焉？夫以曹芳闇劣，而
政在私門，[6]彼之臣民，固有離心。今吾因國家之資，

藉戰勝之威，則何往而不克哉！" 以胤爲都下督。^[7]掌統留事。胤白日接賓客，夜省文書，或通曉不寐。^{〔一〕[8]}

〔一〕《吳書》曰：胤寵任彌高，接士愈下，^[9]表奏書疏，皆自經意，不以委下。

[1] 太元：吳大帝孫權年號（251—252）。

[2] 衛將軍：官名。東漢時位次大將軍、驃騎將軍、車騎將軍，位亞三公，開府置官署。曹魏沿置，位在諸名號將軍上。第二品。孫吳亦置。

[3] 伊霍：伊尹、霍光。

[4] 勞役之後：胡三省云："勞役，謂内有山陵營作，外有東關之師也。"（《通鑑》卷七六魏邵陵厲公嘉平五年注）

[5] 兵者大事：《孫子·計篇》："兵者，國之大事，死生之地，存亡之道，不可不察也。"

[6] 私門：指司馬氏。

[7] 都下督：官名。孫吳置。統領京都軍隊。

[8] 通曉：至曉，至天亮。《國語·晉語二》："道遠難通，望大難走。"韋昭注："通，至也。"

[9] 愈下：百衲本作"愈下"，殿本、盧弼《集解》本、校點本作"愈勤"。郝經《續後漢書》亦作"愈下"。今從百衲本。

孫峻字子遠，孫堅弟靜之曾孫也。靜生暠。暠生恭，爲散騎侍郎。^[1]恭生峻。少便弓馬，精果膽決。孫權末，徙武衛都尉，^[2]爲侍中。權臨薨，受遺輔政，領武衛將軍，故典宿衛，封都鄉侯。既誅諸葛恪，遷丞相、大將軍，督中外諸軍事，假節，進封富春侯。[3] 滕胤以恪子竦妻父辭位，峻曰：“鯀、禹罪不相及，[4] 滕侯何爲？”峻、胤雖內不沾洽，而外相包容，進胤爵高密侯，[5] 共事如前。[一]

〔一〕《吳録》曰：羣臣上奏，共推峻爲太尉，[6] 議胤爲司徒。[7] 時有媚峻者，以爲大統宜在公族，[8] 若滕胤爲亞公，[9] 聲名素重，衆心所附，不可貳也。乃表以峻爲丞相，又不置御史大夫，[10] 士人皆失望矣。

[1] 散騎侍郎：官名。曹魏置，第五品。與散騎常侍、侍中、黃門侍郎等侍從皇帝左右，顧問應對，諫諍拾遺，共平尚書奏事。西晉沿置。

[2] 武衛都尉：官名。孫吳置。領兵，隨從征伐。多授予宗室。

[3] 富春：縣名。治所在今浙江富陽市。

[4] 鯀禹罪不相及：《史記》卷二《夏本紀》：“於是堯聽四岳，用鯀治水。九年而水不息，功用不成。於是帝堯乃求人，更得舜。舜登用，攝行天子之政，巡狩。行視鯀之治水無狀，乃殛鯀於羽山以死。天下皆以舜之誅爲是。於是舜舉鯀子禹，而使續鯀之業。”

[5] 高密：縣名。治所在今山東高密市西南。按，此爲魏地，乃遥封。

[6] 太尉：官名。東漢時與司徒、司空並爲三公，共同行使宰相職能，位列三公之首，名位甚重。

[7] 司徒：官名。東漢時與司空、太尉並爲三公，共同行使宰相職能，位次太尉。司徒本職掌民政，司空本職掌土木營建與水利工程。而孫吳之宰相乃丞相，則太尉、司徒、司空雖爲三公，實無

具體職掌，僅名高位崇而已。

[8] 大統：《通鑑》作“萬機”。則此大統謂總統朝政之職。

[9] 亞公：胡三省云：“司徒位亞太尉，故曰亞公。”（《通鑑》卷七六魏邵陵厲公嘉平五年注）

[10] 御史大夫：官名。胡三省云：“漢承秦制，置御史大夫以副丞相理衆事。今峻爲丞相而不置御史大夫，則專吳國之政，故國人失望。”（《通鑑》卷七六魏邵陵厲公嘉平五年注）

峻素無重名，驕矜險害，多所刑殺，百姓囂然。又姦亂宫人，與公主魯班私通。五鳳元年，[1]吳侯英謀殺峻，[2]英事泄死。

二年，魏將毌丘儉、文欽以衆叛，與魏人戰於樂嘉，[3]峻帥驃騎將軍吕據、左將軍留贊襲壽春，[4]會欽敗降，軍還。〔一〕是歲，蜀使來聘，將軍孫儀、（孫邵絅恂）〔張怡、林恂〕等欲因會殺峻。[5]事泄，儀等自殺，死者數十人，并及公主魯育。

〔一〕《吳書》曰：留贊字正明，會稽長山人。[6]少爲郡吏，與黄巾賊帥吳桓戰，手斬得桓。贊一足被創，遂屈不伸。然性烈，[7]好讀兵書及三史，[8]每覽古良將戰攻之勢，輒對書獨歎，因呼諸近親謂曰：[9]“今天下擾亂，英豪並起，歷觀前世，富貴非有常人，而我屈躄在閭巷之閒，存亡無以異。今欲割引吾足，幸不死而足申，幾復見用，[10]死則已矣。”親戚皆難之。有閒，贊乃以刀自割其筋，血流滂沲，氣絕良久。家人驚怖，亦以既爾，遂引申其足。足申創愈，以得蹉步。凌統聞之，請與相見，甚奇之，乃表薦贊，遂被試用。累有戰功，[11]稍遷屯騎校尉。[12]時事得失，每常規諫，[13]好直言不阿旨，權以此憚之。諸葛恪征東興，贊爲前部，合戰先陷陣，大敗魏師，遷左將軍。孫峻征淮南，授贊節，拜左護軍。[14]未至壽春，道路病發，峻令贊將車重先還。[15]魏將蔣班以步騎四千追贊。贊病困，不能整陣，知必敗，乃解曲蓋印綬付弟子以歸，[16]曰：「吾自爲將，破敵搴旗，未嘗負敗。今病困兵羸，眾寡不敵，汝速去矣，俱死無益於國，適所以快敵耳。」弟子不肯受，拔刀欲斫之，乃去。初，贊爲將，臨敵必先被髮叫天，因抗音而歌，[17]左右應之，畢乃進戰，戰無不克。及敗，歎曰：「吾戰有常術，今病困若此，固命也！」遂被害，時年七十三，眾庶痛惜焉。二子略、平，並爲大將。

[1] 五鳳：吳會稽王孫亮年號（254—256）。

[2] 吳侯英：孫英爲孫登之次子。其事見本書卷五九《孫登傳》與裴注引《吳歷》。

[3] 樂嘉：西漢時爲汝南郡之博陽侯國，王莽時改名樂嘉（今本《漢書·地理志》作「樂家」），東漢時雖未設縣，樂嘉之名卻一直保存。其地在今河南商水縣東南。

[4] 驃騎將軍：官名。東漢時位比三公，地位尊崇。魏、晉沿置，居諸名號將軍之首，僅作爲軍府名號，加授大臣、重要州郡長官，無具體職掌，第二品。開府者位從公，第一品。孫吳亦置。
左將軍：官名。東漢時位如上卿，與前、後、右將軍掌京師兵衛和邊防屯警。魏、晉亦置，第三品。權位漸低，略高於一般雜號將軍，不典禁兵，不與朝政，僅領兵征戰。孫吳亦置。

[5] 張怡林恂：各本皆作「孫邵絑恂」。本書卷四八《孫亮傳》作「張怡林恂」，《通鑑》卷七六魏高貴鄉公正元二年亦作「張怡林恂」。校點本即據《孫亮傳》《通鑑》改。今從之。

[6] 長山：縣名。治所在今浙江金華縣。

[7] 性烈：趙幼文《校箋》謂《太平御覽》卷六一五引「性」下有「果」字。蕭常《續後漢書》作「剛烈」，郝經《續後漢書》

作“壯烈”。

　[8] 三史：指《史記》《漢書》《東觀漢記》。

　[9] 近親：趙幼文《校箋》謂郝經《續後漢書》作“親近”。

　[10] 幾：通“冀”，希望，期望。《左傳·哀公十六年》：“國人望君，如望歲焉，日月以幾。”杜預注：“冀君來。”陸德明釋文：“幾音冀，本或作冀。”

　[11] 累有：殿本、盧弼《集解》本無“累”字，百衲本、校點本有。殿本《考證》云：“《册府》作‘累有戰功’。”今從百衲本等。

　[12] 屯騎校尉：官名。東漢時爲北軍五校尉之一，秩比二千石，掌宿衛兵。三國沿置。

　[13] 每常：百衲本“常”字作“嘗”，殿本、盧弼《集解》本、校點本作“常”。今從殿本等。趙幼文《校箋》又謂郝經《續後漢書》作“每進”。

　[14] 左護軍：官名。建安中曹操置護軍，後改稱中護軍。掌禁兵，主武官選舉。孫權則置中、左、右護軍各一人。（本洪飴孫《三國職官表》）

　[15] 車重：輜重車。即隨軍運載軍械、物資、糧食的載重車。

　[16] 曲蓋：儀仗用的曲柄傘。

　[17] 因：趙幼文《校箋》謂《太平御覽》卷三七三引作“自”。　抗音：高聲，大聲。

　峻欲城廣陵，[1]朝臣知其不可城，而畏之莫敢言。唯滕胤諫止，不從，而功竟不就。

　其明年，文欽説峻征魏，峻使欽與吕據、車騎劉纂、鎮南朱異、前將軍唐咨自江都入淮、泗，[2]以圖青、徐。峻與胤至石頭，[3]因餞之，領從者百許人入據營。據御軍齊整，峻惡之，稱心痛去，遂夢爲諸葛恪所擊，恐懼發病死，時年三十八，以後事付綝。

　　[1] 廣陵：縣名。治所在今江蘇揚州市西北蜀岡上。
　　[2] 車騎：及以下之"鎮南"，各本皆作"車騎""鎮南"，不
知校點本何據，皆在其下加上"將軍"二字。而史傳中省"將軍"
二字者常見，不必增添，今仍從百衲本等。　鎮南：即鎮南將軍。
漢獻帝初平中置。曹魏時位次四征將軍，領兵如征南將軍，第二
品。多爲持節都督，出鎮方面。孫吳亦置。　前將軍：官名。東漢
時位如上卿，與左、右、後將軍掌京師兵衛與邊防屯警。三國沿
置，權位漸低。　江都：漢縣名。治所在今江蘇揚州市西南。三國
時廢。　淮泗：此指流經今江蘇北部之淮水與泗水。
　　[3] 石頭：城名。在今江蘇南京市清涼山。

　　孫綝字子通，與峻同祖。綝父綽爲安民都尉。[1]綝
始爲偏將軍，及峻死，爲侍中武衞將軍，領中外諸軍
事，代知朝政。呂據聞之大（恐）〔怒〕，[2]與諸督將
連名，共表薦滕胤爲丞相，綝更以胤爲大司馬，代呂
岱駐武昌。據引兵還，使人報胤，欲共廢綝。綝聞之，
遣從兄（慮）〔憲〕將軍逆據於江都，[3]使中使敕文
欽、劉纂、唐咨等合衆擊據，[4]遣侍中左將軍華融、中
書丞丁晏告胤取據，[5]并喻胤宜速去意。[6]胤自以禍
及，因留融、晏，勒兵自衞，召典軍楊崇、將軍孫
咨，[7]告以綝爲亂，迫融等，使有書難綝。綝不聽，表
言胤反，許將軍劉丞以封爵，使率兵騎急攻圍胤。胤
又劫融等使詐詔發兵。[8]融等不從，胤皆殺之。〔一〕胤顏
色不變，談笑若常。或勸胤引兵至蒼龍門，[9]將士見公
出，必皆委綝就公。[10]時夜已半，胤恃與據期，又難

舉兵向宫，乃約令部曲，[11]説吕侯以在近道，[12]故皆
爲胤盡死，無離散者。時大風，比曉，據不至。綝兵
大會，遂殺胤及將士數十人，夷胤三族。〔二〕

〔一〕《文士傳》曰：華融字德蕤，廣陵江都人。祖父避亂，
居山陰蕊山下。[13]時皇象亦寓居山陰，[14]吴郡張温來就象學，[15]
欲得所舍。或告温曰："蕊山下有華德蕤者，雖年少，美有令志，
可舍也。"温遂止融家，朝夕談講。俄而温爲選部尚書，[16]乃擢融
爲太子庶子，[17]遂知名顯達。融子諝，黄門郎，[18]與融并見害，
次子譚，[19]以才辯稱，晋秘書監。[20]

〔二〕臣松之以爲孫綝雖凶虐，與滕胤宿無嫌隙，胤若且順
綝意，出鎮武昌，豈徒免當時之禍，仍將永保元吉，[21]而犯機觸
害，自取夷滅，悲夫！

[1]安民都尉：官名。孫吴置。

[2]大怒：各本皆作"大恐"。盧弼《集解》謂"恐"當作
"怒"。本書卷五六《吕據傳》謂"太平元年，帥師侵魏，未及淮，
聞孫峻死，以從弟綝自代，據大怒，引軍還，欲廢綝"。《通鑑》
亦云"吕據聞孫綝代孫峻輔政，大怒"。按，盧説是，《建康實録》
卷三及蕭常《續後漢書》皆作"大怒"，故據改。

[3]從兄憲：各本皆作"從兄慮"。錢大昕云："下文云峻從
弟慮，蓋峻之從弟。於綝爲從兄，實一人也。《三嗣主傳》作'孫
憲'。'憲'與'慮'字形相涉而誤，當以'憲'爲正。孫權之次
子慮，封建昌侯，此峻從弟，不應與同名也。"(《廿二史考異》卷
一七)按，郝經《續後漢書》亦作"憲"，今從錢説改。以下
皆同此。

[4]中使：官名。孫吴置，以宦官充任，職如漢魏之小黄門，
掌侍皇帝左右，受尚書事，皇帝在内宫，關通中外及中宫以下衆

事。（本洪飴孫《三國職官表》）

〔5〕中書丞：官名。孫吳置。爲中書令屬官，可參議國政，權任頗重。

〔6〕宜速去意：胡三省云："言宜速往武昌，否則且有誅罰。"（《通鑑》卷七七魏高貴鄉公甘露元年注）

〔7〕典軍：官名。主管營兵之官。胡三省云："楊崇，蓋胤帳下典軍。"（《通鑑》卷七七魏高貴鄉公甘露元年注）

〔8〕詐詔：《通鑑》作"詐爲詔"。

〔9〕蒼龍門：胡三省云： "蒼龍門，吳建業宮之東門也。"（《通鑑》卷七七魏高貴鄉公甘露元年注）

〔10〕必皆：殿本、盧弼《集解》本無"皆"字，百衲本、校點本有。郝經《續後漢書》亦有"皆"字，今從百衲本等。

〔11〕約令：胡三省云："約勒而號令之。"（《通鑑》卷七七魏高貴鄉公甘露元年注）　部曲：本爲漢代軍隊的編制。《續漢書·百官志》云："大將軍營五部，部校尉一人，部下有曲。"因稱軍隊爲部曲。魏、晉以後，又稱私人武裝爲部曲。

〔12〕吕侯：對吕據之尊稱。吕據襲父爵爲宛陵侯。

〔13〕蕊山：在今浙江紹興市附近。

〔14〕寓居：百衲本"寓"字作"㝢"，殿本、盧弼《集解》本、校點本作"寓"。按，二字通，今從殿本等。

〔15〕吳郡：百衲本、殿本、盧弼《集解》本、校點本1959年12月第1版均作"吳郡"，校點本1982年7月第2版誤作"吳都"。

〔16〕選部尚書：官名。此當稱"選曹尚書"。選部尚書爲漢靈帝末年所置，魏、晉改稱吏部尚書，孫吳則稱選曹尚書，職掌相同，主銓選官吏。

〔17〕太子庶子：官名。東宮屬官。東漢隸太子少傅，值宿東宮，職比郎官。三國沿置。

〔18〕黃門郎：官名。即給事黃門侍郎。掌侍從皇帝左右，關通中外，與侍中俱出入宮中，近侍帷幄，省尚書奏事。

　　[19] 次子譚：盧弼《集解》謂當作"譖子譚"，方與《晋書》卷五二《華譚傳》相合。

　　[20] 秘書監：官名。魏文帝初，置爲秘書署長官，秩六百石，第三品。掌管藝文圖籍。初屬少府，魏明帝時王肅任此職，上表諫不應屬少府，後遂不屬。晋武帝以秘書并入中書省，罷此職。晋惠帝永平元年（291）復置，爲秘書寺長官，綜理經籍，考校古今，課試署吏，統著作局，掌國史修撰並管理中外三閣圖書。仍爲三品。

　　[21] 元吉：大吉利。

　　綝遷大將軍，假節，封永寧侯，[1]負貴倨傲，多行無禮。初，峻從弟（盧）〔憲〕與誅諸葛恪之謀，峻厚之，至右將軍、無難督，[2]授節蓋，[3]平九官事。[4]綝遇（盧）〔憲〕薄於峻時，（盧）〔憲〕怒，[5]與將軍王惇謀殺綝。綝殺惇，（盧）〔憲〕服藥死。

　　魏大將（軍）諸葛誕舉壽春叛，[6]保城請降。吳遣文欽、唐咨、全端、全懌等帥三萬人救之。魏鎮南將軍王基圍誕，欽等突圍入城。魏悉中外軍二十餘萬增誕之圍。朱異帥三萬人屯安（豐）城，[7]爲文欽勢。魏兗州刺史州泰拒異於陽淵，[8]異敗退，爲泰所追，死傷二千人。綝於是大發卒出屯鑊里，[9]復遣異率將軍丁奉、黎斐等五萬人攻魏，留輜重於都陸。[10]異屯黎漿，[11]遣將軍任度、張震等募勇敢六千人，於屯西六里爲浮橋夜渡，築偃月壘。爲魏監軍石苞及州泰所破，[12]軍卻退就高。異復作車箱圍趣五木城。[13]苞、泰攻異，異敗歸，而魏太山太守胡烈以奇兵五千詭道襲都陸，[14]盡焚異資糧。綝授兵三萬人使異死戰，異不從，琳斬之於鑊里，而遣弟恩救，會誕敗引還。綝既不能拔出誕，而喪敗士衆，自戮名將，莫不怨之。

綝以孫亮始親政事，多所難問，甚懼。還建業，稱疾不朝，築室于朱雀橋南，[15]使弟威遠將軍據入蒼龍宿衞，[16]弟武衞將軍恩、偏將軍幹、長水校尉闓分屯諸營，欲以專朝自固。亮內嫌綝，乃推魯育見殺本末，責怒虎林督朱熊、熊弟外部督朱損不匡正孫峻，[17]乃令丁奉殺熊于虎林，[18]殺損於建業。綝入諫不從，亮遂與公主魯班、太常全尚、將軍劉（承）〔丞〕議誅綝。[19]亮妃，綝從姊女也，以其謀告綝。綝率衆夜襲全尚，遣弟恩殺劉（承）〔丞〕於蒼龍門外，遂圍宮。〔一〕使光祿勳孟宗告廟廢亮，[20]召羣司議曰："少帝荒病昏亂，不可以處大位，承宗廟，以告先帝廢之。[21]諸君若有不同者，下異議。"皆震怖，曰："唯將軍令。"綝遣中書郎李崇奪亮璽綬，[22]以亮罪狀班告遠近。[23]尚書桓彝不肯署名，[24]綝怒殺之。〔二〕

〔一〕《江表傳》曰：亮召全尚息黃門侍郎紀密謀，[25]曰："孫綝專勢，輕小於孤。孤（見）〔前〕敕之，[26]使速上岸，爲唐咨等作援，而留湖中，不上岸一步。又委罪朱異，擅殺功臣，不先表聞。築第橋南，[27]不復朝見。此爲自在，[28]無復所畏，不可久忍。今規取之，卿父作中軍都督，[29]使密嚴整士馬，孤當自出臨橋，帥宿衞虎騎、左右無難一時圍之。[30]作版詔敕綝所領皆解散，不得舉手，正爾自得之。[31]卿去，[32]但當使密耳。卿宣詔語卿父，勿令卿母知之，女人既不曉大事，且綝同堂姊，邂逅泄漏，誤孤非小也。"紀承詔，以告尚，尚無遠慮，以語紀母。母使人密語綝。綝夜發嚴兵廢亮，比明，兵已圍宮。亮大怒，上馬，帶鞬執弓欲出，[33]曰："孤大皇帝之適子，[34]在位已五年，誰敢不從者？"侍中近臣及乳母共牽攀止之，乃不得出，歎咤二日不食，罵其妻曰："爾父憒憒，[35]敗我大事！"又呼紀，紀曰："臣父奉詔不謹，負上，無面目復見。"因自殺。

　　孫盛曰：亮傳稱亮少聰慧，[36]勢當先與紀謀，不先令妻知也。《江表傳》說漏泄有由，[37]於事爲詳矣。

　　〔二〕《漢晋春秋》曰：彝，魏尚書令階之弟。[38]

　　《吳錄》曰：晋武帝問薛瑩吳之名臣，瑩對稱彝有忠貞之節。

　　[1]永寧：縣名。治所在今浙江溫州市。

　　[2]右將軍：官名。東漢時位如上卿，與前、後、左將軍掌京師兵衛和邊防屯警。魏晋亦置，第三品。權位漸低，略高於一般雜號將軍，不典禁兵，不與朝政，僅領兵征戰。孫吳亦置。　無難督：官名。孫吳置。統無難士，負責侍衛皇帝；亦外出征戰。又分置左、右部，稱無難左部督、無難右部督。地位頗重。

　　[3]節蓋：持節大將所用的傘蓋。

　　[4]九官：胡三省云："九官，即九卿也。魏明帝太和二年吳主還建業，留尚書、九官於武昌。"（《通鑑》卷七七魏高貴鄉公甘露元年注）

　　[5]憲怒：百衲本無"怒"字，殿本、盧弼《集解》本、校點本有。今從殿本等。

　　[6]魏大將：各本作"魏大將軍"。按，本書卷二五《諸葛誕傳》，諸葛誕未做過大將軍，誕起兵時爲征東大將軍。蕭常《續後漢書》作"魏將"，今據刪"軍"字。

　　[7]安城：各本皆作"安豐城"，本書卷二七《王基傳》作"安城"。趙一清《補注》云："《吳志·孫綝傳》云'朱異帥三萬

人屯安豐城，爲文欽勢'。安城在壽州南，安豐城在壽州西南，兩城相近，故二傳各書之。"按，兩漢及三國時期的安豐縣，治所在今河南固始縣東南。東晉末廢。東晉末又新置安豐縣，治所在今安徽霍邱縣西南。南朝梁廢。南朝梁新置之安豐縣，治所在今安徽壽縣西南。趙一清所説的"安豐城在壽州西南"，乃南朝梁之安豐縣，非三國時之安豐縣。而三國時的安豐縣距文欽突圍入城援助諸葛誕的壽春城較遠，不大可能"爲文欽勢"。而安城乃地名，正在壽春西南，亦即今安徽壽縣西南，正好"爲文欽勢"。故據《王基傳》改"安豐城"爲"安城"。

［8］兗州：刺史治所廩邱縣，在今山東鄄城縣西北。　陽淵：地名。在今安徽長豐縣西南。

［9］鑊里：地名。在今安徽巢湖市西北巢湖濱。

［10］都陸：城名。在今安徽六安市西。

［11］黎漿：地名。在今安徽壽縣東南。

［12］監軍：官名。三國時期，諸軍出征，多派監軍監視將帥，權勢頗重。

［13］五木城：當在今安徽壽縣一帶。

［14］太山：即泰山。郡名。治所奉高縣，在今山東泰安市東。

［15］朱雀橋：建業正南門外之大橋，孫吳所建，初名南津橋，後改名。在今江蘇南京市鎮淮橋稍東，跨秦淮河上。

［16］蒼龍：指蒼龍門。

［17］虎林督：官名。虎林駐軍之長官。虎林在今安徽貴池市西北長江南岸。　外部督：官名。胡三省云："吳外部督建業外營兵。"（《通鑑》卷七七魏高貴鄉公甘露三年注）

［18］乃令：殿本"令"字作"命"，百衲本、盧弼《集解》本、校點本作"令"。今從百衲本等。

［19］劉丞：各本皆作"劉承"，本書卷四八《孫亮傳》作"劉丞"。趙一清《注補》云："前後'劉承'字俱當作'丞'。"今據《孫亮傳》改。以下同此。

〔20〕光禄勳：官名。漢代列卿之一，秩中二千石。東漢時掌宿衛宮殿門户。三國沿置。

〔21〕以告先帝：百衲本無此四字，殿本、盧弼《集解》本、校點本有。今從殿本等。

〔22〕中書郎：官名。漢代置，屬中書令。孫吳沿置，仍隸中書令。負責草擬詔書，並常被派出執行重要使命。

〔23〕班告：百衲本無“班”字，殿本、盧弼《集解》本、校點本有。今從殿本等。

〔24〕尚書：官名。東漢有六曹尚書，即三公曹、民曹、客曹、二千石曹、吏曹、中都官曹等。秩皆六百石，皆稱尚書，不加曹號。（本《晋書·職官志》）三國沿置，員數不等。

〔25〕黄門侍郎：官名。即給事黄門侍郎，東漢時秩六百石。掌侍從左右，給事禁中，關通中外。初無員數，漢獻帝定爲六員，與侍中出入禁中，近侍帷幄，省尚書奏事。三國沿置，魏定爲五品。

〔26〕前：各本皆作“見”，盧弼《集解》云：“《通鑑》‘見’作‘前’。”（見《通鑑》卷七七魏高貴鄉公甘露三年）按，作“見”於義不通，今據《通鑑》改。

〔27〕橋：指朱雀橋。

〔28〕自在：殿本“在”字作“任”，百衲本、盧弼《集解》本、校點本作“在”。今從百衲本等。胡三省云：“自在，謂居處自如，不復知有君上。”（《通鑑》卷七七魏高貴鄉公甘露三年注）

〔29〕中軍都督：官名。統兵武官。孫吳以全尚任衛將軍督中軍。

〔30〕虎騎：禁衛騎兵。 左右無難：孫吳置無難督統領無難士，負責侍衛皇帝，亦外出征戰。又分置左、右部，稱無難左部督、無難右部督。地位頗重。

〔31〕正爾：胡三省云：“正爾，猶言正如此也。”（《通鑑》卷七七魏高貴鄉公甘露三年注）

［32］卿去：百衲本、殿本、盧弼《集解》本作"無卿去"。盧弼《集解》云："'無'字衍。"校點本正無"無"字。郝經《續後漢書》亦無"無"字。今從校點本。

［33］鞬（jiān）：馬上盛弓矢的器具。

［34］適：通"嫡"。

［35］憒憒（kuì）：昏庸糊塗。

［36］慧：百衲本、殿本作"惠"，盧弼《集解》本、校點本作"慧"。按，二字古相通，今仍從盧弼《集解》本等。

［37］有由：盧弼《集解》云："馮本、毛本'由'作'白'誤，一本作'自'。"

［38］尚書令：官名。東漢時爲尚書臺長官，秩千石。掌奏、下尚書曹文書衆事，選用署置官吏；總典臺中綱紀法度，無所不統。名義上仍隸少府。曹魏時仍爲尚書臺長官，第三品，不再隸屬少府。仍掌奏、下尚書曹文書衆事，選用署置官吏；總典臺中綱紀法度，無所不統。後又綜理萬機，決策出令。

典軍施正勸綝徵立琅邪王休，[1]綝從之，遣宗正楷奉書於休曰：[2]"綝以薄才，見授大任，不能輔導陛下。頃月以來，多所造立，親近劉（承）〔丞〕，悅於美色，發吏民婦女，料其好者，留於宮內，取兵子弟十八已下三千餘人，[3]習之苑中，連日續夜，大小呼嗟，敗壞藏中矛戟五千餘枚，以作戲具。朱據先帝舊臣，子男熊、損皆承父之基，以忠義自立，昔殺小主，[4]自是大主所創，[5]帝不復精其本末，便殺熊、損，諫不見用，諸下莫不側息。帝於宮中作小船三百餘艘，成以金銀，[6]師工晝夜不息。太常全尚，累世受恩，不能督諸宗親，而全端等委城就魏。尚位過重，曾無一言以諫陛下，而與敵往來，使傳國消息，懼必傾危社稷。推案舊典，運集大王，輒以今月二十七日擒尚斬（承）〔丞〕。以帝爲會稽王，遣楷奉迎。百寮喁喁，[7]立住道側。"

綝遣將軍孫耽送亮之國，徙尚於零陵，[8]遷公主於豫章。[9]綝意彌溢，侮慢民神，遂燒大橋頭伍子胥廟，又壞浮屠祠，[10]斬道人。[11]休既即位，稱草莽臣，詣闕上書曰："臣伏自省，才非幹國，因緣肺腑，[12]位極人臣，傷錦敗駕，[13]罪負彰露，尋愆惟闕，夙夜憂懼。臣聞天命棐諶，[14]必就有德，是以幽屬失度，[15]周宣中興，[16]陛下聖德，纂承大統，宜得良輔，以協雍熙，[17]雖堯之盛，猶求稷、契之佐，[18]以協明聖之德。古人有言：'陳力就列，[19]不能者止。'臣雖自展竭，無益庶政，謹上印綬節鉞，退還田里，以避賢路。"休引見慰喻。又下詔曰："朕以不德，守藩於外，值茲際會，羣公卿士，暨于朕躬，以奉宗廟。朕用憮然，[20]若涉淵水。大將軍忠計內發，扶危定傾，安康社稷，功勳赫然。昔漢孝宣踐阼，[21]霍光尊顯，褒德賞功，古今之通義也。其以大將軍爲丞相、荊州牧，食五縣。"恩爲御史大夫、衛將軍，[22]據右將軍，皆縣侯。幹雜號將軍、亭侯。[23]闓亦封亭侯。綝一門五侯，皆典禁兵，權傾人主，自吳國朝臣未嘗有也。

綝奉牛酒詣休，休不受，齎詣左將軍張布；酒酣，出怨言曰："初廢少主時，多勸吾自爲之者。吾以陛下賢明，故迎之。帝非我不立，今上禮見拒，是與凡臣無異，當復改圖耳。"[24]布以言聞休，休銜之，恐其有變，數加賞賜，又復加恩侍中，與綝分省文書。或有告綝懷怨侮上欲圖反者，休執以付綝，綝殺之，由是愈懼，因孟宗求出屯武昌，休許焉，盡敕所督中營精兵萬餘人，[25]皆令裝載，[26]所取武庫兵器，咸令給與。[一]將軍魏邈説休曰"綝居外必有變"，武衛士施朔又告"綝欲反有徵"。[27]休密問張布，布與丁奉謀於會殺綝。

〔一〕《吳歷》曰：綝求中書兩郎，典知荆州諸軍事，[28]主者奏中書不應外出，休特聽之，其所請求，一皆給與。

[1] 典軍：官名。掌宿衛兵。孫吳分置左、中、右，地位頗重。（本洪飴孫《三國職官表》）

[2] 宗正：官名。漢列卿之一，秩中二千石，由宗室擔任。掌皇族親屬事務，登記宗室王國譜諜，以别嫡庶；凡宗室親貴有罪，須先報宗正，方得處治。三國沿置。

[3] 兵子弟：孫吳實行世兵制，兵家子弟亦爲兵。

[4] 小主：指孫權小女魯育。

[5] 大主：指孫權長女魯班。

[6] 成以金銀：趙幼文《校箋》謂《太平御覽》卷七七〇引《江表傳》"成"字作"飾"。

[7] 喁（yóng）喁：仰望期待貌。

[8] 零陵：郡名。治所泉陵縣，在今湖南永州市。

[9] 公主：指魯班。

[10] 浮屠祠：佛教寺院。浮屠，梵文 Buddha 的音譯。爲"佛陀"的初譯或别譯。江南之佛教，在東漢靈帝末即由中原傳入，

僧人安世高因避中原戰亂而南下江南。孫權時到建業的僧人康僧會，則是從南北上者。康僧會至建業後，影響甚大，孫權爲之造建初寺，爲建業佛寺之始。《南史》卷七八《扶南國傳》則謂建業舊有阿育王塔，"吳時有尼居其地爲小精舍，孫綝尋毀除之，塔亦同滅"。

［11］道人：佛教僧人。

［12］肺腑：殿本、盧弼《集解》本"肺"字作"胇"，百衲本、校點本作"肺"。按，二字同，今從百衲本等。

［13］傷錦敗駕：比喻無能而任其職。《左傳·襄公三十一年》載鄭國子皮想使尹何爲家邑之宰，治理封邑。子產説尹何年紀輕，恐怕不行。子皮説可以讓他去學習，他就知道怎麼辦了。子產説不行，不能將政事交給一個人去學習，譬如"子有美錦，不使人學製焉。大官、大邑，身之所庇也，而使學者製焉，其爲美錦不亦多乎"？再"譬如田獵，射御貫，則能獲禽，若未嘗登車射御，則敗績厭覆是懼，何暇思獲"？

［14］棐（fěi）諶：同"棐忱"。謂輔助誠信的人。《尚書·康誥》："天畏棐忱。"孔傳："天德可畏，以其輔誠。"

［15］幽厲：指周幽王、周厲王。按，此當言"周厲"。幽王乃宣王之子，幽王失度與宣王中興無關係。

［16］周宣：周宣王。周厲王之子。厲王在位時，任用榮夷公執政，榮夷公"好專利而不知大難"。厲王又使衛巫監視國人，謗者殺之，遂引起國人反抗，厲王被驅逐至彘（今山西霍州市）。周公、召公共同執政，號曰"共和"。共和十四年（前828），厲王死於彘。太子靜長於召公家，周公、召公共立之爲王，是爲宣王。宣王即位，二相輔之，修政，法文、武、成、康之遺風，是謂中興。（見《史記》卷四《周本紀》）

［17］雍熙：謂和樂升平。

［18］稷：即周后稷，名棄。周人的始祖。善於種植各種糧食作物。《史記·周本紀》云："帝堯聞之，舉棄爲農師，天下得其

利，有功。」　契（xiè）：殷人的始祖。《史記》卷一《五帝本紀》謂契、后稷等，「自堯時而皆舉用，未有分職」。舜時，乃謂契曰：「契，百姓不親，五品不訓，汝爲司徒，而敬敷五教，在寬。」

［19］陳力就列：謂能够貢獻自己的力量，就再任職。《論語·季氏》：孔子曰：「求！周任有言曰：『陳力就列，不能者止。』」

［20］憮然：茫然失意貌。

［21］漢孝宣踐阼：漢宣帝係漢武帝曾孫，戾太子之孫。漢武帝末年之巫蠱事，戾太子等皆遇害。曾孫時爲嬰兒，賴廷尉監邴吉之保護，得生長於民間。漢昭帝去世時無子，霍光立昌邑王賀繼位，因昌邑王無道，霍光又廢之而立曾孫，是爲宣帝。宣帝即位後，加封霍光七千户，與故封凡二萬户；又前後賞賜黄金七千斤、錢六千萬、雜繒三萬匹、奴婢七十人、馬二千匹、甲第一區。（見《漢書》卷八《宣帝紀》、卷六八《霍光傳》）

［22］御史大夫：官名。西漢初爲丞相副貳，丞相位缺，往往以御史大夫遞補。主要職掌爲監察、執法。東漢不置。漢末曹操置丞相，又復置御史大夫。魏文帝曹丕建立魏朝後又罷之。孫吳卻置，又分置左、右。

［23］雜號將軍：地位較低、置廢無常，無固定職掌之諸名號將軍皆爲雜號將軍。　亭侯：爵名。漢制列侯大者食縣邑，小者食鄉、亭。東漢後期遂以食鄉、亭者稱爲鄉侯、亭侯。

［24］當復：趙幼文《校箋》謂《建康實録》「復」字作「須」。

［25］中營精兵：胡三省云：「中營兵，即中軍也。」（《通鑑》卷七七魏高貴鄉公甘露三年注）

［26］裝載：胡三省云：「吳人謂裝船爲裝載。」（《通鑑》卷七七魏高貴鄉公甘露三年注）

［27］武衞士：百衲本無「士」字，殿本、盧弼《集解》本、校點本有。今從殿本等。胡三省云：「武衞士，武衞之士也。」（《通鑑》卷七七魏高貴鄉公甘露三年注）

［28］諸軍事：趙幼文《校箋》謂《太平御覽》卷二二〇引無

“軍”字。

永安元年十二月丁卯，[1]建業中謠言明會有變，[2]綝聞之，不悅。夜大風發木揚沙，綝益恐。戊辰臘會，綝稱疾。休彊起之，使者十餘輩，綝不得已，將入，衆止焉。綝曰：“國家屢有命，不可辭。可豫整兵，令府內起火，因是可得速還。”遂入，尋而火起，綝求出，休曰：“外兵自多，不足煩丞相也。”綝起離席，奉、布目左右縛之。綝叩首曰：[3]“願徙交州。”休曰：“卿何以不徙滕胤、呂據？”綝復曰：“願沒爲官奴。”休曰：“何不以胤、據爲奴乎！”遂斬之。以綝首令其衆曰：“諸與綝同謀皆赦。”放仗者五千人。闓乘船欲北降，追殺之。夷三族。發孫峻棺，取其印綬，斲其木而埋之，以殺魯育等故也。

綝死時年二十八。休恥與峻、綝同族，特除其屬籍，稱之曰故峻、故綝云。休又下詔曰：“諸葛恪、滕胤、呂據蓋以無罪爲峻、綝兄弟所見殘害，[4]可爲痛心，促皆改葬，各爲祭奠。其罹恪等事見遠徙者，一切召還。”

[1] 永安：吴景帝孫休年號（258—264）。

[2] 明會：胡三省云：“明會，明日臘會也。吴以土德王，用辰臘。”（《通鑑》卷七七魏高貴鄉公甘露三年注）古代歲終祭祀稱臘祭，臘祭時之集會稱臘會。

[3] 叩首：殿本、盧弼《集解》本作“叩頭”，百衲本、校點本作“叩首”。今從百衲本等。

　　〔4〕蓋以無罪：趙幼文《校箋》謂《建康實錄》作"等並無罪"，無"蓋以"二字。疑"等並"二字殘並而爲"蓋"耳。按，《建康實錄》所引乃概括詔書之言，非詔書原文。郝經《續後漢書》亦作"蓋以無罪"。

　　濮陽興字子元，陳留人也。[1]父逸，漢末避亂江東，[2]官至長沙太守。〔一〕[3]興少有士名，[4]孫權時除上虞令，[5]稍遷至尚書左曹，[6]以五官中郎將使蜀，[7]還爲會稽太守。時琅邪王休居會稽，興深與相結。及休即位，徵興爲太常、衛將軍，平軍國事，[8]封外黃侯。[9]

　　〔一〕逸事見《陸瑁傳》。

　　〔1〕陳留：郡名。治所陳留縣，在今河南開封市東南。

　　〔2〕江東：地區名。指今長江以南的江蘇、浙江、安徽一帶。詳解見本書卷一《武帝紀》興平元年注。

　　〔3〕長沙：郡名。治所臨湘縣，在今湖南長沙市。

　　〔4〕士名：趙幼文《校箋》謂《建康實錄》作"名理"。

　　〔5〕上虞：縣名。治所在今浙江上虞市。

　　〔6〕尚書左曹：官名。即左曹尚書。孫吳有四曹尚書，即選曹、户曹、左曹、賊曹。

　　〔7〕五官中郎將：官名。東漢時領五官郎，宿衛殿門，出充車騎。孫吳沿置，仍領郎署。

　　〔8〕平軍國事：謂參與評定軍國大事。

　　〔9〕外黃：縣名。治所在今河南民權縣西北。按，此爲魏地，乃遥封。

永安三年，都尉嚴密建丹楊湖田，[1]作浦里塘。[2]詔百官會議，咸以爲用功多而田不保成，唯興以爲可成。遂會諸兵民就作，功傭之費不可勝數，士卒死亡，或自賊殺，百姓大怨之。

興遷爲丞相，與休寵臣左將軍張布共相表裏，邦內失望。

七年七月，休薨。左典軍萬彧素與烏程侯孫晧善，[3]乃勸興、布，於是興、布廢休適子而迎立晧。晧既踐阼，加興侍中，[4]領青州牧。俄彧譖興、布追悔前事。十一月朔入朝，[5]晧因收興、布，徙廣州，[6]道追殺之，夷三族。

［1］都尉：官名。西漢時郡置都尉，輔佐郡守並掌本郡軍事。東漢廢除，但如有緊急軍事，亦臨時設置。東漢又在邊郡或關塞之地置都尉及屬國都尉，並漸漸分縣治民，職如太守。曹魏則每郡皆置都尉，大郡或置二人，或爲東西部，或爲南北部。蜀漢、孫吳亦多置。此當爲丹楊都尉。　丹楊湖：在今安徽當塗縣東南，接江蘇高淳縣界。嚴密在此湖邊圍湖造水田。

［2］浦里塘：此亦圍丹楊湖興築，在今當塗縣東南大宮圩南部一帶。

［3］左典軍：官名。孫吳置中、左、右典軍，掌宿衛兵，爲皇帝身邊親信之臣。

［4］侍中：殿本、盧弼《集解》本、校點本作“侍郎”，百衲本作“侍中”。《建康實錄》卷四亦作“侍中”。今從百衲本。

［5］十一月：校點本1959年12月第1版作“十一年”，1982年7月第2版據《三嗣主傳》改爲“十一月”。而百衲本、殿本、盧弼《集解》本均作“十一月”。今從百衲本等。

（内容）

［6］廣州：刺史治所番禺縣，在今廣東廣州市。

評曰：諸葛恪才氣幹略，邦人所稱，然驕且吝，周公無觀，[1]況在於恪？矜己陵人，能無敗乎！若躬行所與陸遜及弟融之書，則悔吝不至，何尤禍之有哉？滕胤厲脩士操，遵蹈規矩，而孫峻之時猶保其貴，必危之理也。峻、綝凶豎盈溢，固無足論者。濮陽興身居宰輔，慮不經國，協張布之邪，納萬彧之說，誅夷其宜矣。

［1］周公無觀：謂一個人即使有周公那樣的才能，而祇要驕傲和吝嗇貪戀，其他方面也都不值得觀看了。《論語·泰伯》：子曰："如有周公之才之美，使驕且吝，其餘不足觀也已。"

三國志 卷六五

吳書二十

王樓賀韋華傳第二十

王蕃字永元，廬江人也。[1]博覽多聞，兼通術藝。[2]始爲尚書郎，[3]去官。孫休即位，與賀邵、薛瑩、虞汜俱爲散騎中常侍，[4]皆加駙馬都尉。[5]時論清之。遣使至蜀，蜀人稱焉，還爲夏口監軍。[6]

孫晧初，[7]復入爲常侍，與萬彧同官。彧與晧有舊，俗士挾侵，[8]謂蕃自輕。又中書丞陳聲，[9]晧之嬖臣，數譖毀蕃。蕃體氣高亮，不能承顏順指，時或迕意，積以見責。

甘露二年，[10]丁忠使晋還，晧大會羣臣，蕃沈醉頓伏，晧疑而不悅，轝蕃出外。頃之請還，酒亦不解。[11]蕃性有威嚴，行止自若，晧大怒，呵左右於殿下斬之。衛將軍滕牧、征西將軍留平請，[12]不能得。〔一〕

〔一〕《江表傳》曰：晧用巫史之言，[13]謂建業宮不利，[14]乃西巡武昌，[15]仍有遷都之意，恐羣臣不從，乃大請會，賜將吏。[16]問蕃"射不主皮，[17]爲力不同科，其義云何"，蕃思惟未答，[18]即於殿上斬蕃。出登來山，[19]使親近將（跳）〔擲〕蕃首，[20]作虎跳狼争咋齧之，頭皆碎壞，欲以示威，使衆不敢犯也。此與本傳不同。

《吳錄》曰：晧每於會，因酒酣，輒令侍臣嘲謔公卿，[21]以爲笑樂。萬彧既爲左丞相，[22]蕃嘲彧曰："魚潛於淵，出水煦沫。[23]何則？物有本性，不可横處非分也。或出自黚谷，羊質虎皮，[24]虚受光赫之寵，[25]跨越三九之位，[26]犬馬猶能識養，[27]將何以報厚施乎？"彧曰："唐虞之朝無謬舉之才，[28]造父之門無駑蹇之質，[29]蕃上誣明選，下訕楨幹，[30]何傷於日月，適多見其不知量耳。"[31]

臣松之按本傳云丁忠使晋還，晧爲大會，於會中殺蕃，檢忠從北還在此年之春，或時尚未爲丞相，至秋乃爲相耳。《吳錄》所言爲乖互不同。

[1] 廬江：郡名。孫吳時治所皖縣，在今安徽潛山縣。

[2] 術藝：謂曆數、方伎、卜筮之術。《宋書·天文志一》云："王蕃者，廬江人，吳時爲中常侍，善數術，傳劉洪《乾象曆》。依《乾象法》而製渾儀。"

[3] 尚書郎：官名。東漢之制，取孝廉之有才能者入尚書臺，初入臺稱守尚書郎中，滿一年稱尚書郎，統稱尚書郎，秩四百石，凡置三十六員，分隸六曹尚書分曹治事，主要掌文書起草。三國沿置，而分曹有異。

[4] 散騎中常侍：官名。孫吳置，多以才學之士擔任。

[5] 駙馬都尉：官名。掌皇帝副車之馬，爲侍從近臣，或爲加官。

〔6〕夏口：地名。在今湖北武漢市原漢水入長江處。 監軍：官名。此爲地方的軍政長官。

〔7〕孫晧初：百衲本無"初"字，殿本、盧弼《集解》本、校點本有。蕭常《續後漢書》亦有"初"字，郝經《續後漢書》"初"字作"立"。今從殿本等。

〔8〕俗士：百衲本作"俗王"，殿本、盧弼《集解》本、校點本作"俗士"。今從殿本等。 挾侵：吳金華《校詁》謂"挾"當爲"狹"字之誤。"狹侵"二字，當寓狷狹、傷侵之義。蓋謂萬或乃俗士之流，其性狷狹，急則傷侵於人。趙幼文《校箋》亦謂"挾"字疑當作"狹"，本書卷四三《王平傳》"烈性狹侵"是其證。

〔9〕中書丞：官名。孫吳置。爲中書令屬官，可參議國政，權任頗重。

〔10〕甘露：吳末帝孫晧年號（265—266）。

〔11〕不解：趙幼文《校箋》謂《太平御覽》卷四九七引"不"字作"小"，疑是也。

〔12〕衛將軍：官名。東漢時位次大將軍、驃騎將軍、車騎將軍，位亞三公，開府置官屬。曹魏沿置，位在諸名號將軍上。第二品。孫吳亦置。

〔13〕巫史：裝神弄鬼爲人祈禱之人。

〔14〕建業：縣名。治所在今江蘇南京市。當時爲孫吳京都。

〔15〕武昌：縣名。治所在今湖北鄂州市。

〔16〕乃大請會賜將史：趙幼文《校箋》謂《太平御覽》卷四九二引作"乃大會將史"，無"請""賜"二字。

〔17〕射不主皮：《論語・八佾》子曰："射不主皮，爲力不同科，古之道也。"楊伯峻譯："比箭，不一定要穿破箭靶子，因爲各人的氣力大小不一樣，這是古時的規矩。"又注："'皮'代表箭靶子。古代箭靶子叫'侯'，有用布做的，也有用皮做的，當中畫有各種猛獸或別的東西，最中心的又叫做'正'或'鵠'。孔子在這

裏所講的射應該是演習禮樂的射，而不是軍事的武射，因此以中不中爲主，不以穿破皮侯與否爲主。”

［18］思惟：殿本“惟”字作“維”，百衲本、盧弼《集解》本、校點本作“惟”。按，二字可通，今從百衲本等。

［19］來山：即袁山，樊山。在今湖北鄂州市西。《水經·江水注三》謂鄂縣“城南有袁山，即樊山也”。楊守敬疏：“《吳志·王蕃傳》注引《江表傳》作‘來山’，《通鑑》晋泰始二年亦作‘來山’，胡注引《水經注》同。徐文靖《管城碩記》引亦同。又言即昭五年沈尹赤會楚子，次於萊山。然《御覽》四九二引《江表傳》則作‘袁山’，與朱本酈注同，未能定爲孰是。”

［20］擲蕃首：各本皆作“跳蕃首”。《通鑑》卷七九晋武帝泰始二年作“擲蕃首”。校點本即據《通鑑》改“跳”爲“擲”。今從之。又按，《通鑑》“擲”上無“將”字，文義通順。

［21］嘲謔：調笑戲謔。

［22］左丞相：官名。漢末建安十三年（208）曹操復置丞相，魏罷置。吳亦置丞相，又一度分置左、右。趙幼文《校箋》則謂《太平御覽》卷二〇四引“左”字作“右”，是。考本書卷四八《孫晧傳》“萬彧爲右丞相”，此作“左”，應據改。按，下文裴松之已言，“或時尚未爲丞相”，《吳録》誤，故不必校勘。

［23］煦（xǔ）沫：殿本、盧弼《集解》本、校點本“煦”字作“煦”，百衲本作“煦”，郝經《續後漢書》苟宗道注引亦作“煦”。按，“煦”同“呴”，今從百衲本。煦沫，語出《莊子·大宗師》：“泉涸，魚相與處於陸，相呴以濕，相濡以沫。”謂用唾沫互相潤濕，互相救助。

［24］羊質虎皮：謂外强内弱，虚有其表。

［25］光赫之寵：謂皇帝的顯赫之寵。

［26］三九之位：三公、九卿之位。

［27］猶能：殿本“猶”字作“尤”，百衲本、盧弼《集解》本、校點本作“猶”，郝經《續後漢書》苟宗道注引同。今從百衲

本等。

[28] 唐虞：唐堯、虞舜。

[29] 造父：趙之先祖。善駕御，因獻八駿馬於周穆王。穆王使之御，西巡狩，見西王母，樂而忘歸。時徐偃王反，穆王日馳千里馬，大破之，因賜造父趙城，由此爲趙氏。（見《史記》卷四三《趙世家》） 駑蹇：劣馬。

[30] 楨幹：築牆時所用的木柱，豎在兩端的稱楨，豎在兩旁障土的稱幹。因以比喻重要人物、骨幹人物。

[31] 適多見其不知量耳：盧弼《集解》云：“《論語》：‘人雖欲自絕，其何傷於日月乎？多見其不知量也。’”趙幼文《校箋》云：“見《論語·子張篇》。何晏集解：‘適足自見其不知量也。’正義曰：‘注，意似訓多爲適。所以多得爲適者，古人多、祇同音。多見其不知量，猶襄二十九年《左傳》云多見疏也。服虔本作祇見。疏解云祇，適也。’考郝書無‘多’字。疑或（當作或，引者按）語本作‘適見’，校者見《論語》作‘多’，遂識於側而誤入正文也。”

丞相陸凱上疏曰：“常侍王蕃黃中通理，[1]知天知物，處朝忠蹇，[2]斯社稷之重鎮，大吳之龍逢也。[3]昔事景皇，納言左右，景皇欽嘉，歎爲異倫。而陛下忿其苦辭，惡其直對，梟之殿堂，尸骸暴棄，邦內傷心，[4]有識悲悼。”其痛蕃如此。蕃死時年三十九，晧徙蕃家屬廣州。[5]二弟著、延皆作佳器，[6]郭馬起事，[7]不爲馬用，見害。

[1] 黃中通理：《易·坤卦》文言之辭。孔穎達《正義》云：“黃中通理者，以黃居中，兼四方之色，奉承臣職，是通曉物理也。”

[2] 忠蹇：趙幼文《校箋》謂本書卷六一《陸凱傳》"蹇"字作"謇"，《建康實録》作"謇諤"。按，忠蹇，謂忠誠難言。忠謇，謂忠誠直言。

[3] 龍逢：即關龍逢。夏桀之臣，因忠而被囚殺。（見《韓詩外傳》卷四）

[4] 邦内：殿本、盧弼《集解》本、校點本作"郡内"，百衲本作"邦内"，郝經《續後漢書》同。本書《陸凱傳》亦作"邦内"。今從百衲本。

[5] 廣州：刺史治所番禺縣，在今廣東廣州市。

[6] 作：成爲。盧弼《集解》則云："'作'字疑衍。"趙幼文《校箋》亦謂郝經《續後漢書》正無"作"字。按，有"作"字亦通，《爾雅·釋言》："作，爲也。"

[7] 郭馬：見本書卷四八《孫晧傳》天紀三年。

樓玄字承先，沛郡蘄人也。[1]孫休時爲監農御史。[2]孫晧即位，與王蕃、郭逴、萬彧俱爲散騎中常侍，[3]出爲會稽太守，[4]入爲大司農。[5]舊禁中主者自用親近人作之，彧陳親密近職，[6]宜用好人，晧因敕有司，求忠清之士，以應其選，遂用玄爲宮下鎮禁中候，[7]主殿中事。玄從九卿持刀侍衞，正身率衆，奉法而行，應對切直，數迕晧意，漸見責怒。後人誣白玄與賀邵相逢，駐共耳語大笑，[8]謗訕政事，遂被詔詰責，送付廣州。

東觀令華覈上疏曰：[9]"臣竊以治國之體，其猶治家。主田野者，皆宜良信。又宜得一人總其條目，爲作維綱，衆事乃理。《論語》曰：'無爲而治者其舜也與！[10]恭己正南面而已。'[11]言所任得其人，故優游而自逸也。今海內未定，天下多事，事無大小，皆當關聞，[12]動經御坐，勞損聖慮。陛下既垂意博古，綜極藝文，加勤心好道，[13]隨節致氣，[14]宜得閒靜以展神思，呼翕清淳，[15]與天同極。臣夙夜思惟，諸吏之中，任幹之事，足委仗者，無勝於樓玄。玄清忠奉公，冠冕當世，衆服其操，無與爭先。夫清者則心平而意直，忠者惟正道而履之，如玄之性，終始可保，乞陛下赦玄前愆，使得自新，擢之宰司，責其後效，使爲官擇人，隨才授任，則舜之恭己，近亦可得。"晧疾玄名聲，復徙玄及子據，付交阯將張奕，[16]使以戰自效，陰別敕奕令殺之。據到交阯，病死。玄一身隨奕討賊，持刀步涉，見奕輒拜，奕未忍殺。會奕暴卒，[17]玄殯斂奕，於器中見敕書，還便自殺。〔一〕

〔一〕《江表傳》曰：晧遣將張奕追賜玄鴆，奕以玄賢者，不忍即宣詔致藥，玄陰知之，謂奕曰："當早告玄，玄何惜邪？"即服藥死。

　　臣松之以玄之清高，必不以安危易操，無緣驟拜張奕，以虧其節。且禍機既發，豈百拜所免？《江表傳》所言，於理爲長。

[1] 沛郡：治所沛縣，在今江蘇沛縣。　蘄：縣名。治所在今安徽宿州市南。

[2] 監農御史：官名。孫吳置，掌監農事，隸御史臺。

[3] 郭逴（chuò）：殿本、盧弼《集解》本作"郭連"，百衲本、校點本作"郭逴"。本書卷六一《陸凱傳》亦作"郭逴"。今從百衲本等。

[4] 會稽：郡名。治所山陰縣，在今浙江紹興市。

　　〔5〕大司農：官名。東漢列卿之一，秩中二千石。掌全國租賦收入和國家財政開支，原屬少府管理的帝室財政亦并歸大司農。三國沿置。

　　〔6〕近職：校點本"職"字作"識"，百衲本、殿本、盧弼《集解》本作"職"，蕭常《續後漢書》同。今從百衲本等。

　　〔7〕宫下鎮：胡三省云："宫下鎮在建業。"（《通鑑》卷八〇晋武帝咸寧二年注）　禁中候：百衲本、殿本、盧弼《集解》本作"禁中侯"。沈欽韓《補注訓詁二》之四云："'侯'當作'候'，蓋與漢北軍中候同名，此誤。"校點本正作"禁中候"。今從之。禁中候，官名。孫吴置，掌殿中侍衛。地位甚重要。

　　〔8〕駐共耳語：趙幼文《校箋》謂蕭常《續後漢書》作"駐車共耳語"。

　　〔9〕東觀令：官名。吴置，掌校定宫廷藏書及修史。

　　〔10〕無爲而治者其舜也與：此句及下句見《論語·衛靈公》。何晏《集解》云："言任官得其人，故無爲而治也。"

　　〔11〕恭己正南面而已：楊伯峻譯："莊嚴端正地坐朝廷罷了。"

　　〔12〕關聞：禀告。

　　〔13〕道：指道家之道。

　　〔14〕隨節致氣：隨季節而得氣。

　　〔15〕清淳：清淳之氣。

　　〔16〕交阯：郡名。治所龍編縣，在今越南河内東天德江北岸。將：即太守。漢魏以來郡太守兼領軍事，故可稱將。

　　〔17〕暴卒：趙幼文《校箋》謂《太平御覽》卷五四二、卷六四七引"暴"下俱有"疾"字。

　　賀邵字興伯，會稽山陰人也。〔一〕孫休即位，從中郎爲散騎中常侍，〔1〕出爲吴郡太守。〔2〕孫晧時，入爲左典軍，〔3〕遷中書令，〔4〕領太子太傅。〔5〕

〔一〕《吳書》曰：邵，賀齊之孫，景之子。

［1］中郎：官名。東漢時分屬五官、左、右三署中郎將，名義上仍職宿衛，實際上成爲後備官員，無固定職掌，或給事於中央諸機構。三國兩晋或罷三署，仍置中郎爲儲備官員之一。

［2］吳郡：治所吳縣，在今江蘇蘇州市。

［3］左典軍：官名。孫吳置中、左、右典軍，掌宿衛禁軍，爲皇帝身邊親信之臣。

［4］中書令：官名。孫吳仿西漢之制，置爲中書長官，主草擬詔令。

［5］太子太傅：官名。東漢時秩中二千石，掌輔導太子，不領東宮官屬及庶務，諸屬官由太子少傅主之。太子對太傅執弟子禮，太傅不稱臣。孫吳亦置。

　　皓凶暴驕矜，政事日弊。邵上疏諫曰：

　　　　古之聖王，所以潛處重闈之内而知萬里之情，[1]垂拱衽席之上，[2]明照八極之際者，[3]任賢之功也。陛下以至德淑姿，統承皇業，宜率身履道，恭奉神器，旌賢表善，[4]以康庶政。自頃年以來，朝列紛錯，真僞相貿，[5]上下空任，文武曠位，外無山嶽之鎮，[6]内無拾遺之臣；佞諛之徒拊翼天飛，干弄朝威，盜竊榮利，而忠良排墜，信臣被害。[7]是以正士摧方，[8]而庸臣苟媚，先意承旨，各希時趣，人執反理之評，士吐詭道之論，[9]遂使清流變濁，忠臣結舌。陛下處九天之上，[10]隱百重之室，言出風靡，令行景從，親洽寵媚之臣，[11]日聞順意之辭，將謂此輩實賢，而天下已平也。臣心所不安，敢不以聞。

臣聞興國之君樂聞其過，荒亂之主樂聞其譽；聞其過者過日消而福臻，聞其譽者譽日損而禍至。是以古之人君，揖讓以進賢，虛己以求過，譬天位於乘犇，[12]以虎尾爲警戒。[13]至於陛下，嚴刑法以禁直辭，黜善士以逆諫臣，眩燿毀譽之實，沈淪近習之言。昔高宗思佐，[14]夢寐得賢，而陛下求之如忘，忽之如遺。故常侍王蕃忠恪在公，才任輔弼，以醉酒之間加之大戮。[15]近鴻臚葛奚，[16]先帝舊臣，偶有逆迕，昏醉之言耳，三爵之後，禮所不諱，[17]陛下猥發雷霆，謂之輕慢，飲之醇酒，中毒隕命。自是之後，海內悼心，朝臣失圖，仕者以退爲幸，居者以出爲福，誠非所以保光洪緒，熙隆道化也。

又何定本趨走小人，僕隸之下，身無錙銖之行，[18]能無鷹犬之用，而陛下愛其佞媚，假其威柄，使定恃寵放恣，自擅威福，口正國議，手弄天機，上虧日月之明，下塞君子之路。夫小人求入，必進姦利，定閒妄興事役，發江邊戍兵以驅麋鹿，結置山陵，[19]芟夷林莽，殫其九野之獸，聚於重圍之內，上無益時之分，下有損耗之費。而兵士罷於運送，人力竭於驅逐，老弱飢凍，大小怨歎。臣竊觀天變，自比年以來陰陽錯謬，四時逆節，日食地震，中夏隕霜，參之典籍，皆陰氣陵陽，小人弄勢之所致也。臣嘗覽書傳，驗諸行事，災祥之應，所爲寒慄。[20]昔高宗脩己以消鼎雉之異，[21]宋景崇德以退熒惑之變，[22]願陛下上懼皇天譴告之誚，下追二君攘災之道，[23]遠覽前代任賢之功，近寤今日謬授之失，清澄朝位，旌敍俊乂，放退佞邪，抑奪姦勢，如是之輩，一勿復用，廣延淹滯，容受直辭，祇承乾指，[24]敬奉先業，則大化光敷，[25]天人望塞也。[26]

《傳》曰："國之興也，[27]視民如赤子；其亡也，以民爲草芥。"陛下昔韜神光，潛德東夏，以聖哲茂姿，龍飛應天，[28]四海延頸，八方拭目，以成康之化必隆於旦夕也。[29]自登位以來，法禁轉苛，賦調益繁；中宮內豎，[30]分布州郡，橫興事役，競造姦利；百姓罹杼軸之困，[31]黎民罷無已之求，老幼飢寒，家戶菜色，而所在長吏，[32]迫畏罪負，嚴法峻刑，苦民求辦。[33]是以人力不堪，家戶離散，呼嗟之聲，感傷和氣。又江邊戍兵，遠當以拓土廣境，近當以守界備難，宜特優育，[34]以待有事，而徵發賦調，[35]煙至雲集，衣不全裋褐，[36]食不贍朝夕，出當鋒鏑之難，入抱無聊之慼。[37]是以父子相棄，叛者成行。願陛下寬賦除煩，振恤窮乏，省諸不急，盪禁約法，[38]則海內樂業，大化普洽。夫民者國之本，食者民之命也，今國無一年之儲，家無經月之畜，而後宮之中坐食者萬有餘人。內有離曠之怨，外有損耗之費，使庫廩空於無用，士民飢於糟糠。

又北敵注目，伺國盛衰，陛下不恃己之威德，而怙敵之不來，忽四海之困窮，而輕虜之不爲難，誠非長策廟勝之要也。[39]昔大皇帝勤身苦體，創基南夏，割據江山，拓土萬里，雖承天贊，實由人力也。餘慶遺祚，至於陛下，陛下宜勉崇德器，以光前烈，[40]愛民養士，保全先軌，何可忽顯祖之功勤，輕難得之大業，忘天下之不振，替興衰之巨變哉？臣聞否泰無常，[41]吉凶由人，長江之限不可久恃，苟我不守，一葦可航也。[42]昔秦建皇帝之號，據殽函之阻，[43]德化不脩，法政苛酷，毒流生民，忠臣杜口，是以一夫大呼，社稷傾覆。近劉氏據三關之險，[44]守重山之固，可謂金城石室，萬世之業，任授失賢，一朝喪没，君臣係頸，共爲羈僕。此當世之明鑒，目前之炯戒也。願陛下遠考前事，近覽世變，豐基彊本，割情從道，則成康之治興，而聖祖之祚隆矣。[45]

書奏，晧深恨之。邵奉公貞正，親近所憚。乃共譖邵與樓玄謗毀國事，俱被詰責。玄見送南州，[46]邵原復職。後邵中惡風，口不能言，去職數月，晧疑其託疾，收付酒藏，[47]掠考千所，[48]邵卒無一語，竟見殺害，家屬徙臨海。[49]并下詔誅玄子孫，是歲天册元年也，[50]邵年四十九。〔一〕

〔一〕邵子循，字彥先。

虞預《晉書》曰：循丁家禍，[51]流放海濱，吳平，還鄉里。節操高厲，童齔不羣，言行舉動，必以禮讓。好學博聞，尤善《三禮》。[52]舉秀才，[53]除陽羨、武康令。[54]顧榮、陸機、陸雲表薦循曰："伏見吳興武康令賀循德量邃茂，才鑒清遠，服膺道素，[55]風操凝峻，[56]歷踐（三）〔二〕城，[57]刑政肅穆，守職下縣，編名凡萃，出自新邦，朝無知己，恪居遐外，志不自營，年時倏忽，而邈無階緒，實州黨愚智所爲悵然。臣等並以凡才，累授飾進，被服恩澤，忝豫朝末，知良士後時，而守局無言，懼有蔽賢之咎，是以不勝愚管，[58]謹冒死表聞。"久之，召爲太子舍人。[59]石冰破揚州，[60]循亦合衆，事平，杜門不出。陳敏作亂，以循爲丹楊內史，[61]循稱疾固辭，敏不敢逼。于時江東豪右無不受敏爵位，[62]惟循與同郡朱誕不挂賊網。[63]後除吳國內史，[64]不就。元皇帝爲鎮東將軍，[65]請循爲軍司（馬），[66]帝爲晉王，以循爲中書令，[67]固讓不受，轉太常，[68]領太子太傅。時朝廷初建，動有疑議，宗廟制度皆循所定，朝野諮詢，爲一時儒宗。年六十，太興二年卒。[69]追贈司空，[70]諡曰穆。循諸所著論，[71]並傳於世。子隰，臨海太守。

[1] 重闈：重重宮門。指深宮。

[2] 垂拱：垂衣拱手。謂不親理事。　衽席：座席。

[3] 明照：趙幼文《校箋》謂《群書治要》卷二八引"明"上有"而"字。

[4] 旌：百衲本、殿本、盧弼《集解》本作"旀"，校點本作"旌"。按，二字同。今從校點本。

[5] 貿：百衲本、盧弼《集解》本作"賀"，殿本、校點本作"貿"。按，二字同。今從殿本等。貿，混雜。徐鍇《説文繫傳·貝部》："貿，猶亂也，交互之義。"

[6] 山嶽之鎮：謂堅強有力鎮守疆域之臣。

［7］信臣：忠實可靠之臣。

［8］揣方：把方的棱角削去。比喻磨去方正的節操。

［9］詭道之論：違背正道之論。

［10］九天：指宮禁。

［11］親洽：趙幼文《校箋》謂《群書治要》卷二八引作"媾近"，《太平御覽》卷四五三引作"媟近"。疑作"媟近"爲是。

［12］譬天位於乘犇：僞古文《尚書·五子之歌》："予臨兆民，懍乎若朽索之馭六馬！"僞孔傳："懍，危貌。朽，腐也。腐索馭六馬，言危懼甚。"（參盧弼《集解》）

［13］虎尾：僞古文《尚書·君牙》："心之憂危，若蹈虎尾，涉于春冰。"僞孔傳："言祖業之大，己才之弱，故心懷危懼。虎尾，畏噬；春冰，畏陷，危懼之甚。"按，僞古文《尚書》雖出自東晉梅賾，但並非梅賾憑空臆造，而是從當時的古籍中搜集文句編綴而成，故其事其言是可信的。上條及此條或有引《淮南子·說林訓》及《易·履卦》注者，總覺不太貼切，故仍引僞古文《尚書》。

［14］高宗思佐：高宗，即殷高宗武丁。《史記》卷三《殷本紀》云："帝武丁即位，思復興殷，而未得其佐。三年不言，政事決定於冢宰，以觀國風。武丁夜夢得聖人，名曰說。以夢所見視群臣百吏，皆非也。於是乃使百工營求之野，得說於傅險中。是時說爲胥靡，築於傅險。見於武丁，武丁曰是也。得而與之語，果聖人，舉以爲相，殷國大治。故遂以傅險姓之，號曰傅說。"

［15］醉酒：趙幼文《校箋》謂《群書治要》卷二八引作"酲"。按，《群書治要》實作"酲"。《玉篇》："酲，醉未覺也。"

［16］鴻臚：官名。即大鴻臚。漢列卿之一，秩中二千石。掌少數族君長、諸侯王、列侯之迎送接待，安排朝會、封授、襲爵及奪爵削土之典禮；諸侯王死，則奉詔護理喪事，宣讀誄策諡號；百官朝會，掌贊襄引導；兼管京都之郡國邸舍及郡國上計吏之接待；又兼管少數民族之朝貢使節及侍子。三國沿之，魏爲三品。

［17］禮所不諱：梁章鉅《旁證》引沈欽韓曰："燕禮：司正升，受命皆命。君曰：'無不醉。'賓及卿大夫皆興，對曰：'諾，敢不醉！'此則獻酬之後，禮所不諱也。"

［18］錙銖：形容微小。錙銖，皆古代之重量單位，通常説四錙爲一兩，六銖爲一錙。

［19］罝（jū）：捕兔網。亦泛指捕獸網。

［20］所爲：趙幼文《校箋》謂《群書治要》卷二八引"所"字作"可"。

［21］高宗：指殷高宗武丁。《史記·殷本紀》謂"帝武丁祭成湯，明日，有飛雉登鼎耳而呴，武丁懼。祖己曰：'王勿憂，先修政事。'……武丁修政行德，天下咸歡，殷道復興"。

［22］宋景：指春秋時宋景公。《史記》卷三八《宋微子世家》謂宋景公三十七年，"熒惑守心。心，宋之分野也。景公憂之。司星子韋曰：'可移於相。'景公曰：'相，吾之股肱。'曰：'可移於民。'景公曰：'君者待民。'曰：'可移於歲。'景公曰：'歲饑困，吾誰爲君！'子韋曰：'天高聽卑。君有君人之言三，熒惑宜有動。'於是候之，果徙三度"。

［23］攘：盧弼《集解》本作"禳"，百衲本、殿本、校點本作"攘"。《群書治要》卷二八引亦作"攘"。今從百衲本等。按，盧弼《集解》云："宋本'禳'作'攘'誤。"此説亦誤。"攘"本通"禳"，《禮記·月令》"九門磔攘"陸德明釋文："攘，本又作禳。"但禳乃除邪消灾之祭祀，殷高宗、宋景公並未舉行祭祀。攘有驅逐或消除之義，正合高宗、景公之事。《廣韻·陽韻》："攘，除也。"

［24］乾指：天意。

［25］光敷：廣布。

［26］望：怨望；責怪。

［27］國之興也：《左傳·哀公元年》：逢滑對陳懷公曰："臣聞，國之興也，視民如傷，是其福也；其亡也，以民爲土芥，是其

禍也。"

[28] 龍飛應天：謂受天命而即皇帝位。《易·乾卦》九五："飛龍在天，利見大人。"孔穎達疏："若聖人有龍德，飛騰而居天位。"

[29] 成康：指周成王、康王。成王、康王之時爲周王朝之治世。

[30] 中宮：盧弼《集解》本作"中官"，百衲本、殿本、校點本作"中宮"。今從百衲本等。中宮，皇后所住之宮。　內豎：宦官。

[31] 杼軸之困：謂生産廢弛，百姓貧困。杼軸，又作"杼柚"，織布機上的兩個部件，杼是持緯綫的梭子，柚是承經綫的筘。《詩·小雅·大東》："小東大東，杼柚其空。"陸德明釋文："柚，本又作軸。"

[32] 長吏：指縣令、長。

[33] 苦民：趙幼文《校箋》謂《群書治要》卷二八引"苦"字作"癗"。

[34] 特：殿本、盧弼《集解》本作"時"，百衲本、校點本作"特"。今從百衲本等。

[35] 賦調：指田租、户調。田租，按畝征收糧食。户調，按户征收絹、綿等實物。

[36] 裋（shù）褐（hè）：百衲本"裋"字作"短"，殿本、盧弼《集解》本、校點本作"裋"。按，二字通，今從殿本等。《墨子·公輸》"鄰有短褐而欲竊之"，孫詒讓《閒詁》："短，裋之借字。"裋褐，粗陋衣服。

[37] 無聊：貧窮無依。

[38] 盪禁：除去禁令。　約法：減少法律條款。

[39] 廟勝：指朝廷預先制定的克敵制勝的謀略。

[40] 前烈：先人的業績。

[41] 否（pǐ）泰：《周易》兩個卦名。天地交，萬物通爲泰；

不交閉塞爲否。後常指世事之盛衰，命運之順逆。

［42］一葦可航：《詩·衛風·河廣》：“誰謂河廣，一葦杭之。”鄭箋：“杭，渡也。”孔穎達疏：“一葦者，謂一束也，可以浮之水上而渡，若桴筏然，非謂一根葦也。”

［43］殽函：指殽山與函谷關。在今陝西潼關縣以東至河南新安縣一帶。

［44］三關：顧祖禹云：“吳賀邵嘗言‘劉氏據三關之險，守重山之固’。張瑩《漢南紀》蜀有陽平關、白水關、江關，是爲三關。”（《讀史方輿紀要》卷五六陝西漢中府寧羌州白水關條）陽平關在今陝西勉縣西北白馬城。白水關在今陝西寧强縣西南。江關在今重慶市奉節縣東長江北岸赤甲山上。

［45］而聖祖：百衲本無“而”字，殿本、盧弼《集解》本、校點本有，《群書治要》亦有。又百衲本“祖”字作“主”，殿本等作“祖”，《群書治要》《通鑑》同。今從殿本等。胡三省云：“聖祖謂孫權。”（《通鑑》卷七九晋武帝泰始八年注）

［46］南州：指廣州。

［47］酒藏：爲朝廷釀酒藏酒之所。

［48］千所：一千左右。劉淇《助字辨略》卷三謂所，“不定之辭，猶云‘許’”。

［49］臨海：郡名。吳孫亮太平二年（257）置，治所臨海縣，在今浙江臨海市。後又移治章安縣，在今臨海市東南章安鎮。

［50］天册：吳末帝孫皓年號（275—276）。

［51］丁：當，遭逢。《爾雅·釋詁》：“丁，當也。”

［52］三禮：指《周禮》《儀禮》《禮記》。

［53］秀才：漢魏選舉科目之一。東漢稱“茂才”。曹魏定爲州舉秀才，郡舉孝廉。晋朝沿之。

［54］陽羨：縣名。治所在今江蘇宜興市南荆溪南岸。　武康：縣名。治所在今浙江德清縣西千秋鎮。

［55］道素：指道德純樸。

[56] 凝峻：百衲本"凝"字作"疑"，殿本、盧弼《集解》本、校點本作"凝"。今從殿本等。凝峻，莊重高超。《淮南子·兵略訓》"典凝如冬"高誘注："凝，正也。"

[57] 二城：各本皆作"三城"。潘眉《考證》云："當爲'二城'，謂陽羨、武康也."《晉書》卷六八《賀循傳》亦作"二城"。今從潘説據《晉書》改。

[58] 愚管：愚陋管見。

[59] 太子舍人：官名。晋朝置十六人，第七品，職比散騎、中書侍郎，掌文章書記，初隸太子太傅、少傅，後隸太子詹事。

[60] 石冰：百衲本、殿本作"石沐"，盧弼《集解》本、校點本作"石冰"。今從《集解》本等。　揚州：西晉刺史治所建業，在今江蘇南京市。

[61] 丹楊：西晉爲王國。治所即建業。　内史：官名。西晉太康十年（289）改稱王國相爲内史，職仍如太守，掌王國民政。

[62] 江東：地區名。指今長江以南的江蘇、浙江、安徽一帶。詳解見本書卷一《武帝紀》興平元年注。

[63] 同郡：《晉書·賀循傳》作"吳郡"。

[64] 吳國：治所同吳郡。

[65] 元皇帝：即晋元帝司馬睿。　鎮東將軍：官名。西晉定爲三品，如爲持節都督，則進爲二品。按，《晉書》卷六《元帝紀》及《賀循傳》，司馬睿爲鎮東大將軍。

[66] 軍司：各本皆作"軍司馬"。《晉書·賀循傳》云："及帝遷鎮東大將軍，以軍司顧榮卒，引循代之。"考《晉書·顧榮傳》，顧榮實爲晋元帝軍司。又軍司馬係佐校尉之職，非佐將軍者，故據《晉書》删"馬"字。（參盧弼《集解》引沈家本説）軍司即軍師，因西晋避諱改，爲將軍府主要僚屬。

[67] 中書令：官名。西晉承魏制，掌宣旨意，貴重尤甚，雖資位遜於尚書令，實權則過之，入選者皆文學之士。

[68] 太常：官名。秩中二千石，掌禮儀祭祀，選試博士。魏、

晋皆三品。

　　［69］太興：晋元帝司馬睿年號（318—321）。

　　［70］司空：官名。東漢時與太尉、司徒並爲三公，共同行使
宰相職能，而位列三公之末。本職掌土木營建與水利工程。

　　［71］著論：《隋書·經籍志》集部著録《賀循集》十八卷，
又謂梁有二十卷，録一卷。《舊唐書·經籍志》《新唐書·藝文志》
則皆著録《賀循集》二十卷。

　　韋曜字弘嗣，吴郡雲陽人也。[一][1]少好學，能屬
文，從丞相掾，[2]除西安令，[3]還爲尚書郎，遷太子中
庶子。[4]

　　〔一〕曜本名昭，[5]史爲晋諱，改之。

　　［1］雲陽：縣名。吴嘉禾三年（234）以曲阿縣改名。治所在
今江蘇丹陽市。潘眉《考證》云：“曲阿至吴嘉禾三年始改名雲
陽，曜在鳳皇年間已七十許，蓋此據後縣名追改之，非是。”

　　［2］丞相掾：官名。丞相府之屬吏。丞相府設有諸曹，如東
曹、户曹、金曹、兵曹等。掾即爲曹長。

　　［3］西安：縣名。建安中分海昏縣置，治所在今江蘇武
寧縣西。

　　［4］太子中庶子：官名。東漢時屬太子少傅，秩六百石，置五
員。職如侍中。三國沿置，掌侍從、奏事、諫議等。

　　［5］曜本名昭：錢大昕曰：“案《三國志》於晋諸帝諱，多不
回避，如《后妃傳》‘惟色是崇，不本淑懿’；《高堂隆傳》‘故宜
簡擇，留其淑懿’；《吴主王夫人傳》‘追尊大懿皇后’；《步夫人
傳》‘有淑懿之德’。以至太師、軍師、昭烈、昭獻、昭文、昭德、
昭告之類，不勝枚舉。《蜀後主傳》景耀六年改元炎興，亦未回避。

而諸臣傳但書景耀六年，不書炎興之號，最爲得體。此韋曜之名，注家以爲避晉諱，予考書中，段昭、董昭、胡昭、公孫昭、張昭、周昭輩皆未追改，何獨予曜避之？疑宏嗣本有二名也。"（《廿二史考異》卷一七）

時蔡穎亦在東宮，性好博弈，[1]太子和以爲無益，命曜論之。其辭曰：[2]

蓋聞君子恥當年而功不立，疾没世而名不稱，[3]故曰"學如不及，[4]猶恐失之"。是以古之志士，悼年齒之流邁而懼名稱之不立也，故勉精厲操，晨興夜寐，不遑寧息，經之以歲月，累之以日力，若甯越之勤，[5]董生之篤，[6]漸漬德義之淵，棲遲道藝之域。[7]且以西伯之聖，[8]姬公之才，[9]猶有日昃待旦之勞，[10]故能隆興周道，[11]垂名億載，況在臣庶，而可以已乎？歷觀古今立功名之士，皆有積累殊異之迹，[12]勞身苦體，契闊勤思，[13]平居不墮其業，窮困不易其素，是以卜式立志於耕牧，[14]而黃霸受道於囹圄，[15]終有榮顯之福，以成不朽之名。故山甫勤於夙夜，[16]而吳漢不離公門，[17]豈有游惰哉？[18]

今世之人多不務經術，好翫博弈，廢事棄業，忘寢與食，窮日盡明，繼以脂燭。當其臨局交爭，雌雄未決，專精銳意，心勞體倦，人事曠而不脩，賓旅闕而不接，雖有太牢之饌，[19]《韶》《夏》之樂，[20]不暇存也。至或賭及衣物，徙棊易行，廉恥之意弛，而忿戾之色發，然其所志不出一枰之上，[21]所務不過方罫之閒，[22]勝敵無封爵之賞，獲地無兼土之實。技非六藝，[23]用非經國；立身者不階其術，[24]徵選者不由其道。求之於戰陣，則非孫、吳之倫也；[25]考之於道藝，則非孔氏之門也；以變詐爲務，則非忠信之事也；以劫殺爲名，則非仁者之意也；而空妨日廢業，終無補益。是何異設木而擊之，置石而投之哉！[26]且君子之居室也勤身以致養，其在朝也竭命以納忠，臨事且猶旰食，[27]而何博弈之足耽？夫然，故孝友之行立，貞純之名彰也。

方今大吳受命，海內未平，聖朝乾乾，[28]務在得人，勇略之士則受熊虎之任，儒雅之徒則處龍鳳之署，[29]百行兼苞，文武並騖，博選良才，旌簡髦俊，[30]設程試之科，[31]垂金爵之賞，[32]誠千載之嘉會，百世之良遇也。當世之士，宜勉思至道，愛功惜力，以佐明時，使名書史籍，勳在盟府，[33]乃君子之上務，當今之先急也。

夫一木之枰孰與方國之封？[34]枯棊三百孰與萬人之將？[35]袞龍之服，[36]金石之樂，足以兼棊局而貿博弈矣。假令世士移博弈之力而用之於詩書，是有顏、閔之志也；[37]用之於智計，是有良、平之思也；[38]用之於資貨，是有猗頓之富也；[39]用之於射御，是有將帥之備也。如此則功名立而鄙賤遠矣。

和廢後，爲黃門侍郎。[40]孫亮即位，諸葛恪輔政，表曜爲太史令，[41]撰《吳書》，[42]華覈、薛瑩等皆與參同。孫休踐阼，爲中書郎、博士祭酒。[43]命曜依劉向故事，[44]校定衆書。又欲延曜侍講，而左將軍張布近習寵幸，[45]事行多玷，憚曜侍講儒士，又性精確，懼以古今警戒休意，固爭不可。休深恨布，語在休傳。然曜竟止不入。

孫晧即位，封高陵亭侯，[46]遷中書僕射，[47]職省，爲侍中，[48]常領左國史。[49]時所在承指數言瑞應。[50]晧以問曜，曜答曰：“此人家筐篋中物耳。”[51]又晧欲爲父和作紀，曜執以和不登帝位，宜名爲傳。如是者非一，漸見責怒。曜益憂懼，自陳衰老，求去侍、史二官，乞欲成所造書，以從業別有所付，[52]晧終不聽。時有疾病，醫藥監護，持之愈急。

晧每饗宴，無不竟日，坐席無能否率以七升爲限，雖不悉入口，[53]皆澆灌取盡。曜素飲酒不過二升，[54]初見禮異時，常爲裁減，或密賜茶荈以當酒，[55]至於寵衰，更見偪彊，輒以爲罪。又於酒後使侍臣難折公卿，以嘲弄侵克，[56]發摘私短以爲歡。時有愆過，或誤犯晧諱，輒見收縛，至於誅戮。曜以爲外相毀傷，內長尤恨，使不濟濟，[57]非佳事也，故但示難問經義言論而已。晧以爲不承用詔命，意不忠盡，[58]遂積前後嫌忿，收曜付獄，是歲鳳皇二年也。[59]

曜因獄吏上辭曰：“囚荷恩見哀，無與爲比，曾無芒鬢有以上報，[60]孤辱恩寵，自陷極罪。念當灰滅，長棄黄泉，愚情慺慺[61]，竊有所懷，貪令上聞。囚昔

見世閒有古曆注，[62]其所紀載既多虛無，[63]在書籍者
亦復錯謬。囚尋按傳記，考合異同，采擿耳目所及，
以作《洞紀》，[64]起自庖犧，至于秦、漢，凡爲三卷，
當起黃武以來，[65]別作一卷，事尚未成。又見劉熙所
作《釋名》，[66]信多佳者，然物類衆多，難得詳究，故
時有得失，而爵位之事，又有非是。愚以官爵，今之
所急，不宜乖誤。囚自忘至微，又作《官職訓》及
《辯釋名》各一卷，[67]欲表上之。新寫始畢，會以無
狀，[68]幽囚待命，泯没之日，恨不上聞，謹以先死列
狀，乞上言秘府，[69]於外料取，呈內以聞。追懼淺蔽，
不合天聽，抱怖雀息，[70]乞垂哀省。”

　　曜冀以此求免，而晧更怪其書之垢故，[71]又以詰
曜。[72]曜對曰：“囚撰此書，實欲表上，懼有誤謬，數
數省讀，不覺點污。被問寒戰，形氣吶吃。[73]謹追辭
叩頭五百下，兩手自搏。”而華覈連上疏救曜曰：“曜
〔遭〕值千載，[74]特蒙哀識，[75]以其儒學，得與史官，
貂蟬內侍，[76]承合天問，[77]聖朝仁篤，慎終追遠，[78]迎
神之際，[79]垂涕救曜。曜愚惑不達，不能敷宣陛下大
舜之美，[80]而拘繫史官，使聖趣不敍，至行不彰，實
曜愚蔽當死之罪。然臣懊懊，見曜自少勤學，雖老不
倦，探綜墳典，[81]溫故知新，及意所經識古今行事，
外吏之中少過曜者。昔李陵爲漢將，[82]軍敗不還而降
匈奴，司馬遷不加疾惡，爲陵遊說，漢武帝以遷有良
史之才，欲使畢成所撰，忍不加誅，書卒成立，垂之
無窮。今曜在吳，亦漢之史遷也。[83]伏見前後符瑞彰

著，神指天應，繼出累見，一統之期，庶不復久。事平之後，當觀時設制，三王不相因禮，[84]五帝不相沿樂，[85]質文殊塗，[86]損益異體，宜得曜輩依準古義，有所改立。漢氏承秦，則有叔孫通定一代之儀，[87]曜之才學亦漢通之次也。又《吳書》雖已有頭角，敍贊未述。昔班固作《漢書》，[88]文辭典雅，後劉珍、劉毅等作《漢記》，[89]遠不及固，敍傳尤劣。今《吳書》當垂千載，編次諸史，後之才士論次善惡，非得良才如曜者，實不可使（闕）〔關〕不朽之書。[90]如臣頑蔽，誠非其人。曜年已七十，餘數無幾，乞赦其一等之罪，[91]爲終身徒，使成書業，永足傳示，垂之百世。謹通進表，叩頭百下。”晧不許，遂誅曜，徙其家零陵。[92]子隆，亦有文學也。

[1] 博弈：六博與圍棋。六博，《文選》魏文帝《與朝歌令吳質書》李善注引《藝經》曰：“棋正彈法，二人對局，白黑棋各六枚，先列棋相當，更先控三彈，不得，各去控一棋，先補角。”

[2] 其辭：按，《文選》卷五二載有此文，題爲《博弈論》。本注一般不做字句互校。

[3] 疾没世而名不稱：《論語·衛靈公》子曰：“君子疾没世而名不稱焉。”

[4] 學如不及：《論語·泰伯》子曰：“學如不及，猶恐失之。”

[5] 甯越之勤：甯越，戰國中牟（今河南中牟縣東）人。《呂氏春秋·不苟論·博志》：“甯越，中牟之鄙人也。苦耕稼之勞，謂其友曰：‘何爲而可以免此苦也？’其友曰：‘莫如學，學三十歲，則可以達矣。’甯越曰：‘請以十五歲，人將休，吾將不敢休，人將臥，吾將不敢臥。’十五歲而周威公師之。”

[6] 董生之篤：董生，指董仲舒。《漢書》卷五六《董仲舒傳》云：“董仲舒，廣川人也。少治《春秋》，孝景時爲博士。下帷講誦，弟子傳以久次相授業，或莫見其面。蓋三年不窺園，其精如此。”顏師古注：“雖有園圃，不窺視之，言專學也。”

[7] 棲遲：遊息。《詩·陳風·衡門》：“衡門之下，可以棲遲。”毛傳：“棲遲，遊息也。”

[8] 西伯：周文王。

[9] 姬公：周公旦。

[10] 日昃：午後日偏西。此指周文王之勤勞。《尚書·無逸》：周公謂周文王“自朝至于日中昃，不遑暇食，用咸和萬民”。 待旦：謂坐以待旦。此指周公對政事勤思苦慮，若有所得，便急於施行。《孟子·離婁下》：孟子曰：“周公思兼三王，以施四事，仰而思之，夜以繼日，幸而得之，坐以待旦。”

[11] 隆興：殿本作“興隆”，百衲本、盧弼《集解》本、校點本作“隆興”。今從百衲本等。

[12] 積累：殿本、盧弼《集解》本、校點本作“累積”，百衲本作“積累”，《文選》同。趙幼文《校箋》謂《群書治要》亦作“積累”。今從百衲本。

[13] 契闊：《詩·邶風·擊鼓》“死生契闊”毛傳：“契闊，勤苦也。”

[14] 卜式立志於耕牧：《漢書》卷五八《卜式傳》謂卜式河南（治所在今河南洛陽市東北）人，以耕種畜牧而致富。曾捐獻家財擊匈奴，漢武帝使使者問式：“欲爲官乎？”式曰：“自小牧羊，不習仕宦，不願也。”後又捐錢二十萬與河南太守以助徙民，漢武帝遂召式以爲郎官，式不願，武帝曰：“吾有羊在上林中，欲令子牧之。”卜式因之爲中郎，後又爲緱氏令、成皋令等，最後官至御史大夫。

[15] 黃霸受道於囹圄：黃霸，漢宣帝初爲丞相長史。《漢書》卷七五《夏侯勝傳》謂夏侯勝善《尚書》之學，漢宣帝初爲長信少府。漢宣帝初立，欲褒揚武帝，爲之立廟制樂，詔下群臣議之。群臣

皆曰："宜如詔書。"長信少府夏侯勝獨曰："武帝雖有攘四夷，廣土斥境之功，然多殺士衆，竭民財力，奢泰亡度，天下虛耗，百姓流離，物故者半，蝗蟲大起，赤地數千里，或人民相食，畜積至今未復，亡德澤於民，不宜爲立廟樂。"公卿共難勝曰："此詔書也。"勝曰："詔書不可用也。人臣之誼，宜直言正論，非苟阿意順指。議已出口，雖死不悔。"於是丞相蔡義、御史大夫田廣明劾奏夏侯勝非議詔書，毀先帝，不道，及丞相長史黃霸阿縱勝，不舉劾，俱下獄。二人下獄既久，黃霸欲從夏侯勝學經，勝辭以罪死。霸曰："'朝聞道，夕死可矣。'"勝賢其言，遂授之。在獄中經歷兩冬，講論不息。後遇關東四十九郡地動山崩，漢宣帝下詔大赦，夏侯勝出獄爲諫大夫、給事中，黃霸爲揚州刺史。

[16] 山甫勤於夙夜：山甫，即仲山甫，周宣王大臣。《詩·大雅·烝民》："邦國若否，仲山甫明之。既明且哲，以保其身。夙夜匪解，以事一人。"

[17] 吳漢不離公門：吳漢，漢光武帝劉秀之功臣。《文選》李善注引《東觀漢記》曰："吳漢字子顏，南陽人。鄧禹及諸將多薦舉者，再三召見，其後勤勤，不離公門，上亦以南陽人漸親之。"呂延濟注："公門，職事之府也。"

[18] 游惰：百衲本、殿本"惰"字作"墮"，盧弼《集解》本、校點本作"惰"，《群書治要》、李善注《文選》同。按，二字通，今從盧弼《集解》本等。《文選》枚乘《七發》"血脈淫濯手足墮窳"，李善注引郭璞《方言注》："墮，懈墮也。"

[19] 太牢：古代祭祀，牛、羊、豕三牲具備稱太牢。故牛、羊、豕肉亦稱太牢。

[20] 韶夏之樂：虞舜、夏禹之樂。《禮記·樂記》："韶，繼也。夏，大也。"鄭玄注"韶"曰："舜樂名也。韶之言紹也，言舜能繼紹堯之德。"又注"夏"曰："禹樂名也，方禹能大堯、舜之德。"

[21] 枰（píng）：棋盤。

[22] 罫（guǎi）：棋盤上之方格。

　　[23] 六藝：禮、樂、射、御、書、數。《周禮·地官·保氏》："保氏掌諫王惡，而養國子以道。乃教之六藝：一曰五禮，二曰六樂，三曰五射，四曰五馭，五曰六書，六曰九數。"

　　[24] 階：緣由。

　　[25] 孫：指孫武。春秋時兵家。著有《孫子兵法》十三篇。吳：指吳起。戰國時兵家。《隋書·經籍志》著録《吳起兵法》一卷。

　　[26] 置石而投：《文選》呂向注："擊木、投石，童子戲也。"

　　[27] 旰（gàn）食：晚食，指事務繁忙不能按時進食。

　　[28] 乾乾：自強不息。《易·乾卦》九三："君子終日乾乾。"孔穎達疏："言每恒終竟此日，健健自強，勉力不有止息。"

　　[29] 龍鳳之署：《文選》呂向注："熊虎，喻猛也。龍鳳，喻文章也。署，謂文學之司也。"

　　[30] 旌簡髦俊：表彰選拔才智傑出之士。

　　[31] 程試：《文選》劉良注："程試，謂呈其才者，必見試用也。"

　　[32] 金爵：《文選》劉良注："金爵，謂金印紫授以封人爵也。"

　　[33] 盟府：《文選》呂延濟注："盟府，爲掌諸侯誓盟之官（府）也。"

　　[34] 方國之封：《文選》李周翰注："方國之封，謂一國之界。"

　　[35] 枯棊三百：《文選》李周翰注："枯棋，棋子也。"又李善注引邯鄲淳《藝經》曰："棋局縱橫各十七道，合二百八十九道，白黑棋子各一百五十枚。"

　　[36] 袞龍之服：古代帝王及上公穿的繪有卷龍的禮服。

　　[37] 顏：指顏回。孔子弟子，甚好學。《論語·雍也》哀公問："弟子孰爲好學？"孔子對曰："有顏回者好學，不遷怒，不貳過。"

　　閔：指閔子騫。有孝道，不願隨便仕宦。《史記》卷六七《仲尼弟子列傳》："孔子曰：'孝哉閔子騫！人不間於其父母昆弟之言。'不仕大夫，不食污君之禄。"

[38] 良平：指張良、陳平。皆爲漢高祖劉邦爭天下的智謀之士。

[39] 猗頓：戰國魯人，以煮鹽、畜牧而致富，資財擬王公，馳名天下。詳見《史記》卷一二九《貨殖列傳》與裴駰《集解》引《孔叢子》。

[40] 黄門侍郎：官名。即給事黄門侍郎，東漢時秩六百石。掌侍從左右，給事禁中，關通中外。初無員數，漢獻帝定爲六員，與侍中出入禁中，近侍帷幄，省尚書奏事。三國沿置，魏定爲五品。

[41] 太史令：官名。東漢時秩六百石，屬太常。掌天時、星曆，歲終奏新曆，國祭、喪、嫁娶奏良日及時節禁忌，有瑞應、災異則記之。孫吳沿置，並兼撰史。

[42] 吳書：《隋書・經籍志》史部正史類著録《吳書》二十五卷，韋昭撰。又謂“本五十五卷，梁有，今殘缺”。《新唐書・藝文志》則著録爲五十五卷，蓋後出全者。《史通・古今正史》叙其始末云：“吳大帝之季年，始命太史令丁孚、郎中項峻撰《吳書》，孚、峻俱非史才，其文不足紀録。至少帝時，更敕韋曜、周昭、薛瑩、梁廣、華覈訪求往事，相與記述，並作之中曜、瑩爲首。當歸命侯時，昭、廣先亡，曜、瑩徙黜，史官久闕，書遂無聞。覈表請召曜、瑩續成前史。其後曜獨終其書，定爲五十五卷。”而據本傳所載，韋曜被孫晧誅殺時，《吳書》之叙贊尚未成，爲未全完成之書。

[43] 中書郎：官名。漢代置，屬中書令。孫吳沿置，仍隸中書令。負責草擬詔書，並常被派出執行重要使命。趙幼文《校箋》又謂《建康實録》作“中書侍郎”。　博士祭酒：官名。東漢時秩六百石，領諸五經博士，掌教授經學，備顧問應對。三國沿置。

[44] 劉向故事：劉向，漢楚元王之後裔。漢成帝時爲光禄大夫。當時天下書籍頗多散失，漢成帝遂使謁者陳農於各地搜求遺書，又命劉向等人將搜集之書及舊藏之書全部整理校訂。劉向校經、傳、諸子、詩賦，步兵校尉任宏校兵書，太史令尹咸校數術，侍醫李柱國校方技。每一書校完後皆由劉向編寫篇目，寫出簡明的內容題要，然

後上奏。劉向死後，漢哀帝又命其子劉歆繼承父業，劉歆因撰定《七略》，爲《漢書·藝文志》所本。詳見《漢書》卷三〇《藝文志序》、卷三六《楚元王附向歆傳》。

[45] 左將軍：官名。東漢時位如上卿，與前、後、右將軍掌京師兵衛和邊防屯警。魏、晋亦置，第三品。權位漸低，略高於一般雜號將軍，不典禁兵，不與朝政，僅領兵征戰。孫吳亦置。

[46] 亭侯：爵名。漢制列侯大者食縣邑，小者食鄉、亭。東漢後期遂以食鄉、亭者稱爲鄉侯、亭侯。

[47] 中書僕射（yè）：官名。西漢置中書謁者令，又置中書謁者僕射爲之副，隷少府，由宦官擔任。中書謁者僕射省稱中書僕射，與中書謁者令同掌詔令章奏之傳達。漢成帝改中書謁者令爲中謁者令，遂罷。孫吳復置。趙幼文《校箋》又謂《建康實録》作“尚書僕射”。

[48] 侍中：官名。曹魏時爲門下侍中寺長官。職掌門下衆事，侍從左右，顧問應對，拾遺補闕，與散騎掌侍、黄門侍郎等共平尚書奏章。孫吳亦置。

[49] 左國史：官名。孫吳置，爲史官，與右國史同掌修國史。多以他官兼領。

[50] 所在：百衲本、盧弼《集解》本作“在所”，殿本、校點本作“所在”。今從殿本等。

[51] 人家：《通鑑》卷八〇晋武帝泰始九年作“家人”。趙幼文《校箋》謂蕭常《續後漢書》亦作“家人”，與《通鑑》同。《漢書》卷九三《董賢傳》“此豈家人子所能堪邪”，注：“家人猶庶人也。”此謂瑞應不過尋常習見之物，如百姓家筐篋中所貯者。

[52] 從業：百衲本、校點本作“從業”，殿本、盧弼《集解》各作“後業”。今從百衲本等。

[53] 雖不悉入口：趙幼文《校箋》謂《建康實録》作“若不入口”。

[54] 二升：殿本、盧弼《集解》本作“三升”，百衲本、校點

本作"二升"。今從百衲本等。

[55] 茶荈（chuǎn）：即茶茗。亦泛指茶。荈，晚采的老茶。《爾雅·釋木》："櫃，苦荼。"郭璞注："今呼早采者爲荼，晚取者爲茗。一名荈。"茶，古"荼"字。顧炎武《日知録·荼》云："'荼'字自中唐始變作'茶'。"

[56] 侵克：侵害打擊。

[57] 濟（qí）濟：端莊貌。濟，通"齊"。《詩·大雅·公劉》："蹌蹌濟濟，俾筵俾幾。"鄭箋："蹌蹌濟濟，士大夫之威儀也。"

[58] 忠盡：殿本"盡"字作"藎"，百衲本、盧弼《集解》本、校點本作"盡"。今從百衲本等。

[59] 鳳皇：吳末帝孫晧年號（272—274）。

[60] 芒氂（lí）：百衲本、殿本"氂"字作"氂"，盧弼《集解》本作"氂"，校點本作"犛"。按，三字同，今從盧弼《集解》本。芒氂。猶毫釐。言極微小。

[61] 慺慺：勤懇。

[62] 古曆注：潘眉《考證》云："此指周長生之《洞曆》。《論衡》稱其'上自黃帝，下至漢朝，莫不紀載'。故曜撰《洞紀》，亦起庖犧至秦漢。"

[63] 既：殿本作"紀"，百衲本、盧弼《集解》本、校點本作"既"。今從百衲本等。

[64] 洞紀：《隋書·經籍志》史部雜史類著録"《洞紀》四卷，韋昭撰。記庖犧已來，至建安二十七年"。姚振宗《考證》云："按建安盡於二十五年，此稱二十七年者，以接吳黃武改元之歲也。是歲於魏爲黃初三年，於蜀則章武二年，吳未改元之前仍稱建安之號，故是書止於二十七年。"

[65] 黃武：吳王孫權年號（222—229）。

[66] 劉熙：字成國，漢末北海（治所在今山東昌樂縣西）人。所撰《釋名》分爲八卷二十七篇。體例仿《爾雅》而專用音訓，以音同、音近之字解釋意義，並推究事物所以得名的由來。今尚傳，清

人多有研究。

[67] 官職訓：《隋書·經籍志》史部職官類謂梁有韋昭《官儀職訓》一卷，亡。又經部《論語》類著録《辯釋名》一卷，韋昭撰。此書已佚，清人有輯本。

[68] 無狀：謂罪大不可言狀。

[69] 秘府：宫廷中收藏圖書典籍之所。孫吴置有秘府中書郎、秘府郎等官管理其藏書。

[70] 雀息：猶屏息。形容恐懼，不敢出聲。

[71] 垢故：胡三省云："垢，塵也。故，舊也。"（《通鑑》卷八〇晋武帝泰始九年注）趙幼文《校箋》又謂《建康實録》"垢故"作"垢汙"。

[72] 詰曜：百衲本"詰"字作"誥"，殿本、盧弼《集解》本、校點本作"詰"。今從殿本等。

[73] 形氣呐吃：謂形體言語皆遲鈍。又按，上兩句吴金華《〈三國志〉待質録》謂易培基《三國志補注》説："卷子本作'被問驚戰，形氣枯乾'。"所謂"卷子本"即日本所藏唐寫本《吴志·韋曜傳》殘卷。

[74] 遭值千載：殿本、盧弼《集解》本、校點本作"運值千載"，百衲本無"運"字。殿本《考證》、盧弼《集解》疑"運"誤，皆云："宋本無'運'字。"吴金華《〈三國志集解〉箋記》謂敦煌卷子本《韋曜傳》殘卷"運"字作"遭"，可據改。今從百衲本並從吴説補"遭"字。

[75] 哀識：百衲本、盧弼《集解》本作"表識"，殿本、校點本作"哀識"。今從殿本等。哀識，憐愛賞識。《吕氏春秋·慎大覽·報更》："人主胡可以不務哀士？"高誘注："哀，愛也。"

[76] 貂蟬：貂尾和附蟬（金質蟬形）。爲侍中、中常侍的冠飾。《續漢書·輿服志下》："侍中、中常侍加黄金璫，附蟬爲文，貂尾爲飾，謂之趙惠之冠。"

[77] 承合：百衲本作"承答"，殿本、盧弼《集解》本、校

點本作"承合"。今從殿本等。按，"合"即古"答"字。《爾雅·釋詁上》："合，對也。"郝懿行《義疏》："合者，答也。古答問之字直作合。"

[78]慎終追遠：謂居父母喪，祭祀祖先，皆依禮盡哀，恭敬虔誠。《論語·學而》曾子曰："慎終追遠，民德歸厚矣。"何晏《集解》：孔安國曰："慎終者，喪盡其哀也。追遠者，祭盡其敬也。人君行此二者，民化其德，而皆歸於厚矣。"

[79]迎神：指孫晧寶鼎二年（267）七月爲其父孫和立清廟於京城，十二月，遣守丞相孟仁、太常姚信等，"以靈輿法駕，東迎神於明陵（孫和陵）"。（見本書卷五九《孫和傳》）

[80]大舜之美：舜以孝敬父及後母稱美於世。《史記》卷一《五帝本紀》云"舜年二十以孝聞"。華覈以此事指孫晧欲在國史中爲父和立紀，而韋曜認爲孫和未即帝位，不能立紀，祇能爲傳。

[81]墳典：指古代典籍。相傳古有《三墳》《五典》等書。（見《左傳·昭公十二年》）

[82]李陵：西漢名將李廣之孫。漢武帝天漢二年（前99）李陵率五千步兵奉命配合貳師將軍李廣利擊匈奴，途中卻遇到匈奴單于主力三萬騎，被圍於山谷中，李陵及戰士奮力搏擊，殺匈奴兵數千人。單于又再調八萬餘騎圍攻李陵。終因救兵不至，矢盡糧絕，李陵被迫投降匈奴。漢武帝得知，大怒。而群臣又怪罪李陵，漢武帝乃問太史令司馬遷。司馬遷據實爲李陵辯解。漢武帝認爲司馬遷誣罔貳師將軍，爲李陵開脫，遂處司馬遷腐刑。（見《漢書》卷五四《李廣附陵傳》）

[83]史遷：即司馬遷。

[84]三王：指夏禹、商湯、周文王。

[85]五帝：指黃帝、顓頊、帝嚳、堯、舜。

[86]質文：指禮制的簡單樸質與豐富多彩。《史記》卷四七《孔子世家》謂孔子於禮制，"觀殷夏所損益，曰：'後雖百世可知也，以一文一質。周監二代，郁郁乎文哉！吾從周。'"

[87] 叔孫通：《漢書》卷四三《叔孫通傳》謂通秦薛縣（治所在今山東滕州市南）人，爲博士。秦末兵起，通初從項梁，後降漢王劉邦。至漢高帝劉邦即帝位後，悉去秦儀法，爲簡易。群臣行爲無檢束，高帝患之。叔孫通説高帝曰："夫儒者難與進取，可與守成。臣願徵魯諸生，與臣弟子共起朝儀。"高帝曰"得無難乎？"通曰："五帝異樂，三王不同禮。禮者，因時世人情爲之節文者也。故夏、殷、周禮所損益可知者，謂不相復也。臣願頗采古禮與秦儀雜就成之。"高帝因令爲之。及制禮成，朝會行之，群臣無敢讙嘩失禮者。於是高帝曰："吾乃今日知爲皇帝之貴也。"拜通爲奉常，賜金五百斤。

[88] 班固：字孟堅，東漢扶風安陵（今陝西咸陽東北）人。班彪之子。以父所撰《史記後傳》叙事未詳，乃潛心繼續撰述。後被人誣告私改國史，下獄。其弟班超辯其冤，出獄後爲蘭臺令史，奉命與陳宗、尹敏、孟異等撰述東漢開國以來史事，撰成《世祖本紀》。班固又撰功臣、平林、新市、公孫述事，作列傳、載記二十八篇。漢明帝復命固完成前著，班固遂撰成《漢書》一百卷。（見《後漢書》卷四〇《班彪附固傳》）

[89] 漢記：即《東觀漢記》。前條所述班固等撰成的《世祖本紀》及班固所撰的功臣、平林、新市、公孫述等列傳及載記二十八篇，爲此書之初創。漢安帝時命劉珍、李尤等續撰紀、表、名臣、節士、儒林、外戚等傳。劉珍、李尤死後，又有伏無忌等撰表、志、傳。漢桓帝時又命邊韶、崔寔等續撰表、傳多篇。漢靈帝時又命馬日磾、蔡邕等續補紀、傳、志多篇。但因董卓之亂，全書未能全部完成。（見《後漢書》卷八〇《劉珍傳》、《李尤傳》及《史通·古今正史》）

[90] 關：各本皆作"闑"。殿本《考證》云："闑，元本作'關'。"按，作"闑"義不通，作"關"爲是。"關"通"管"。《墨子·備城門》："五十步一方，方尚必爲關籥守之。"孫詒讓《閒詁》："關籥即管鑰。"今從殿本《考證》改。

[91] 乞赦：吳金華《〈三國志〉管窺》以吐魯番、敦煌唐寫本《三國志》殘卷類推，“赦”字原本作“勾”（丐），後人傳寫改作“赦”。　一等之罪：謂減死罪一等。梁章鉅《旁證》：“《漢書·何並傳》云：‘廷尉免冠爲弟威請一等之罪，願蚤就髡鉗。’如淳曰：‘減死罪一等也。’”

[92] 零陵：郡名。治所泉陵縣，在今湖南永州市。

華覈字永先，吳郡武進人也。[1]始爲上虞尉、典農都尉，[2]以文學入爲秘府郎，[3]遷中書丞。[4]

蜀爲魏所并，覈詣宮門發表曰：“聞聞賊衆蟻聚向西境，西境艱險，[5]謂當無虞。定聞陸抗表至，[6]成都不守，[7]臣主播越，[8]社稷傾覆。昔衛爲翟所滅而桓公存之，[9]今道里長遠，不可救振，失委附之土，棄貢獻之國，臣以草芥，竊懷不寧。陛下聖仁，恩澤遠撫，卒聞如此，必垂哀悼。臣不勝忡悵之情，[10]謹拜表以聞。”

孫晧即位，封徐陵亭侯。寶鼎二年，[11]晧更營新宮，[12]制度弘廣，飾以珠玉，所費甚多。是時盛夏興工，農守並廢，覈上疏諫曰：

臣聞漢文之世，[13]九州晏然，秦民喜去慘毒之苛政，歸劉氏之寬仁，省役約法，與之更始，分王子弟以藩漢室，當此之時，皆以爲泰山之安，無窮之基也。至於賈誼，[14]獨以爲可痛哭及流涕者三，可爲長嘆息者六，乃曰當今之勢何異抱火於積薪之下而寢其上，火未及然而謂之安。其後變亂，皆如其言。臣雖下愚，不識大倫，竊以曩時之事，揆今之勢。

誼曰復數年閒，諸王方剛，[15]漢之傅相稱疾罷歸，[16]欲以此爲治，[17]雖堯舜不能安。今大敵據九州之地，[18]有大半之衆，習攻戰之餘術，乘戎馬之舊勢，欲與中國爭相吞之計，其猶楚漢勢不兩立，非徒漢之諸王淮南、濟北而已。[19]誼之所欲痛哭，比今爲緩，抱火臥薪之喻，於今（而）〔爲〕急。[20]大皇帝覽前代之如彼，察今勢之如此，故廣開農桑之業，積不訾之儲，[21]恤民重役，務養戰士，是以大小感恩，各思竭命。期運未至，[22]早棄萬國。自是之後，彊臣專政，上詭天時，下違衆議，忘安存之本，邀一時之利，數興軍旅，傾竭府藏，兵勞民困，無時獲安。今之存者乃創夷之遺衆，哀苦之餘民耳。遂使軍資空匱，倉廩不實，布帛之賜，寒暑不周，重以失業，家户不贍。而北積穀養民，專心向東，無復他警。蜀爲西藩，土地險固，加承先主統御之術，謂其守御足以長久，不圖一朝，奄至傾覆！脣亡齒寒，[23]古人所懼。交州諸郡，[24]國之南土，交阯、九真二郡已没，[25]日南孤危，[26]存亡難保，合浦以北，[27]民皆搖動，[28]因連避役，多有離叛，而備戍減少，威鎮轉輕，常恐呼吸復有變故。[29]昔海虜窺覦東縣，[30]多得離民，地習海行，狃於往年，[31]鈔盜無日，今胸背有嫌，首尾多難，乃國朝之厄會也。誠宜住建立之役，先備豫之計，勉墾殖之業，爲饑乏之救。惟恐農時將過，東作向晚，[32] 有事之日，整嚴未辦。[33] 若舍此急，盡力功作，卒有風塵不虞之變，[34] 當委版築之役，[35] 應烽燧之急，驅怨苦之衆，赴白刃之難，此乃大敵所因爲資也。如但固守，曠日持久，則軍糧必乏，不待接刃，而戰士已困矣。

昔太戊之時，[36] 桑穀生庭，[37] 懼而脩德，怪消殷興。熒惑守心，宋以爲災，景公（下）〔不〕從瞽史之言，[38] 而熒惑退舍，景公延年。夫脩德於身而感異類，言發於口而通神明，臣以愚蔽，誤忝近署，不能翼宣仁澤以感靈祇，仰慚俯愧，無所投處。退伏思惟，熒惑桑穀之異，天示二主，至於他餘錙介之妖，[39] 近是門庭小神所爲，驗之天地，無有他變，而徵祥符瑞前後屢臻，明珠既覿，[40] 白雀繼見，萬億之祚，實靈所挺，[41] 以九域爲宅，[42] 天下爲家，不與編戶之民轉徙同也。又今之宮室，先帝所營，卜土立基，非爲不祥。又楊市土地與宮連接，[43] 若大功畢竟，興駕遷住，[44] 門行之神，皆當轉移，猶恐長久未必勝舊。屢遷不可，留則有嫌，此乃愚臣所以夙夜爲憂灼也。臣省《月令》，[45] 季夏之月，不可以興土功，不可以會諸侯，不可以起兵動衆，舉大事必有大殃。[46] 今雖諸侯不會，諸侯之軍與會無異，六月戊己，[47] 土行正王，既不可犯，加又農月，時不可失。昔魯隱公夏城中丘，[48]《春秋》書之，垂爲後戒。今築宮爲長世之洪基，而犯天地之大禁，襲《春秋》之所書，廢敬授之上務，[49]臣以愚管，竊所未安。

又恐所召離民，或有不至，討之則廢役興事，不討則日月滋（慢）〔蔓〕。[50]若悉並到，大衆聚會，希無疾病。[51]且人心安則念善，苦則怨叛。江南精兵，北土所難，欲以十卒當東一人。天下未定，深可憂惜之。如此宮成，死叛五千，[52]則北軍之衆更增五萬，若到萬人，則倍益十萬，病者有死亡之損，叛者傳不善之語，此乃大敵所以歡喜也。今當角力中原，以定彊弱，正於際會，彼益我損，加以勞困，此乃雄夫智士所以深憂。[53]

臣聞先王治國無三年之儲，[54]曰國非其國，安寧之世戒備如此，況敵彊大而忽農忘畜。今雖頗種殖，閒者大水沈没，其餘存者當須耘穫，而長吏怖期，[55]上方諸郡，身涉山林，盡力伐材，廢農棄務，士民妻孥羸小，[56]墾殖又薄，若有水旱則永無所獲。州郡見米，當待有事，冗食之衆，仰官供濟。若上下空乏，運漕不供，而北敵犯疆，使周、召更生，[57]良、平復出，[58]不能爲陛下計明矣。臣聞君明者臣忠，主聖者臣直，是以慺慺，昧犯天威，乞垂哀省。

書奏，晧不納。後遷東觀令，領右國史，[59]覈上疏辭讓，晧答曰：“得表，以東觀儒林之府，當講校文藝,^[60]處定疑難，漢時皆名學碩儒乃任其職，乞更選英賢。聞之，以卿研精墳典，博覽多聞，可謂悅禮樂敦詩書者也。^[61]當飛翰騁藻，^[62]光贊時事，以越楊、班、張、蔡之疇，^[63]怪乃謙光，^[64]厚自菲薄，宜勉脩所職，以邁先賢，勿復紛紛。”^[65]

時倉廩無儲，世俗滋侈，覬上疏曰：

今寇虜充斥，征伐未已。居無積年之儲，出無應敵之畜，此乃有國者所宜深憂也。夫財穀所生，當出於民，^[66]趨時務農，國之上急。而都下諸官，所掌別異，各自下調，^[67]不計民力，輒與近期。長吏畏罪，晝夜催民，委舍佃事，遑赴會日，^[68]定送到都，或蘊積不用，而徒使百姓消力失時。到秋收月，督其限入，奪其播殖之時，而責其今年之稅，如有逋懸，則籍没財物，故家户貧困，衣食不足。宜暫息衆役，專心農桑，古人稱一夫不耕，^[69]或受其飢，一女不織，或受其寒，是以先王治國，惟農是務。軍興以來，已向百載，農人廢南畝之務，^[70]女工停機杼之業。推此揆之，則蔬食而長飢，薄衣而履冰者，固不少矣。臣聞主之所求於民者二，民之所望於主者三。二謂求其爲己勞也，求其爲己死也。三謂飢者能食之，勞者能息之，有功者能賞之。民以致其二事而主失其三望者，^[71]則怨心生而功不建。今帑藏不實，民勞役猥，主之二求已備，民之三望未報。且飢者不待美饌而後飽，寒者不俟狐貉而後温，（爲）

〔滋〕味者口之奇，[72]文繡者身之飾也。今事多而役繁，民貧而俗奢，百工作無用之器，婦人爲綺靡之飾，不勤麻枲，[73]並繡文黼黻，[74]轉相倣效，恥獨無有，兵民之家，猶復逐俗，內無儋石之儲，[75]而出有綾綺之服，至於富賈商販之家，重以金銀，奢恣尤甚。天下未平，百姓不贍，宜一生民之原，[76]豐穀帛之業，而棄功於浮華之巧，妨日於侈靡之事，上無尊卑等級之差，下有耗財費力之損。[77]今吏士之家，[78]少無子女，多者三四，少者一二，通令戶有一女，十萬家則十萬人，人織績一歲一束，[79]則十萬束矣。使四疆之內同心戮力，數年之間，布帛必積。恣民五色，惟所服用，但禁綺繡無益之飾。且美貌者不待華采以崇好，艷姿者不待文綺以致愛，五采之飾，足以麗矣。若極粉黛，窮盛服，未必無醜婦；廢華采，去文繡，未必無美人也。若實如論，[80]有之無益廢之無損者，何愛而不暫禁以充府藏之急乎？此救乏之上務，富國之本業也，使管、晏復生，[81]無以易此。漢之文、景，承平繼統，天下已定，四方無虞，猶以彫文之傷農事，[82]錦繡之害女工，[83]開富國之利，杜飢寒之本。[84]況今六合分乖，豺狼充路，兵不離疆，甲不解帶，而可以不廣生財之原，充府藏之積哉？

皓以覈年老，敕令草表，[85]覈不敢。又敕作草文，停立待之。覈爲文曰：“咨覈小臣，草芥凡庸，遭眷值聖,^[86]受恩特隆。越從朽壤,蟬蛻朝中。熙光紫闥,^[87]青瑣是憑。^[88]毖挹清露,^[89]沐浴凱風。^[90]效無絲氂,負闕山崇。滋潤含垢,恩貨累重。穢質被榮,局命得融。欲報罔極,委之皇穹。^[91]聖恩雨注,哀棄其尤。猥命草對,潤被下愚。不敢違敕,懼速罪誅。冒承詔命,魂逝形留。"

　　覈前後陳便宜,及貢薦良能,解釋罪過,書百餘上,皆有補益,文多不悉載。天册元年以微譴免,數歲卒。曜、覈所論事章疏,^[92]咸傳於世也。

　　[1] 武進:縣名。吳嘉禾三年(234)以丹徒縣改名。治所在今江蘇鎮江市東南丹徒鎮

　　[2] 上虞:縣名。治所在今浙江上虞市。　尉:官名。漢制大縣置尉二人,小縣一人,掌管軍事,防止盜賊。三國沿置。　典農都尉:官名。管理縣屯田區的農業、民政和田租。地位相當於縣令、長,但不屬郡國,而屬典農中郎將或典農校尉。

　　[3] 秘府郎:官名。孫吳置,掌秘府所藏圖籍,多以文學之士爲之。

　　[4] 中書丞:官名。孫吳置。爲中書令屬官,可參議國政,權任頗重。

　　[5] 艱險:殿本作"報險",百衲本、盧弼《集解》本、校點本作"艱險"。今從百衲本等。

　　[6] 定:確也。楊樹達《詞詮》卷二:"定,表態副辭。劉淇云'的辭也'。達按猶今語云'的確'。"

　　[7] 成都:縣名。蜀漢國都,治所在今四川成都市舊東、西城區。

　　[8] 播越:流離失所。

[9] 衛爲翟所滅：《史記》卷三七《衛康叔世家》謂衛懿公即位，"好鶴，淫樂奢侈。九年，翟伐衛，衛懿公欲發兵，兵或畔。大臣言曰：'君好鶴，鶴可令擊翟。'翟於是遂入，殺懿公"。"齊桓公以衛數亂，乃率諸侯伐翟，爲衛築楚丘，立戴公弟燬爲衛君，是爲文公"。

[10] 忡（chōng）悵之情：憂傷惆悵之情。

[11] 寶鼎：吳末帝孫晧年號（266—269）。

[12] 新宮：本書卷四八《孫晧傳》寶鼎二年裴注引《太康三年地記》，謂孫權建太初宮，孫晧又新建昭明宮。

[13] 漢文之世：漢文帝劉恒，漢高帝劉邦之中子。前元元年（前179）至後元七年（前157）在位凡二十三年。在位期間，使民休養生息，重視農桑，減輕田租徭役，廢除漢律中沿襲秦律的律令，使生產有所發展，社會更爲穩定。《漢書》卷四《文帝紀贊》贊揚文帝"專務以德化民，是以海內殷富，興於禮義，斷獄數百，幾致刑措"。

[14] 賈誼：西漢洛陽（今河南洛陽市東北）人。漢文帝時任博士、太中大夫、長沙王太傅、梁王太傅。曾多次上疏議論時政，其中《陳治安策》有云："臣竊惟事勢，可爲痛哭者一，可爲流涕者二，可爲長太息者六。"其內容見《漢書》卷四八《賈誼傳》。

[15] 方剛：《漢書·賈誼傳》云"血氣方剛"。謂已成年。

[16] 傅：官名。輔佐諸侯王之官，王禮之如師。　相：官名。管理王國之行政，職如太守。

[17] 欲以此爲治：按，漢王國之傅、相皆由朝廷委派。《漢書·賈誼傳》謂傅、相稱疾罷歸後，"彼自丞尉以上偏置私人"，"此時而欲爲治安，雖堯舜不治"。

[18] 大敵：指晉王朝。　九州：東漢有州十二，即并、冀、幽、青、徐、兗、豫、荆、揚、益、交、涼。華覈認爲吳據有揚、荆、交三州，其餘九州皆爲晉所據。實則西晉還據有荆、揚二州之部分。

［19］淮南：指漢文帝初之淮南王劉長。淮南王爲文帝之異母弟，漢高帝誅淮南王黥布後，即封長爲淮南王。漢文帝即位後，淮南王自以爲最親，驕橫不奉法。後謀反事露，文帝不忍誅之，廢徙嚴道（今四川榮經縣），途中絶食而死。（見《漢書》卷四四《淮南王傳》）　濟北：指濟北王劉興君。濟北王爲漢文帝兄齊悼惠王劉肥之子。文帝即位初爲濟北王。後不滿。趁文帝發兵擊匈奴，遂起兵反，兵敗被俘自殺。（見《漢書》卷三八《齊悼惠王傳》）

［20］爲急：各本作“而急”。殿本《考證》謂《册府元龜》作“爲急”。趙幼文《校箋》謂見《册府元龜》卷五三九。《群書治要》引亦作“爲”。今據二書改。

［21］不訾（zī）：不可衡量，不可計量。言其極多。

［22］期運：校點本作“斯運”，百衲本、殿本、盧弼《集解》本均作“期運”。今從百衲本等。期運，指統一天下之運。

［23］脣亡齒寒：《左傳·僖公五年》：“諺所謂‘輔車相依，脣亡齒寒’者。”

［24］交州：吳景帝孫休永安七年（264）復分交州置廣州，交州刺史治所又移於龍編縣，在今越南河内東天德江北岸。

［25］九真：郡名。治所胥浦縣，在今越南清化省清化市西北東山縣陽舍村。按，本書卷四八《孫休傳》永安六年五月，“交阯郡吏呂興等反，殺太守孫諝，使使如魏，請太守及兵”。《通鑑》卷七八魏元帝景初四年又謂呂興等起事後，“九真、日南皆應之”。

［26］日南：郡名。治所朱吾縣，在今越南廣平省美麗縣附近。

［27］合浦：郡名。治所合浦縣，在今廣西合浦縣東北。

［28］民皆搖動：本書《孫晧傳》謂孫休死時，“蜀初亡，而交阯攜叛，國内震懼”。

［29］呼吸：形容時間短。

［30］海虜：本書卷四八《孫休傳》謂永安七年四月，“魏將新附督王稚浮海入句章，略長吏貲財及男女二百餘口”。秋七月，“海賊破海鹽，殺司鹽校尉駱秀”。　窺窬（yú）：伺隙而動。

〔31〕狃：貪圖。《國語·晋語一》“不足狃也”，韋昭注：“狃，貪也。”

〔32〕東作：謂春耕。《尚書·堯典》：“寅賓出日，平秩東作。”孔傳：“歲起於東，而始就耕，謂之東作。”

〔33〕辦：盧弼《集解》本作“辨”，百衲本、殿本、校點本作“辦”。今從百衲本等。

〔34〕風塵：比喻戰亂、戎事。

〔35〕版築：築土墙。用兩版相夾，填土其中，以杵搗實成墙。亦泛指土木營建之事。

〔36〕太戊：殷商帝王。《史記》卷三《殷本紀》謂帝太戊立，以伊陟（伊尹之子）爲相。有桑穀（桑樹與楮樹）共生於朝廷之地，且一夜就長得相當大。太戊懼，問伊陟。伊陟曰：“臣聞妖不勝德，帝之政其有闕與？帝其修德。”太戊聽從，樹遂枯死而消失。

〔37〕穀：殿本、盧弼《集解》本作“穀”，百衲本、校點本作“穀”，《史記·殷本紀》亦作“穀”。今從百衲本等。下同。按，穀，乃木名。又名楮，亦名構。

〔38〕不：各本皆作“下”。盧弼《集解》云：“朱邦衡曰：‘下’當作‘不’。《史記·宋世家》作‘司星子韋。’”吳金華《校詁》謂“下”爲“不”之壞字無疑。《吕氏春秋·制樂》《論衡·變虛》《漢書·杜欽傳》張晏注云，或云“不可”，或云“不聽”，足證“下從”乃“不從”之誤。今從朱、吳説，改“下”爲“不”。又按，此言“熒惑退舍”事，見前《賀邵傳》“宋景崇德以退熒惑之變”注。

〔39〕至於：百衲本作“至於”，殿本、盧弼《集解》本，校點本作“至如”。趙幼文《校箋》謂《册府元龜》卷五三九引、郝經《續後漢書》“如”字俱作“於”。今從百衲本。　錙介：比喻微小。錙，重量單位。其重量説法不一，《説文》謂六銖爲錙，即一兩的四分之一。介，通“芥”，小草。

〔40〕覿：顯現。

　　〔41〕挺：《後漢書》卷五四《楊賜傳》"華岳所挺"李賢注："挺，生也。"

　　〔42〕以九域：趙幼文《校箋》謂《群書治要》卷二八引"以"上有"王者"二字。

　　〔43〕楊市：建業城内之集市。　宮：指新建之昭明宮。　連接：百衲本"連"字作"相"，郝經《續後漢書》同。殿本、盧弼《集解》本、校點本作"連"，《群書治要》同。今從殿本等。

　　〔44〕遷住：趙幼文《校箋》謂郝經《續後漢書》"住"字作"往"。按，《群書治要》亦作"往"。

　　〔45〕月令：《禮記》篇名。相傳爲周公所作，實爲秦漢間人抄匯《吕氏春秋》十二紀首章，收入《禮記》，題名《月令》。記述農曆十二個月的時令、行政及相關事物，並把各類事物歸納入五行相生體系。

　　〔46〕大殃：吴金華《〈三國志〉管窺》以《吕氏春秋·季夏紀》"舉大事則有天殃"爲據，謂"大殃"應是"天殃"之訛。

　　〔47〕六月戊己：《月令》又以十干配時。六月爲季夏。《月令》云：季夏之月"不可以興土功，不可以合諸侯"。陳澔《集説》："季夏屬中央土，土神得位用事之時。"《月令》又云："其日戊己，其帝黄帝，其神后土。"陳澔《集説》："戊己，十干之中。"

　　〔48〕中丘：城名。在今山東臨沂市東北。《左傳·隱公七年》："夏，城中丘。書，不時也。"楊伯峻注："不時者，謂既非國防之所急，而又妨害農功。"

　　〔49〕敬授：《尚書·堯典》："乃命羲和，欽若昊天，曆象日月星辰，敬授人時。"《史記》卷一《五帝本紀》引作"敬授民時"。謂將曆法授予百姓，使知時令變化，不違農時。

　　〔50〕則：殿本、盧弼《集解》本無此"則"字，百衲本、校點本有。今從百衲本等。　滋蔓：百衲本、殿本、盧弼《集解》本作"滋慢"，校點本據《群書治要》卷二八改作"滋蔓"。今從校點本。

〔51〕希：很少。

〔52〕死叛五千：趙幼文《校箋》謂《册府元龜》卷五三九引作"死叛十五"。按，蕭常及郝經之《續後漢書》亦作"死叛五千"。

〔53〕深憂：趙幼文《校箋》謂《群書治要》卷二八引"憂"下有"也"字。

〔54〕無三年之儲：《穀梁傳·莊公二十八年》："國無三年之畜，曰國非其國也。"

〔55〕長吏：指縣令、長。　怖期：害怕到期。

〔56〕妻孥：殿本"孥"字作"帑"，百衲本、盧弼《集解》本、校點本作"孥"。今從百衲本等。

〔57〕周召：指周公旦、召公奭。

〔58〕良平：指張良、陳平。

〔59〕右國史：官名。孫吳置，爲史官，與左國史同掌修國史。多以他官兼領。

〔60〕文藝：指文獻典籍。

〔61〕悅禮樂敦詩書：《左傳·僖公二十七年》：趙衰曰："臣亟聞其言矣，說禮樂而敦詩書。"孔穎達疏："敦，謂厚重之。"亦即注重，崇尚之義。

〔62〕飛翰：迅速書寫。　騁藻：猶騁辭。謂自如地、盡情地運用文辭。

〔63〕楊班張蔡：指揚雄、班固、張衡、蔡邕，皆兩漢的辭賦家。揚雄有《甘泉賦》《羽獵賦》《長楊賦》等，班固有《西都賦》《東都賦》《幽通賦》等，張衡有《西京賦》《東京賦》《南都賦》《思玄賦》等，蔡邕有《釋誨》《郭有道碑文》《陳太丘碑文》等。

〔64〕謙光：謙虛。語本"謙尊而光"。《易·謙卦》彖："謙尊而光，卑而不可逾，君子之終也。"孔穎達疏："尊者有謙而更盛大，卑謙而不可逾越。"

〔65〕紛紛：吳金華《校詁》云："猶今言'囉嗦'。"

　　[66] 當：校點本作“皆”，百衲本、殿本、盧弼《集解》本作“當”，《群書治要》卷二八亦作“當”。今從百衲本等。

　　[67] 調：謂調民力。

　　[68] 會日：會集的期限、日期。《漢書》卷四五《伍被傳》：“益發甲卒，急其會日。”顏師古注：“促其期日。”

　　[69] 一夫不耕：《漢書·食貨志上》賈誼説上曰：“古之人曰：‘一夫不耕，或受之飢；一女不織，或受之寒。’”

　　[70] 百載：趙幼文《校箋》謂《册府元龜》卷五三九引“載”字作“戰”。按，《群書治要》亦作“載”。　南畝：謂農田。南坡向陽，利於農作物生長，古人田地多向南開闢，故稱南畝。《詩·豳風·七月》：“饁彼南畝，田畯至喜。”

　　[71] 主：殿本作“王”，百衲本、盧弼《集解》本、校點本作“主”。今從百衲本等。

　　[72] 滋味：各本皆作“爲味”。殿本《考證》：“爲味，‘爲’字疑有誤。”周壽昌《注證遺》云：“廣東陳氏翻刻廿四史本，改‘爲味’爲‘滋味’，於義較長，但未言所據。”盧弼《集解》云：“《通志》‘爲味’作‘滋味’。”趙幼文《校箋》謂《册府元龜》卷五三九引作“滋味”。今從改。

　　[73] 麻枲（xǐ）：即麻。亦指麻的種值、紡織之事。

　　[74] 黼（fǔ）黻（fú）：指禮服上所綉的華美花紋。

　　[75] 儋石：殿本、盧弼《集解》本作“擔石”，今從百衲本、校點本作“儋石”。《通雅》卷四〇《算術》：“一石爲石，再石爲儋，故後人以儋呼石。”

　　[76] 宜一：趙幼文《校箋》謂《册府元龜》“一”作“益”，《群書治要》作“壹”。疑“壹”爲“益”字之誤。“益”與“半”詞意相儷。

　　[77] 費力：校點本作“物力”，百衲本、殿本、盧弼《集解》本皆作“費力”，郝經《續後漢書》與《群書治要》卷二八皆同。今從百衲本等。

[78] 吏士之家：在官府供雜役的人家和士兵之家。在官府供雜役的人家自然要從事生産。士兵之家亦稱"士家"或"兵家"，除成年男子當兵外，家屬須從事生産。

[79] 束：量詞。五匹布爲一束。《左傳·襄公十九年》"賄荀偃束錦"，杜預注："五匹爲束。"

[80] 若實如論：趙幼文《校箋》謂《群書治要》"論"上有"所"字。

[81] 管晏：管仲、晏嬰。皆春秋齊相，善於理財，詳見《史記》卷六二《管晏列傳》。

[82] 傷：百衲本作"妨"，殿本、盧弼《集解》本、校點本作"傷"。今從殿本等。

[83] 女工：校點本作"女紅"，百衲本、殿本、盧弼《集解》本作"女工"。二者雖通，今仍從百衲本等。女工指婦女從事紡織、縫紉、刺綉等勞作。

[84] 杜飢寒之本：《漢書》卷五《景帝紀贊》云："漢興，掃除煩苛，與民休息。至於孝文，加之恭儉，孝景遵業，五六十載之間，至於移風易俗，黎民醇厚。周云成、康，漢言文、景，美矣！"

[85] 草表：未謄正的草稿表文。下"草文"同。

[86] 眷：百衲本作"春"，殿本、盧弼《集解》本、校點本作"眷"，郝經《續後漢書》同。今從殿本等。眷，恩寵。

[87] 紫闥：指宮廷。闥，宮中小門。

[88] 青璅：百衲本、校點本"璅"字作"瑣"，殿本、盧弼《集解》本作"璅"。按，二字同，《集韻·果韻》："璅，或作瑣。"今從殿本等。青璅，裝飾皇宮門窗的青色連環花紋。借指宮廷。《漢書》卷九八《元后傳》："曲陽侯根驕奢僭上，赤墀青璅。"顏師古注引孟康曰："以青畫户邊鏤中，天子制也。"師古曰："孟説是。青璅者，刻爲連環文，而青塗之也。"

[89] 惢抱清露：謹慎地酌取潔凈的露水。比喻得到朝廷賜予之恩惠。

[90] 沐浴凱風：受到和暖之風的吹拂。比喻處在朝廷關懷溫暖的環境中。

[91] 皇穹：猶皇天。

[92] 章疏：《舊唐書・經籍志》著錄《韋昭集》二卷，《華覈集》三卷。《新唐書・藝文志》著錄《韋昭集》二卷，《華覈集》五卷。

　　評曰：薛瑩稱王蕃器量綽異，弘博多通；樓玄清白節操，才理條暢；[1]賀邵厲志高潔，[2]機理清要；韋曜篤學好古，博見群籍，有記述之才。胡沖以爲玄、邵、蕃一時清妙，略無優劣。必不得已，玄宜在先，邵當次之。華覈文賦之才，有過於曜，而典誥不及也。[3]予觀覈數獻良規，期於自盡，庶幾忠臣矣。然此數子，處無妄之世而有名位，[4]強死其理，[5]得免爲幸耳。

[1] 才理：趙幼文《校箋》謂《太平御覽》卷四四五引 “才” 字作 “文”。

[2] 高潔：盧弼《集解》謂何焯曰：“《御覽》‘高’字作 ‘貞’。”趙幼文《校箋》謂見《太平御覽》卷四四五。

[3] 典誥：指典章詔令一類的文字。

[4] 無妄之世：災禍變亂之世。

[5] 強死：人尚健壯，因遭災禍而死於非命。《左傳・文公十年》：“三君皆將強死。”孔穎達疏：“強，健也。無病而死，謂被殺也。”